本成果获得内蒙古大学"部省合建"科研专项高端成果培育项目资助

后人口转变时期的 人口红利

转型路径与实现机制

THE DEMOGRAPHIC DIVIDEND
IN THE POST-DEMOGRAPHIC TRANSITION PERIOD

Transformation Path and Implementation Mechanism

闫东东 著

社会科学文献出版社
SOCIAL SCIENCES ACADEMIC PRESS (CHINA)

摘　要

　　"人口红利"这一概念自 1998 年大卫·布鲁姆提出以来，得到了国内外学者的广泛关注。人口红利本身并不是一种财富的量化指标，其强调的是在人口转变过程中，形成的"两头小、中间大"这种有利于经济增长的人口年龄结构。国内学者关于人口红利的讨论是在 2000 年后，在 20 多年的研究中，在人口红利概念、人口红利期（人口机会窗口）、人口红利对经济增长影响等方面都取得了丰硕的成果。然而，随着生育率的持续下降，人口老龄化不断加剧，传统的人口红利也开始逐渐消失。在超低生育率的背景下，我国人口再生产类型也从现代型向后人口转变时期过渡。在后人口转变时期，取代以往"两头小、中间大"的人口年龄结构特征的是劳动适龄人口占比下降、人口老龄化加剧和人口长期负增长的新特征。面对新的人口结构和特征，人口红利转型就成为后人口转变时期人口红利理论关注的焦点。

　　本书从人口红利产生的背景和根源出发，从人口转变的角度提出了人口红利转型的概念，认为人口红利转型是人口转变在不同历史阶段的表现，也是人口红利理论的继续和衍生。提出人口红利转型的概念。一是，通过对未来我国人口数量和结构的预测，对后人口转变时期我国主要的人口年龄和结构特征进行判断，明确了人口红利转型所依据的人口基础。同时，阐述了人口红利转型的理论渊源、概念、内涵和外延等内容。二是，通过经验事实、理论模型和实证检验等，全面分析了后人口转变时期不同人口特征作用于经济增长方式的差异，探讨了人口红利转型的具体路径。三是，通过对不同人口特征下人口红利转型的路径分析，结合人口政策、产业政策和社会政策等，对未来我国人口红利转型的实现机制进行探讨。由此得出的研究结论可概括为以下几个方面。

第一，人口再生产不同类型阶段的转变促使传统人口红利向人口红利转型过渡。人口再生产类型由传统型向现代型转变的过程，带来了人口红利，当人口再生产类型由现代型向后人口转变时期过渡时，产生了人口红利的转型。①从人口红利的视角看，以劳动适龄人口占比、少儿老年抚养比和劳动适龄人口绝对量为依据判断的我国人口红利均呈消失的趋势。对未来我国劳动适龄人口和总抚养比的预测表明，我国人口红利将于 2035 年前后消失。而在考虑了劳动适龄人口内部年龄结构变化和年龄别劳动参与率的情况下，人口红利的消失趋势将会更为明显。②从人口红利转型的视角看，劳动适龄人口占比下降、人口老龄化加剧、人口长期负增长是后人口转变时期的主要人口特征。人口红利转型强调基于新的人口特征及这些人口特征对整个社会的生产和消费带来的客观变化，从中挖掘促进经济增长的可能性，并非只专注于人口红利转型存续时间的长短。

第二，不同的人口特征对我国经济增长的作用方式存在差异，这导致了人口红利转型的路径也存在明显差异。劳动适龄人口占比下降会通过资本深化效应、质量数量替代效应以及结构红利效应来促进经济增长，从而推动人口红利转型。人口老龄化加剧会通过技术倒逼效应、产业升级效应和老年人口影子红利效应来促进经济增长，从而推动人口红利转型。在人口长期负增长背景下，我国依旧庞大的人口规模为人口回旋空间提供了现实的可能性。同时，对人力资源总量的开发以及人工智能的应用，也为人口红利转型提供了可能性。

第三，人口红利转型的实现需要多方面政策的配合。从人口政策视角看，针对人口长期负增长和劳动适龄人口占比下降，可以尝试调整生育政策，缓解人口负增长压力；延迟退休年龄，增加劳动力人口供给；提高劳动力质量，收获人口质量红利；促进劳动力要素的空间流动，实现资源的再配置，提高要素配置效率等。从产业政策视角看，要适应老龄化发展要求，发展老龄产业，催生银发经济；升级产业结构和转变经济增长方式，降低对劳动力数量的依赖；优化产业布局，推进人口空间回旋等。从社会政策视角看，要促进人口全面发展，挖掘人力资源总量；增强各项社会服务能力，释放劳动参与率，提高劳动力的供给；把握经济发展趋势，实现经济增长方式由要素驱动向技术和创新驱动转变；把握人工智能的应用方向，将其作为促进人口红利转型实现的突破口。

本书在人口红利理论基础上进行尝试性扩展分析，根据人口再生产在不同阶段所产生的人口结构特征，对人口红利转型产生的背景、渊源、内涵、转型路径和实现机制等进行了全面系统的分析。本书对人口红利理论进行的再探索和创新，体现在以下几个方面。

第一，提出了人口红利转型的概念。对人口红利转型背景、理论渊源、内涵等进行了分析，通过对未来我国主要人口结构和特征的预测，明确了人口红利转型的人口基础，这是对人口红利理论的进一步延伸和拓展。

第二，本书系统地从我国主要的人口结构特征，即劳动适龄人口占比下降、人口老龄化加剧以及人口长期负增长出发，对促进经济增长的可能性进行了较为全面的分析，明确了人口红利转型的路径。

第三，本书尝试从人口政策、产业政策和社会政策等视角探讨人口红利转型的实现机制。分别针对未来人口红利转型所依据的三个主要人口特征，即劳动适龄人口占比下降、人口老龄化加剧以及人口长期负增长，就如何推动人口红利转型的实现机制进行了探讨，给出了具体的对策和建议。

目　录

1

研究概述

1.1 研究背景与问题提出

1.1.1 研究背景

2022 年我国总人口为 14.12 亿，出生人口 956 万人，死亡人口 1041 万人，相较于 2021 年减少了 85 万人，是我国近 60 年来首次出现人口负增长。[①] 人口负增长的背后是超低的生育率，根据国家统计局数据，从 2018 年开始我国总和生育率出现断崖式下跌，2018 年总和生育率为 1.5，2020 年总和生育率为 1.3，2022 年总和生育率再次下跌到 1.1，仅次于全球总和生育率最低的韩国和新加坡。[②] 超低且稳定的生育水平和死亡水平以及极低的人口自然增长率都意味着我国已经毫无疑问地处于后人口转变的稳定时期。[③] 在后人口转变时期，虽然有诸多鼓励生育政策的引导，但人口负增长的趋势仍不可避免。与此同时，随着出生率和总人口的下降，劳动适龄人口

[①] 《王培安委员：我国人口规模出现负增长 应高度重视但不必过于忧虑》，http://www.cppcc.gov.cn/zxww/2023/01/31/ARTI1675130252043142.shtml。
[②] 《中国出生率连年下降，作为世界级人口大国，究竟是什么原因导致的》，http://news.sohu.com/a/653249777_121441442。
[③] 任远：《后人口转变》，复旦大学出版社，2016。

占比和绝对数量也将下降，而人口老龄化将不断加剧。联合国《世界人口展望 2022》预测，到 2050 年我国 65 岁及以上人口的占比将高达 38.8%，届时我国将进入重度老龄化社会。①

在后人口转变的背景下，劳动适龄人口占比下降、人口老龄化加剧和人口长期负增长将成为未来我国最主要的人口结构和特征。这意味着，人口红利将逐步消失。对此不少学者认为，人口红利逐渐消失，劳动力优势不在，人口老龄化加剧，社会抚养负担加重，我国将进入人口负债期。②之所以会有这样的担忧，是基于以往对人口红利的判断和评价标准。陈友华根据总抚养比、少儿抚养比和老年抚养比将人口红利划分为暴利、高利、红利和微利四个阶段。③蔡昉将劳动适龄人口占比下降作为我国人口红利开始消失的判断依据。④然而对人口红利的界定绝非仅限于人口数量和结构，人口红利强调的是一种有利于经济增长的人口结构。所以人口红利是否消失的评价标准除了人口的数量和结构，更应该突出其对经济增长的影响和实际贡献。当从人口数量和结构对经济增长的影响和实际贡献的角度看待人口红利时，后人口转变时期所面对的人口结构和特征将不再完全被视为人口负债。这样的人口结构和特征也隐含着推动经济增长的可能性，从而为后人口转变时期实现人口红利转型提供了现实的人口基础。

因此，面对新的人口变化，如何从新的人口结构和特征中挖掘促进经济增长的可能路径是后人口转变时期实现人口红利转型的关键所在。人口红利转型离不开人口的数量和结构这两个现实基础，但同时，人口红利转型也需要社会经济诸多方面的变革和调整。与新的人口数量和结构相匹配的产业结构和社会政策是推动人口红利转型的必要前提。所以，在后人口转变时期，

---

① 《老龄化趋势加速，健康加养老或将成为未来最大产业》，http://news.sohu.com/a/669231531_121124571。

② 张鹏、施美程：《从人口红利到人口负债：新发展阶段人口转型问题研究》，《江淮论坛》2021 年第 6 期，第 20~27 页。

③ 陈友华：《人口红利与人口负债：数量界定、经验观察与理论思考》，《人口研究》2005 年第 6 期，第 21~27 页。

④ 蔡昉：《人口转变、人口红利与刘易斯转折点》，《经济研究》2010 年第 4 期，第 4~12 页。

我国在面临新的人口结构和特征的背景下，探讨人口红利转型的实现机制，既是对以往人口红利研究的持续，也是对新形势下我国经济发展趋势的把握，具有重要的理论和现实意义。

1.1.2 问题提出

基于上述背景，在后人口转变时期，劳动适龄人口占比下降、人口老龄化加剧、人口长期负增长将成为未来我国不可避免的人口事实。基于这样的人口事实，如何从中挖掘其促进经济增长的可能性，从而推动人口红利转型，将成为人口红利研究的新关注点。因此，从新的人口结构和特征出发，探讨其促进经济增长的作用路径，挖掘人口红利转型的实现机制，这不仅有助于客观看待未来我国人口红利的真实情况，更有助于学术界对人口红利理论进行扩展和新的探讨，同时也有助于政府制定公共政策，妥善应对人口结构转变带来的各种挑战。

为了分析后人口转变时期人口红利转型的路径与实现机制，有必要对传统人口红利理论进行扩展，同时在新的判断标准下，对人口红利转型的概念进行界定。在不同视角下讨论人口红利转型及其经济效应，不仅是对人口红利理论的拓展，更是对未来我国经济发展要素变化新态势的把握。因此，本书将重点就人口红利消失和人口红利转型的问题进行讨论。第一，对人口红利的内涵进行扩展，基于不同的评价标准，在人口红利理论的基础上对人口红利转型的内涵和外延进行界定。第二，对我国人口结构、特征和变化趋势进行预测和分析，同时就未来我国新的人口结构和特征，对人口红利转型的可能性进行探讨。第三，分别从劳动适龄人口占比下降、人口老龄化加剧和人口长期负增长这三个主要的人口特征出发，分析其对经济增长带来的新变化和影响经济增长的作用机制，从而挖掘推动人口红利转型的可能路径。第四，结合前述分析结果，从人口政策、产业政策和社会政策等视角出发，探讨如何利用未来的人口结构和特征，推动人口红利转型。

1.2 研究目的与研究意义

1.2.1 研究目的

本书通过对人口红利相关研究进行归纳，就关于未来我国人口红利消失话题展开讨论，尝试从新的人口结构和特征出发，对人口红利理论及其经济效应进行扩展，从而构建后人口转变时期人口红利转型对经济增长研究的分析框架。在对人口红利转型内涵、外延进行扩展的基础上主要达到以下研究目的。第一，探讨人口红利转型的现实依据和可能性。通过对未来我国人口数量和结构的变化趋势进行预测，识别在后人口转变时期我国将面临的主要人口结构和特征，基于这样的人口事实，分析人口红利转型的可能性，从而为后续分析奠定基础。第二，分析人口红利转型的路径。就劳动适龄人口占比下降、人口老龄化加剧和人口长期负增长这三个主要的人口特征，通过理论分析、经验解释和实证检验，分析其影响经济增长的作用机制，挖掘人口红利转型的具体路径，为实现人口红利转型奠定理论基础。第三，探讨人口红利转型的实现机制。面对新的人口结构和特征，从人口政策的调整、产业结构的升级、社会政策的变革等视角，结合未来经济发展的规律和趋势，探讨推动人口红利转型的实现机制。

1.2.2 研究意义

1. 理论意义

本书的理论意义有以下几个方面。一是对传统人口红利理论的扩展。以往人口红利理论强调的是在人口转变中形成的少儿和老年人口占比相对较少、劳动适龄人口占比较大的一种劳动力供给充裕、资本储蓄率较高、社会抚养负担较轻的人口年龄结构。这种人口年龄结构的形成源于人口再生产类型由传统型向现代型的转变，而当人口再生产类型进入现代型后，人口自然增长率极低甚至出现负增长之后进入后人口转变时期。此时，过去有利于经济增长的人口机会窗口即人口红利开始消失，迎来的是劳动适龄人口占比下降、人口老龄化加剧、人口长期负增长等新的人口结构和特征。二是分析了人口红利转型的实现路径。人口红利转型要基于未来我国的人口事实，本书基于未来中国的人口事实和特征，从多视角分析了其作用于经济增长的路径，从而为人口红利转型提供理论依据。人口红利转型的实质是基于未来人口的特征，挖掘其促进经济增长的潜力。这既要考虑人口自身诸如数量、结构等变化，同时更要关注人口对生产、分配、交换、消费社会再生产各个环节带来的客观影响。通过理论分析、经验解释和实证检验，全面分析人口红利转型的可能路径。三是探究人口红利转型的内在规律。在后人口转变时期，基于人口红利和人口红利转型随人口转变表现出的时间差异、阶段性特征以及作用于经济增长方式的差异性，分析人口红利转型相较于人口红利对经济增长的影响。重点从理论和实证层面分析为什么会转型（转型原因）、何时转型（转型时间）、如何转型（转型路径）以及转型后如何实现（实现机制）等问题。

因此，从理论意义上讲，后人口转变时期人口红利转型的研究，不仅对传统人口红利理论进行了拓展，同时也能够清晰地反映我国人口红利现状及未来变化趋势。对人口红利转型与实现机制的理论完善，有助于丰富人口红利理论的内涵，从而为人口红利理论研究提供新的切入点。

2. 现实意义

本书的现实意义主要体现在，在后人口转变时期如何让人口红利不变为人口负债，并能够继续作为实现经济增长的重要动力。由于人口变化的内在规律，生育率持续走低不可避免地会带来人口负增长和人口老龄化等人口现象，人口总量的变化直接关系到劳动力的供给，而人口老龄化又会加重社会抚养负担，这些看似不利于经济增长的人口要素是否必然会成为人口负债，如何从这样的人口结构和特征中挖掘促进经济增长的潜力，这需要结合我国的国情，如我国的产业结构水平、人口政策、劳动力市场条件、资本市场条件、老龄化程度、户籍制度、社会保障制度等多重因素，进行综合考虑。因此，以人口红利转型为视角进行分析，有助于我国在经济和人口新常态的背景下，应对人口转变与经济转型过程中所面临的新问题、新挑战，基于劳动力的视角提出更为合理和科学的对策。

1.3　研究思路、研究方法和研究框架

1.3.1　研究思路

本书的研究思路主要采用总-分-总的基本研究范式。首先，本书对人口红利理论进行拓展，探讨人口新形势下的人口红利转型。在人口转变这一背景下，由于后人口转变时期对人口数量和人口年龄结构带来的不同影响，本书在人口红利理论的基础上提出了人口红利转型的概念，并就人口红利转型的内涵、外延、阶段特征以及未来变化趋势进行了分析。其次，论述人口红利转型的经济效应。由于人口红利转型主要体现为后人口转变时期劳动适龄人口占比下降、人口老龄化加剧和人口长期负增长这三个主要的人口特征，不同的人口特征对经济增长方式产生重要影响，本书分别就以上三个人口特征对经济增长的作用机制、经验解释、理论模型、实证检验等进行了全面的分析。最后，本书从后人口转变时期主要人口特征作用于经济增长的方式出发，基于人口政策、产业政策和社会政策等视角，就如何推动人口红利转型的实现机制进行了探讨，给出了具体的对策和建议。

本书从人口这一要素出发，分别讨论后人口转变时期不同人口特征对经济增长的影响路径，并从不同政策视角探讨如何发挥人口在经济增长过程中的作用。紧紧围绕人口和经济增长这一关系进行讨论，同时考虑除人口之外其他要素对经济增长的影响，尝试更为全面地分析我国人口红利转型的基本情况，并考虑未来要素变化的新趋势，从多视角对我国经济持续稳定增长提供有益的建议。

1.3.2 研究方法

1. 定性研究与定量研究相结合

首先，本书采用了定性研究的方法，对人口红利理论进行了新的拓展。在人口红利理论的基础上，提出了人口红利转型，同时对人口红利转型的概念、内涵和外延进行了界定与论述。从理论上解释了人口特征的差异性是人口红利转型的现实基础。人口红利转型概念的清晰化，也为后文分析人口红利转型的经济效应奠定了基础。其次，本书对我国未来人口红利转型所依据的基本人口事实进行了分析，包括对未来我国人口数量和结构的阶段特征、发展变化趋势等进行了定性描述。运用相应的统计方法和数据，从不同视角出发以不同判断标准对人口红利转型的时间和过程进行了分析。最后，本书对人口红利转型与经济发展阶段的关联性以及人口红利转型的可能性也进行了定性的描述，为后续研究奠定了基础。

2. 理论研究与实证分析相结合

本书的理论分析主要体现在人口红利转型对经济增长的作用机制上。本书构建了不同人口特征的经济增长模型，从数理模型推导人口红利转型对经济增长的作用机理，如构建了劳动适龄人口占比下降对资本深化、质量数量替代和结构红利影响的理论模型，构建了人口老龄化加剧对技术倒逼和产业升级影响的理论模型等。而实证分析主要体现为对以上理论模型的验证和解释。本书以理论分析为基础，分别构建了在人口红利转型背景下，不同人口特征对经济增长效应的实证方程，利用我国经验数据就不同人口特征对经济增长的具体影响进行了实证检验和测算。

3. 文献研究与经验研究相结合

文献研究主要体现在分析人口红利的概念、人口红利的经济效应及人口红利转型的经济效应。其中，在讨论人口红利转型与经济增长的关系时，借鉴已有的相关经典文献对其进行解释，对人口红利转型影响经济增长的机制给予理论上的说明和论证。而经验研究则是在文献归纳的基础上，利用我国经验数据分别对人口红利转型影响经济增长的作用机制进行检验，从我国现实情况出发，就不同人口特征对经济增长的作用机制给予证明，为更全面地分析人口红利转型的经济效应提供现实依据。除此之外，文献研究还体现在全书的第二章，人口红利与人口红利转型概念就是在对既有人口红利、人才红利、教育红利等相关概念总结的基础上提出的。

1.3.3　研究框架

本书共分为八章。核心内容主要包括以下五个方面：①对人口红利转型的阶段特征、变化趋势以及其与经济增长的阶段关联性和可能性进行分析；②对劳动适龄人口占比下降推动人口红利转型的路径进行分析；③对人口老龄化加剧推动人口红利转型的路径进行分析；④对人口长期负增长推动人口红利转型的路径进行分析；⑤基于人口红利转型的三个主要人口特征对经济增长影响的路径，分别从人口政策、产业政策和社会政策等视角出发，探讨推动人口红利转型的实现机制，为我国未来维持经济持续平稳增长提供政策启示。具体章节安排如下。

第一章：研究概述。主要对研究背景、研究目的与研究意义等进行论述。从"人口红利已经消失，人口开始负增长"这一话题出发，面对未来新的人口结构和特征引出后人口转变时期对我国人口红利转型的讨论。本书的主要研究是对人口红利理论的拓展，讨论后人口转变时期实现人口红利转型的可能性。以新的视角对我国人口红利转型等问题进行研究，对未来我国经济增长的要素投入进行一定的探讨。此外，本章还对全书的研究方法、研究内容以及创新点和可能存在的不足进行了一定的说明。

第二章：文献回顾与理论基础。本章主要是通过对既有研究的归纳，提出本书新的概念，构建全书的理论框架。首先，对人口红利的概念、人口红利与经济增长的关系、人口红利期的长短等进行归纳，在此基础上提出了人口红利转型的概念。其次，对人口红利转型概念的内涵、外延以及人口红利转型与经济增长的关系等进行了论述。最后，把人口红利转型视为在后人口转变时期人口红利的延续，就人口红利转型依据的主要人口特征和事实进行分析，为后文的分析奠定基础。

　　第三章：后人口转变时期人口与经济特征分析。本章重点就未来我国人口总量与结构的变化趋势、后人口转变时期人口结构的主要特征、人口红利转型的阶段特征与变化趋势、后人口转变时期人口与经济发展关联性等进行分析。

　　第四章：劳动适龄人口占比下降与人口红利转型。本章重点对人口红利转型依据的第一个人口特征即劳动适龄人口占比下降推动人口红利转型的路径进行理论和实证分析。第一，分析劳动适龄人口占比下降对经济增长可能的影响路径，分别从资本深化、质量数量替代和结构红利三个维度进行理论分析。第二，在理论模型分析的基础上，分别构建不同的实证模型检验，验证劳动适龄人口占比下降可能带来的经济增长效应。

　　第五章：人口老龄化加剧与人口红利转型。本章对人口老龄化加剧推动人口红利转型的路径进行理论和实证分析。第一，分析人口老龄化所带来的人口结构变化，以及老年人口数量增加对经济增长可能的影响路径，分别从人口老龄化可能带来的技术倒逼效应、产业升级效应和影子人口红利效应进行理论和经验解释。第二，通过构建反映不同作用路径的实证模型，对以上理论分析进行实证检验，从而明确人口老龄化是否完全被视为经济增长的阻碍因素。

　　第六章：人口长期负增长与人口红利转型。本章重点对人口长期负增长推动人口红利转型的路径进行理论和实证分析。从人口长期负增长和全球人口负增长国家经济增长的经验事实出发，就未来我国在人口长期负增长背景下人口红利转型的可能性进行探讨。分别从人口回旋空间、人力资源总量、人工智能应用三个维度讨论其各自推动人口红利转型的可能性。

　　第七章：人口红利转型的实现机制。本章主要结合前面几章的研究结论，尤其是第四章、第五章、第六章的内容，分别从人口政策、产业政策和社会政策视角探讨人口红利转型的实现机制。人口红利转型是后人口转变的必然结果，尤其需要依托现实人口基础，同时需要社会经济发展政策的配合，涉及产业结构、户籍制度、生育政策、教育制度、企业改革等多方面。只有多方共同努力，才能更好地顺应人口转变规律，推动人口红利转型的实现。

第八章：研究结论。本章主要是对全书的总结，主要基于本书的研究结论，对我国未来人口的变化趋势、人口红利转型的现实依据、人口红利转型的作用路径以及人口红利转型的实现机制等进行总结。

1.3.4 创新与不足

1. 创新

第一，对人口红利转型的理论来源进行了解释。与人口红利相似，人口红利转型同样源于人口转变，人口再生产类型由现代型向后现代的过渡带来了人口结构的新特征，这一新的人口特征成为人口红利转型的现实基础。不论是人口红利还是人口红利转型，其实质都强调了人口机会窗口。在后人口转变时期，人口红利转型仍旧需要依托人口基础和人口特征，离开人口结构和数量去讨论人口红利转型是不恰当的。而在后人口转变时期，由于人口结构和数量均发生了改变，劳动适龄人口占比下降、人口老龄化加剧、人口长期负增长将成为这一时期最主要的三个人口特征。而在这三个人口特征中存在的促进经济增长的可能性，就是人口红利转型的基础。

第二，较为全面地分析了后人口转变时期三个主要人口特征对经济增长影响的作用路径，为人口红利转型提供了理论依据。劳动适龄人口占比下降除了会直接减少劳动力的供给，同样还会带来新的变化，本书根据这些新的变化探讨人口红利转型的可能性。劳动力数量减少会带来资本的深化，而在劳动力数量减少的同时，质量的提升会带来劳动力在经济增长过程中质量与数量的替代效应。与此同时，劳动力数量下降，有利于间接推动劳动力资源的合理流动和配置，带来结构红利效应。而人口老龄化加剧，也对生产和消费带来了影响，一方面，要素禀赋结构改变带来技术倒逼效应；另一方面消费结构改变带来产业升级效应。同时，老年人对成年子女的劳动付出，还会间接提高其他年龄组的劳动参与率，从而形成老年人口"影子红利"效应。

第三，探讨了人口红利转型的内在规律。在后人口转变时期将人口红利转型视为随着人口转变，人口红利不断变化的一种延续。重点从理论和实证上分析转型原因、转型时间、转型路径以及实现机制等。

2. 存在的不足

第一，在概念界定上还存在不足。一方面，对人口数量红利的概念是沿用了传统人口红利的概念，虽然突出了劳动适龄人口结构的变化和年龄别劳动参与率对经济增长的影响。但人口数量红利的概念在凸显不同年龄组（包括少儿、老年和劳动适龄人口、劳动适龄人口内部各年龄组）数量和相对占比方面还不是特别明显。另一方面，虽然人口质量红利同样是源于人口转变这一背景，结合人力资本红利、人才红利和教育红利等概念，重点强调了劳动力质量提升（包括劳动力质量水平和质量结构）对经济增长的影响。但人口质量红利不应该仅指劳动力质量水平和质量结构对经济增长带来的影响。本书给出的劳动力质量水平和质量结构还未完全囊括劳动力质量的全部内涵，还有待进一步完善。

第二，理论分析还不够全面。首先，在人口数量红利的理论模型分析上，本书对年龄别劳动参与率的效应分解不够。尤其是年龄别劳动参与率中不同年龄组对实际投资、持平投资以及平衡增长路径的影响。其次，在人口质量红利的理论模型分析上，虽然本书提出了劳动力质量水平和质量结构变化对经济增长的影响，但在模型推导中仅反映了劳动力质量水平所带来的直接效应和间接效应，对由劳动力质量结构提升所带来的结构效应未能在模型中进行反映。最后，在人口质量红利对人口数量红利替代效应的理论模型分析中，本书虽同时引入了能够反映两种红利效应的因素，反映质量红利对数量红利的替代机制，但对这种替代机制的分析还不够全面。

第三，实证分析有待继续完善。一是，在考虑了年龄别劳动力的实证分析中，由于我国在非普查年份分年龄别劳动力的数据较难获得，因此在实证中虽然利用均值插值法进行了数据的补充，但和实际情况还有差距。且本研究所采用的是分年龄组数据的相对占比，这与实际的分年龄组数据结论可能会有细微的差别。二是，在人口质量红利的实证分析过程中，对劳动力质量水平这一指标的代理变量选取还有待进一步细化。反映劳动力质量水平的健康人力资本和教育人力资本均采用了单指标的形式，从而使考察可能缺乏全面性。在后续的研究中可能会进一步完善这一指标，在多指标复合的情况下更全面地反映劳动力质量水平及其带来的经济效应。三是，在质量红利和数量红利的替代过程中，为了突出重点，本书对反映两种不同红利的指标仅选取了其最核心的变量，还不够全面。

2

文献回顾与理论基础

2.1 文献回顾

2.1.1 人口红利的概念

1. 人口红利与第二人口红利

Bloom 和 Williamson 在解释东亚经济快速增长的事实时，首次提出了"人口红利"的概念，强调在人口转变过程中劳动适龄人口占比较高这一有利于经济增长的年龄结构，并称之为"人口带来的礼物"。[①] 随后，Bloom 等细化了这一概念，将这种劳动适龄人口占比高、抚养比较低、有利于储蓄和投资的年龄结构称为"人口红利"。[②] 随着学界对人口红利这一概念的关注，其内涵也在不断扩展。[③]

也有学者对人口红利期的长短进行了划分，例如印度和东南亚的其他国

---

① Bloom，D. E.，Williamson，J. G.，"Demographic transitions and economic miracles in emerging Asia"，*The Word Bank Economic Review* 12（3），1998：419-455.

② Bloom，D. E.，Canning，D.，Sevilla，J. P.，"Economic growth and the demographic transition"，*Social Science Electronic Publishing* 6（1），2001：1-28.

③ Jackson，N.，Felmingham，B.，"The demographic gift in Australia"，*Agenda：A Journal of Policy Analysis and Reform* 11（1），2004：21-37.

家正处于少儿抚养比下降、人均消费增加的第一红利期，中国和韩国已经接近这一阶段的尾声，而日本已经步入了人口老龄化阶段。[1] 在人口红利概念的基础上，有学者基于理性预期假说，提出了"第二人口红利"的概念。[2] 第二人口红利主要强调人口老龄化引起人们预防性储蓄增加，进而有助于资本积累的现象。

随着人口红利研究的不断深入，国内一些学者也对这一概念进行了讨论。其中，较早关注人口红利这一概念的是于学军，他将有助于经济快速发展的、较轻人口负担的年龄结构定义为人口机会窗口。[3] 而较早使用人口红利这一概念的是王德文和蔡昉，他们认为人口红利主要通过劳动力、储蓄率和技术进步这三条途径作用于经济增长。[4] 此外，在明确人口红利的基本概念之后，陈友华又对人口红利和人口负债的概念做了进一步界定，基于总抚养比、老年抚养比、少儿抚养比三个指标，将人口红利划分为暴利、高利、红利、微利四个时期。[5] 钟水映和李魁对既有学者的研究成果进行了归纳总结，认为目前我国的人口红利基本可以分为"结构论""期限论""因素论"三种观点。[6]与国外相似的是，我国在开始步入老龄化社会之后，也有学者提出了第二人口红利。例如，张学辉的储蓄论[7]、蔡昉的人口结构论[8]、

---

[1] Mason, A., Lee, R., Lee, S. H., *The demographic transition and economic growth in the Pacific Rim* (Chicago: University of Chicago Press, 2010).

[2] Mason. A., Lee, R., "Reform and support systems for the elderly in developing countries: capturing the second demographic dividend", *Genus* 62 (2), 2006: 11-35.

[3] 于学军：《中国人口转变与"战略机遇期"》，《中国人口科学》2003 年第 1 期，第 9~14 页。

[4] 王德文、蔡昉：《人口转变的储蓄效应和增长效应——论中国增长可持续性的人口因素》，《人口研究》2004 年第 5 期，第 2~11 页。

[5] 陈友华：《人口红利与人口负债：数量界定、经验观察与理论思考》，《人口研究》2005 年第 6 期，第 21~27 页。

[6] 钟水映、李魁：《人口红利与经济增长关系研究综述》，《人口与经济》2009 年第 2 期，第 55~59 页。

[7] 张学辉：《人口红利、养老保险改革与经济增长》，中国社会科学院博士学位论文，2005。

[8] 蔡昉：《未来的人口红利——中国经济增长源泉的开拓》，《中国人口科学》2009 年第 1 期，第 2~10 页。

杨英和林焕荣的行为调整论[1]，分别强调了老年人为了养老而逐渐提高储蓄率、增加资本积累；劳动力随着预期寿命延长从而提高劳动时间；人们的理性预期会调整储蓄、工作时间、教育投资等，从而促进经济增长。

从国内外学者关于人口红利概念的定义上看，不论是人口红利还是第二人口红利，均源自人口转变过程中所产生的有助于经济增长的人口年龄结构。不论是人口红利强调的储蓄增加、资本积累、社会负担较轻，还是第二人口红利强调的人们预期改变、行为调整，都是人口转变的结果。

2. 人口数量红利与质量红利

学界目前并没有关于人口数量红利的确切定义。不论是 Bloom 等学者提出的人口红利概念，还是其他学者对这一概念的拓展，都共同强调了人口转变所带来的劳动适龄人口增加和总抚养比下降，进而形成劳动力供给充裕、储蓄投资增加、抚养负担下降等有助于经济增长的有利条件。从这一概念可以清晰地看出，人口红利强调的是劳动适龄人口的绝对数量和占比，以及由此形成的人口年龄结构的作用。人口红利作用于经济增长的方式和途径同样源于劳动力的数量和结构。因此，可以将以往人口红利的定义看成是一种"数量型人口红利"或"人口数量红利"。这是因为以往人口红利强调的是人口数量和结构的改变，以及这种改变带来的经济增长效应。

以往关于人口红利或者说人口数量红利的分析，大多忽略了劳动力这一要素的质量属性。也就是说，正是忽视了对劳动力这一要素"量"和"质"双重属性特征的研究，才导致了对人口红利期判断的不一致，同时也造成了以往人口红利理论在经济效应研究方面的不完善。于是，有学者从人力资本红利、人才红利、教育红利等概念着手分析"质量型人口红利"或"人口质量红利"。胡鞍钢认为人口机会窗口关闭的时候，由于人口受教育水平的提高，会释放人力资本红利。[2] 我国劳动力数量优势转化为质量优势是实现

---

① 杨英、林焕荣：《基于理性预期的第二次人口红利与储蓄率》，《产经评论》2013 年第 2 期，第 113~125 页。

② 胡鞍钢：《教育发展带来三大人力资本红利》，《中国高等教育》2011 年第 23 期，第 64 页。

人力资本红利的关键，而人力资本红利的核心在于教育的发展。① 此外，夏新颜认为，劳动力中只有那些具有较高素质、知识和技能的人才是人才红利的源泉，而创造性劳动参与率是人才红利的判断标准。② 要想实现和延续人才红利与教育红利，就必须加大对公共教育的投资。③ 卢飞和刘明辉则从劳动力数量和人力资本双重视角出发，认为广义的人口红利应该包括用人力资本表示的教育红利。④ 虽然不同学者从不同的视角对人口质量红利进行了定义，但其实质内容并没有脱离人力资本理论，均以劳动力的教育水平作为人口质量红利的测量指标。因此，可以将劳动力质量水平提升与质量结构转变这一有助于经济增长的劳动力因素定义为人口质量红利。

2.1.2 人口红利与经济增长

1. 人口红利对经济增长作用机制的分析

对人口红利与经济增长关系的研究随着人口红利理论的不断清晰而逐渐展开。其中，人口数量红利对经济增长的作用机制主要体现在：劳动力供给充裕；储蓄率上升，投资增加；社会抚养负担较轻；人力资本积累等。① 劳动力供给充裕。如王丰等认为，1982~2000年充裕的劳动力供给对经济增长的贡献高达15%，但是这一贡献会随着抚养比的提高而下降。⑤ 除了劳动力的贡献，劳动参与率的作用同样不容忽视，汪小勤和汪红梅估算了1978~2005年人口红利对经济增长的效应。⑥ 其中，劳动力数量和劳动力流动与配

---

① 王健、李佳：《人力资本推动产业结构升级：我国二次人口红利获取之解》，《现代财经》2013年第6期，第35~44页。
② 夏新颜：《"人口红利"向"人才红利"嬗变的保障——创新人才培养制度》，《江西社会科学》2012年第6期，第191~194页。
③ 张晓娣：《公共教育投资与延长人口红利——基于人力资本动态投入产出模型和SAM的预测》，《南方经济》2013年第11期，第17~26页。
④ 卢飞、刘明辉：《广义人口红利、制造业结构调整与经济增长——基于空间杜宾模型及面板分位数的实证分析》，《财经论丛》2018年第1期。
⑤ 王丰、安德鲁·梅森、沈可：《中国经济转型过程中的人口因素》，《中国人口科学》2006年第3期，第2~18页。
⑥ 汪小勤、汪红梅：《"人口红利"效应与中国经济增长》，《经济学家》2007年第1期，第104~110页。

置的贡献率分别为 28% 和 21%。此外，劳动适龄人口占比增加还会导致资本深化与资本广化之间存在一种此消彼长的关系，而资本深化在一定程度上有助于提高劳动生产率，促进经济增长。[①] ②储蓄率上升，投资增加。人口红利带来的经济效应主要得益于人口老龄化水平低、抚养负担轻的人口结构，总抚养比和老年抚养比下降对我国 1982~2002 年经济的贡献率分别为 5.5% 和 5.1%。[②] 而这种普遍偏高的储蓄率有 16% 是来自于家庭储蓄，这其中的原因是劳动力比重高而抚养负担较轻。[③] 对于这一结论，汪伟通过对 1995~2005 年省际面板数据的分析，发现少儿负担系数和老年负担系数对储蓄率上升有非常显著的解释作用，养老压力的增加是造成储蓄率上升的重要因素，老年负担系数每增加 1%，则城镇和农村的储蓄率会分别增加 0.62% 和 0.23%。[④] ③社会抚养负担较轻。人口老龄化对储蓄率的影响主要是通过少儿抚养比发挥作用，老年抚养比的影响并不显著。[⑤] ④人力资本积累。生育模式转变的前期和后期对人力资本积累的作用截然不同，前期体现在充裕的劳动力供给上，而后期则体现在社会整体受教育水平和人力资本积累的提升。[⑥] 除了社会整体的人力资本积累发生变化，年龄别劳动参与率的差异也会影响人力资本的积累，尤其是高效率创造性的劳动参与率对人力资本积累的影响较大。[⑦] 而且，人口年龄结构的改变也会促使人力资本结构的改变，在工业化前期以专用型和体能型人力资本为主，在工

---

① 刘士杰：《人口转变对经济增长的影响机制研究》，南开大学博士学位论文，2010。

② 王德文、蔡昉：《人口转变的储蓄效应和增长效应——论中国增长可持续性的人口因素》，《人口研究》2004 年第 5 期，第 2~11 页。

③ 李克平：《我国未来人口数量与年龄结构变化的经济发展》，曾毅等：《21 世纪中国人口与经济发展》，社会科学文献出版社，2006。

④ 汪伟：《中国居民储蓄率的决定因素——基于 1995~2005 年省际动态面板数据的分析》，《财经研究》2008 年第 2 期，第 53~64 页。

⑤ 徐升艳：《中国人口老龄化对经济增长的影响研究》，南京大学博士学位论文，2011。

⑥ 郭震威、齐险峰：《"四二一"家庭微观仿真模型在生育政策研究中的应用》，《人口研究》2008 年第 2 期，第 5~15 页。

⑦ 唐代盛、邓力源：《人口红利理论研究新进展》，《经济学动态》2012 年第 3 期，第 115~122 页。

业化后期，通用型的人力资本会发挥更大的作用。[1]

人口质量红利对经济增长作用机制的研究，一般聚焦在三个方面：人力资本积累（存量）增加；人力资本结构（教育、健康等）改善；人力资本的间接效应——技术进步提高。①人力资本积累（存量）与经济增长。赖明勇等利用我国 1996~2002 年数据，证明以人均受教育年限测算的人力资本存量每增加 1 年，会促进经济增长提高 0.183 个百分点。[2] 人力资本与劳动力一样作为经济增长的关键要素，正在成为影响经济增长的主要因素，其对经济增长的直接贡献要远高于劳动力数量的贡献。[3] 但是从总体上说，我国目前的人力资本存量还比较低，尤其是和发达国家相比，还需要进一步加大人力资本财政支出。[4] ②人力资本结构与经济增长。人力资本包括健康人力资本和教育人力资本，当同时考虑这两种人力资本时，需要优化两者的结构才能促进经济增长。[5] 对此，杨建芳等分别就这两种人力资本对我国 1985~2000 年经济增长贡献进行了测算，发现教育和健康人力资本对经济增长的贡献率分别为 12.1% 和 4.6%。[6] 徐祖辉和谭远发研究了人力资本的健康和教育两个方面对经济增长的作用，发现健康人力资本是教育人力资本的基础。[7] ③人力资本间接效应——技术进步与经济增长。人力资本除了直接作为要素投入影响经济增长，还会通过影响研发人员的数量，间接促进技术进步，推动经济增长。一个社会的人力资本水平积累到一定程度，会促进技术

---

[1] 方福前、祝灵敏：《人口结构、人力资本结构与经济增长》，《经济理论与经济管理》2013 年第 8 期，第 5~16 页。

[2] 赖明勇、张新、彭水军、包群：《经济增长的源泉：人力资本、研究开发与技术外溢》，《中国社会科学》2005 年第 2 期，第 32~46 页。

[3] 李德煌、夏恩君：《人力资本对中国经济增长的影响——基于扩展 Solow 模型的研究》，《中国人口·资源与环境》2013 年第 8 期，第 100~107 页。

[4] 王希元、杨璐：《人力资本、物质资本财政支出与经济增长——基于内生增长理论的分析》，《财经理论研究》2016 年第 2 期，第 59~65 页。

[5] 郭继强：《人力资本投资的结构分析》，《经济学》（季刊）2005 年第 3 期，第 691~705 页。

[6] 杨建芳、龚六堂、张庆华：《人力资本形成及其对经济增长的影响——一个包含教育和健康投入的内生增长模型及其检验》，《管理世界》2006 年第 5 期，第 10~34 页。

[7] 徐祖辉、谭远发：《健康人力资本、教育人力资本与经济增长》，《贵州财经大学学报》2014 年第 6 期，第 21~28 页。

进步并产生扩散效应。[①] 姜庆华和米传民验证了科技经费和科技人员与经济增长之间的关系，发现科技人员与经济增长的关系更为紧密，认为科技人员也是技术进步的基础。[②]

2. 人口红利对经济增长影响的实证检验

最早关注我国人口红利对经济增长贡献的是蔡昉和王德文，他们测算了改革开放以来人口红利对经济增长的贡献，其中，劳动力的贡献为23.7%，而社会总抚养比每下降1个百分点，经济增速会提高0.115个百分点。[③] 王德文等进一步考虑了影响经济增长的多项指标，如预期寿命、投资率、消费率、贸易开放度等，再次测算得出人口红利对我国1982～2002年经济增长的贡献率为25%。[④]陈友华通过人口红利对经济增长的理论模型构建，测算了1978～2006年人口红利对经济增长的贡献，认为在2000年后，人口红利对经济增长的年均贡献率都超过了10%。[⑤] 王金营和杨磊分析了1978～2007年人口红利中劳动力人口比例增加的边际产出弹性为1.06，而总抚养比的下降对经济增长的贡献为27.23%。[⑥] 王颖和倪超通过对OECD国家经验数据的分析，发现影响经济增长的主要因素是劳动适龄人口增长率和总人口增长率，而老年抚养比系数与经济增长的相关性不强。[⑦] 总体而言，人口转变解释了OECD国家经济增长18.7%的原

---

① 孙超、谭伟：《经济增长的源泉：技术进步和人力资本》，《数量经济技术经济研究》2004年第2期，第60～66页。

② 姜庆华、米传民：《我国科技投入与经济增长关系的灰色关联度分析》，《技术经济与管理研究》2006年第4期，第24～26页。

③ 蔡昉、王德文：《中国经济增长可持续性与劳动贡献》，《经济研究》1999年第10期，第62～68页。

④ 王德文、蔡昉：《人口转变的储蓄效应和增长效应——论中国增长可持续性的人口因素》，《人口研究》2004年第5期，第2～11页。

⑤ 陈友华：《人口红利与中国的经济增长》，《江苏行政学院学报》2008年第4期，第58～63页。

⑥ 王金营、杨磊：《中国人口转变、人口红利与经济增长的实证》，《人口学刊》2010年第5期，第15～24页。

⑦ 王颖、倪超：《OECD国家人口转变与经济增长的关系研究》，《中国人口·资源与环境》2013年第5期，第106～112页。

因。夏冰进一步研究了人口红利的空间溢出效应，认为存在人口红利空间溢出的区域，人口红利促进经济增长每增加1%，则可能会带动周边区域的经济增长增加0.081%。[①]

2.1.3 人口红利消失与人口红利转型

1. 人口机会窗口与人口红利消失

人口红利概念和理论的提出源于人口转变所带来的人口年龄结构的变化，但世界各国无论是发达国家还是发展中国家，人口转变都是一个阶段性的过程。人口从低死亡率、高生育率向低死亡率、低生育率的转变，最终会形成低死亡、低出生、低自然增长的人口趋势。这不仅是发达国家人口转变的经验，也是人口转变的必然规律，当这一人口转变过程完成，就将进入后人口转变时期，由人口转变形成有利于经济增长的人口年龄结构，所谓的"人口机会窗口"也同样会消失。因此，有关人口红利期与人口红利消失的讨论也一直是学术界关注的焦点。

陈友华较早对我国人口红利的开始与结束期进行了探讨，他认为我国人口红利开始于20世纪90年代，到2040年前后，我国人口红利期将会结束，转而进入人口负债期。[②]但是，仅按照各类抚养比测算的人口红利期忽视了现实社会制度和产业结构，容易产生错误的判断，尤其是在经济转变快于人口转变的条件下，人口红利会很快消失。[③] 对此，蔡昉提出了不同的看法，其关注的不是总抚养比，而是劳动适龄人口占比。蔡昉认为，在2010年前后我国劳动适龄人口占比就出现了下降的趋势，这意味着我国劳动力刘易斯拐点的到来，也意味着人口红利从这一时刻开始逐步消失。而在2013年，蔡昉在结合劳动力供给和资本积累的分析框架下，明确指出在2013年后我

① 夏冰：《人口红利对区域经济增长影响及外溢效应的空间关联研究》，《统计与决策》2016年第6期，第98~102页。
② 陈友华：《人口红利与人口负债：数量界定、经验观察与理论思考》，《人口研究》2005年第6期，第21~27页。
③ 王丰：《人口红利真的是取之不尽、用之不竭的吗?》，《人口研究》2007年第6期，第76~83页。

国人口红利开始消失，在此之后会迅速下降。[①] 但也有学者并不同意这一观点，周婷玉就认为即使在总抚养比下降到最低水平，我国人口红利仍旧会持续 20 年之久。[②]

随着我国人口老龄化加剧、人口自然增长率持续放缓等新形势的出现，有学者认为，从单一标准判断人口红利是否消失并不合理。如果以劳动适龄人口占比为判断标准，那么 2013 年后，我国的人口红利就开始消失，但如果从人力资本积累和制度红利的视角出发，我国未来的人口红利期还相当长。[③] 此后，又有学者采用了多重指标作为判断依据，重新测算人口红利期。原新、刘厚莲使用了有效抚养比、能力抚养比等指标，认为目前我国人口红利依旧处于较高水平，距离人口红利消失尚远。[④] 王培安则结合我国的产业结构、人力资本水平并通过国际经验对比等发现，我国的人口红利应该能维持到 2030 年前后。[⑤] 根据不同的判断标准，学者对人口红利期长短的看法也不同，著名经济学家厉以宁认为，中国的新人口红利正在基于人力资本的变革而形成。[⑥]

关于我国人口红利期长短之争的实质是判断的依据和标准不同。如果仅根据劳动适龄人口占比这一指标，那么我国的人口红利在较早年份就开始消失了。另一种观点则是综合考虑劳动力数量、抚养比、人力资本积累、技术进步、产业变迁和制度红利等因素，人口红利期的长短就很难有统一的标

---

① 蔡昉：《刘易斯转折点——中国经济发展新阶段》，社会科学文献出版社，2008；蔡昉：《人口转变、人口红利与刘易斯转折点》，《经济研究》2010 年第 4 期，第 4~13 页；蔡昉：《中国的人口红利还能持续多久》，《经济学动态》2011 年第 6 期，第 3~6 页。

② 周婷玉：《2013 年我国人口抚养比将现"拐点"，仍有 25 年"人口红利"期》，http://news.sohu.com/20100518/n272197298.shtml。

③ 原新、刘厚莲：《中国人口红利真的结束了吗?》，《人口与经济》2014 年第 6 期，第 35~43 页。

④ 刘厚莲：《人口红利的本质、衡量与中国考察》，《人口与社会》2015 年第 1 期，第 25~32 页。

⑤ 王培安：《一直到 2030 年中国仍处于人口红利期》，https://www.3news.cn/news/guonei/2016/1127/170180.html。

⑥ 《厉以宁 VS 蔡昉：人口红利到底消失了吗?》，http://mt.sohu.com/20170821/n507666261.shtml。

准。但不论是根据哪种判断标准，人口红利的本质都是强调在人口转变过程中形成的一种有利于经济增长的人口年龄结构，突出的是经济效益，单纯地从人口数量和结构判断人口红利期，而忽视对经济贡献的判断是不恰当的。但无论如何，随着人口转变的完成，过去"两头小、中间大"的有益于经济增长的人口年龄结构的确正在逐步消失，取而代之的是新的人口年龄结构特征。因此，我们更应该关注在后人口转变时期，如何面对新的人口结构实现人口红利转型。

2. 人口红利转型

对于人口红利转型，学界对此并没有明确的概念界定，而对这一问题的关注则是始于两个背景：一是源于对我国人口红利期消失的讨论；二是我国进入人口负增长阶段后，面临着新的人口结构和特征。原新等学者从人口机会窗口的视角出发，提出了人口数量型红利向人口质量型红利转型的趋势。[①] 此后，李竞博和原新认为，在面对人口红利逐渐消失的背景下，提高劳动参与率和劳动生产率是实现人口红利转型的新路径。[②] 王婷等认为，中国的人口红利需要实现由数量红利向配置红利转型，而区域间劳动力的流动可以有效促进劳动力配置效率红利的释放。[③] 张鹏和施美程认为，应该从挖掘人才红利、推动健康红利等视角来有效缓解人口负债对经济的冲击。[④]

从上述对人口红利转型的相关研究中可以发现，已经有学者关注在人口红利期消失和后人口转变时期新的人口结构特征如何推动人口红利转型这一问题。但已有研究往往都是通过某一个视角或者路径探讨人口红利转型的实

---

① 原新、高瑷、李竞博：《人口红利概念及对中国人口红利的再认识——聚焦于人口机会的分析》，《中国人口科学》2017 年第 6 期，第 19~31 页。

② 李竞博、原新：《如何再度激活人口红利——从劳动参与率到劳动生产率：人口红利转型的实现路径》，《探索与争鸣》2020 年第 2 期，第 131~139 页。

③ 王婷、程豪、王科斌：《区域间劳动力流动、人口红利与全要素生产率增长——兼论新时代中国人口红利转型》，《人口研究》2020 年第 2 期，第 18~32 页。

④ 张鹏、施美程：《从人口红利到人口负债：新发展阶段人口转型问题研究》，《江淮论坛》2021 年第 6 期，第 20~27 页。

现机制，未能全面系统地对人口红利转型的人口基础、可能性和转型路径做出论述。人口红利转型应该基于后人口转变时期人口的基本特征，从中挖掘人口红利转型的可能性，从而探讨人口红利转型的实现机制。

2.1.4 人口红利转型与经济增长

1. 人口红利转型的可能性

进入后人口转变时期意味着我国将面临超低生育率、低死亡率和低人口自然增长率（甚至负人口增长率）的人口发展模式。[①] 因此，劳动适龄人口占比下降、人口老龄化加剧、人口长期负增长等问题势必会成为后人口转变时期我国最主要的人口特征。[②] 面对新的人口形势和人口特征，能否实现人口红利转型，必须基于劳动适龄人口占比下降、人口老龄化加剧、人口长期负增长这三个主要的人口特征。

随着对劳动适龄人口占比下降、人口老龄化加剧、人口长期负增长这三者与经济增长关系研究的不断深入，并没有充足的证据表明这样的人口特征必然会阻碍经济增长。劳动适龄人口占比下降并不意味着劳动力人口数量的绝对短缺，人口老龄化加剧与研发人员的规模、年龄结构和素质水平等影响经济增长的因素之间没有必然联系；[③] 而人口长期负增长也并不必然带来资本积累的下降与 GDP 的衰退。[④] 相反，后人口转变时期的主要人口年龄特征还可能对经济增长产生新的动力，推动人口红利转型。

2. 人口红利转型的路径

劳动适龄人口占比下降与人口红利转型。以往人口红利强调充裕的

[①] 晏月平、王楠：《中国人口转变的进程、趋势与问题》，《东岳论丛》2019 年第 1 期，第 179~190 页。

[②] 翟振武、金光照：《中国人口负增长：特征、挑战与应对》，《人口研究》2023 年第 2 期，第 11~20 页；王广州：《中国人口负增长问题再认识》，《晋阳学刊》2023 年第 2 期，第 19~28 页。

[③] 翟振武、金光照、张逸杨：《人口老龄化会阻碍技术创新吗？》，《东岳论丛》2021 年第 11 期，第 24~35 页。

[④] 陶涛、郭亚隆、金光照：《内生性人口负增长经济影响的国际比较》，《人口学刊》2022 年第 1 期，第 32~45 页。

劳动力供给对经济增长的作用，在劳动适龄人口占比下降、劳动力数量优势不断消失的背景下，这是否必然导致人口红利的消失，不利于经济增长。然而事实并非如此，随着对劳动力结构与经济增长关系研究的深入，当不再只关注劳动力的数量，而开始强调劳动力的质量结构和配置结构后，劳动适龄人口占比下降可能会推动人口红利转型。①劳动力数量下降会促进资本深化，从而刺激劳动生产率和全要素生产率的提高。劳动力数量下降、劳动力成本上升会激发企业进行技术创新，从而通过提高劳动生产率来降低劳动力成本增加带来的不利影响。① 在劳动力数量下降时，技术进步会偏向资本，此时资本深化会对企业的全要素生产率起到促进作用。② ②劳动力数量下降，人力资本提升会带来人口质量红利对人口数量红利的替代效应。在人口转变过程中，劳动力数量下降隐含着劳动力质量提升的内在机制。这意味着在经济发展过程中，劳动力的数量优势会逐渐被劳动力质量提升所取代。③ ③劳动力人口流动的结构红利效应。人口红利一方面源于劳动力的数量和结构，而另一方面则来自劳动力的配置效率，主要强调劳动力与土地、资本等其他生产要素相结合，从而促进经济增长。④ 促进劳动力在地区间的有效合理流动是长期应对我国人口红利渐微的有效途径。⑤

人口老龄化加剧与人口红利转型。人口老龄化加剧、社会总抚养比上升往往被视为人口红利消失的标志。由人口老龄化引发的诸如劳动力供给不足⑥、劳动

---

① 吴秋阳：《劳动力成本上涨对我国制造业劳动生产率的影响》，《理论建设》2016年第6期，第42~47页。

② 陈汝影、余东华：《资本深化、有偏技术进步与制造业全要素生产率》，《现代经济探讨》2020年第6期，第62~69页。

③ 丁小浩、高文娟、黄依梵：《从人口数量红利到人口质量红利——基于143个国家面板数据的实证分析》，《教育研究》2022年第3期，第138~148页。

④ 王婷、程豪、王科斌：《区域间劳动力流动、人口红利与全要素生产率增长——兼论新时代中国人口红利转型》，《人口研究》2020年第2期，第18~32页。

⑤ 张樨樨、郑珊：《后人口红利时期劳动力省际流动新特征与空间效应》，《社会科学战线》2021年第7期，第63~73页。

⑥ 徐达：《人口老龄化对经济影响的模型与实证》，《财经科学》2012年第4期，第100~107页。

生产率下降[①]、社会抚养比上升[②]、储蓄率下降[③]、技术进步放缓[④]等一系列
不利于经济增长的新变化,使人口老龄化长期以来都被视为阻碍经济增长的
一个重要因素。然而,随着对人口老龄化与经济增长关系研究的不断深入,
学界对二者的关系又有了新的认识。齐红倩和闫海春研究发现,人口老龄化
对经济增长的长期影响并不仅是负效应,其对经济增长的正面影响随时间呈
"先抑后扬"的趋势。[⑤]更多的研究表明,人口老龄化也可能会推动人口红利
转型、促进经济增长。①人口老龄化虽然会导致劳动参与率和劳动力供给的
下降,但也可能会激发劳动生产率的提高,从而促进人口红利转型。[⑥]②人
口老龄化使劳动力供给下降,改变了要素禀赋,催生了"技术倒逼效应"[⑦],
且人口老龄化带来的创新效应大于劳动效应,从而对经济增长产生积极影
响。[⑧]③老年人口消费需求的变化是引起产业结构变化的主要动因,[⑨]由人口
老龄化引发的产业升级效应将成为推动经济增长的又一重要因素。[⑩]④还有
学者从老年人口为成年子女提供代际支持的视角出发,论证了这一行为可能

① 王莹莹、童玉芬:《中国人口老龄化对劳动参与率的影响》,《首都经济贸易大学学报》
2015 年第 1 期,第 61~67 页。

② 宋佳莹、高传胜:《人口老龄化对经济增长的影响及其机制分析——基于劳动力供给与社
会保障支出视角》,《经济问题探索》2022 年第 11 期,第 1~18 页。

③ 杨继军、张二震:《人口年龄结构、养老保险制度转轨对居民储蓄率的影响》,《中国社会
科学》2013 年第 8 期,第 47~66 页。

④ 郭凯明、颜色:《延迟退休年龄、代际收入转移与劳动力供给增长》,《经济研究》2016 年
第 6 期,第 128~142 页。

⑤ 齐红倩、闫海春:《人口老龄化抑制中国经济增长了吗?》,《经济评论》2018 年第 6 期,第
28~40 页。

⑥ 李竞博、原新:《如何再度激活人口红利——从劳动参与率到劳动生产率:人口红利转型
的实现路径》,《探索与争鸣》2020 年第 2 期,第 131~139 页。

⑦ 王笳旭、冯波、王淑娟:《人口老龄化、技术创新与经济增长——基于中国省际面板数据
的实证分析》,《华中科技大学学报》(社会科学版)2017 年第 5 期,第 116~126 页。

⑧ 谢雪燕、朱晓阳:《人口老龄化、技术创新与经济增长》,《中国软科学》2020 年第 6 期,
第 42~53 页。

⑨ 茅锐、徐建炜:《人口转型、消费结构差异和产业发展》,《人口研究》2014 年第 3 期,第
89~103 页。

⑩ 徐瑾、潘俊宇:《产业结构优化视角下的人口老龄化与我国经济增长》,《经济问题》2020
年第 9 期,第 62~71 页。

带来老年人口"影子红利"。[1]

人口长期负增长与人口红利转型。人口长期负增长不仅意味着劳动适龄人口占比下降，而且人口总量也会不断下降。面对超低生育率水平背景下人口长期负增长的人口发展趋势，有不少专家学者对未来人口持续减少可能对经济产生的负面效应表示担忧。但也有学者利用国外的经验数据进行研究，认为人口负增长并不必然引起经济的衰退。[2] 在人口负增长的背景下，依然可以实现人口红利转型。一方面，在人口负增长的背景下，可以利用较大人口规模形成的市场优势，促进经济高质量发展。[3] 较大人口规模的优势还可以为人口回旋空间提供可能，促进人口在地域之间、产业之间流动，推动产业升级并发挥劳动力配置效率，促进人口红利转型与经济增长。[4] 另一方面，人口负增长、劳动力数量下降，增加了人工智能替代劳动力的可能性。郭凯明认为，人工智能可以作为劳动和资本要素的替代品，不论是在劳动密集型行业、资本密集型行业，还是在技术密集型行业中，人工智能的应用都可以降低劳动力和资本的投入。[5] 人工智能不仅可以降低对劳动力数量的需求，在某些部门，人工智能还可以有效提高劳动生产率。余玲铮等通过对广东省企业调查数据分析发现，相较于没有使用机器的企业，使用人工智能的企业劳动生产率提高了 18.24%。[6]

① 杨成钢、孙晓海：《老年人口影子红利与中国经济增长》，《人口学刊》2020 年第 4 期，第 30~41 页。

② 陶涛、郭亚隆、金光照：《内生性人口负增长经济影响的国际比较》，《人口学刊》2022 年第 1 期，第 32~45 页。

③ 王金营、李庄园：《人口负增长下经济实现高质量发展的理论思考和政策支持探究》，《人口与社会》2023 年第 2 期，第 1~15 页。

④ 王金营、刘艳华：《经济发展中的人口回旋空间：存在性和理论架构——基于人口负增长背景下对经济增长理论的反思和借鉴》，《人口研究》2020 年第 1 期，第 3~18；王金营：《中国人口回旋空间在构建新发展格局中的优势和作用》，《河北大学学报》（哲学社会科学版）2021 年第 5 期，第 106~121 页。

⑤ 郭凯明：《人工智能发展、产业结构转型升级与劳动收入份额变动》，《管理世界》2019 年第 7 期，第 60~77 页。

⑥ 余玲铮、魏下海、吴春秀：《机器人对劳动收入份额的影响研究——来自企业调查的微观证据》，《中国人口科学》2019 年第 4 期，第 114~125 页。

2.2 理论来源

2.2.1 人口红利的理论来源

从人口红利的概念可以看出，人口红利强调的是人口转变带来的"两头小、中间大"这种有利于经济增长的人口年龄结构。从产生的背景看，人口红利源于人口转变的内在规律。从作用于经济增长的途径看，人口红利源于劳动力的充裕供给和总抚养比较轻对储蓄的影响。因此，从人口红利产生的理论渊源看，是源于人口转变理论、古典经济增长理论和生命周期消费理论这三大基本理论。

1. 人口转变理论

人口转变理论产生于20世纪30年代，是西方人口学者在基于西方国家的经验数据总结而成，该理论一度于20世纪60年代流行。之所以强调宏观人口转变理论，是因为这里的人口转变指一个国家或地区人口的生育、死亡变化所带来的人口年龄结构变化。对宏观人口转变理论的研究，早期有法国著名人口学者兰德里、美国人口学者汤普森和诺特斯坦等，后期有美国人口学者寇尔等。

早期的人口转变理论以兰德里为代表，其根据生育和死亡相关统计数据，将人口转变的过程分为原始阶段、中期阶段、现代化阶段三个阶段。其中，现代化阶段是死亡率最早下降、生育率随之下降的阶段。汤普森在兰德里的基础上将三阶段理论应用在不同国家或地区，对人口转变的模式做了细分。而经典人口转变理论的集大成者是诺特斯坦，他结合汤普森和兰德里的理论，将人口转变的时间和空间模式总结为依次递进的三个阶段。第一阶段：高人口增长阶段，生育率居高不下，死亡率开始下降。第二阶段：过渡阶段，生育率开始下降，死亡率也下降，生育率下降速度慢于死亡率。第三阶段：人口缓慢增长阶段，生育率和死亡率都下降到了较低水平。由于诺特斯坦的人口转变理论过分强调经济因素的作用，使得这一理论在很多发展中国家并未表现相同的趋势。寇尔通过一定的指标体系对人口转变的模式进行了更为细致的描述，将人口转变描述为原始静止、前现代、过渡、现代、现代静止五个阶段。寇尔不仅关注了经济因素在人口转变中的作用，同时突出了文化因素。随着对人口转变理论的深入研究，不同的理论从社会、经济、文化、宗教以及制度等方面对人口转变给出了解释。如结构主义理论从社会经济整体结构变迁的宏观层面解释了人口转变的动因；多方面反映理论从死亡率下降导致子女存活概率上升这一现实解释了人口转变的原因。还有如临界值假说、生育经济学等理论，均对人口转变的原因做出了解释。

从人口转变的经典理论和后续发展可以看出，人口红利所形成的人口年龄结构是人口变化趋势的基本规律，是人口在社会、经济、文化、观念、宗教以及制度等因素影响下的必然发展阶段。在人口转变过程中，死亡率开始下降、而生育率还未开始下降的增长型人口结构，向生育率和死亡率都开始下降的现代型人口结构的转变，形成了有助于经济增长的人口年龄结构。虽然人口红利的形成源于人口转变，但其并非经济发展的必要条件，人口红利经济效应的发挥还必须与相关的产业结构和经济环境相结合。

2. 古典经济增长理论

人口红利影响经济的一个重要特征是充裕的劳动力供给，而劳动力作为经济增长的核心要素，长期以来都是学者关注的焦点。有关经济增长的相关理论，可以追溯到古希腊和古罗马经济学者的论述。其中，重商主义和重农主义学派以及经院哲学的经济学家分别从土地、资本、劳动投入的视角探讨了国家财富增加的原因。而专门关注经济增长的理论以亚当·斯密的《国民财富的性质和原因的研究》（即《国富论》）作为开端，后期经历了古典经济学、新古典经济学和新经济增长理论的发展，经济增长这一论题逐渐形成了完整的理论体系。在经济增长理论的发展过程中，对人口要素尤其是劳动力这一要素的讨论从未间断，在人口红利理论的研究中仍未脱离对这一要素的探讨。

对经济增长理论论述较为完整的应是亚当·斯密，他在《国富论》中明确经济学要研究国民财富的性质和原因，可以将国民财富理解为经济增长的过程。亚当·斯密指出，一国财富的增加应该从实际生产部门寻求原因，因此他强调劳动力分工对提高劳动生产率的重要性。而古典经济学的集大成者大卫·李嘉图则重点关注收入和分配的关系。大卫·李嘉图的"边际报酬递减理论"指出，土地在经济增长中的作用逐渐下降，而需要维持经济增长则要靠资本和劳动的投入。马尔萨斯直接将人口因素作为经济增长的唯一变量，提出了相对悲观的经济增长理论。

大卫·李嘉图之后的近百年内西方经济学主要关注分配论和价值论，经济增长理论曾一度不在核心研究范围内。20 世纪 30 年代大萧条的出现使宏观经济研究重新成为经济学研究的主流，而对经济增长的再次关注是源于凯恩斯的经济理论。其中，以哈罗德-多马和索罗·斯旺的研究为代表的经济增长理论是对凯恩斯理论的补充与完善，奠定了新古典经济增长理论的基础。但新古典经济模型由于对储蓄率、劳动增长率等因素的外生假定以及经济增长的"刀刃"性质而备受质疑。

不论是古典经济增长理论还是新古典经济增长理论，资本、土地和劳动等要素都被认为是经济增长的源泉，而由于土地是不可再生的，所以劳动力和资本应该是经济增长的核心。尤其是在新古典经济学代表索罗·斯旺的经济增长模型中，最终产出的增加只取决于外生的人口增长率和技术进步率。

3. 生命周期消费理论

人口红利作用于经济的另一个途径，便是抚养比变化带来的储蓄与资本投资效应。可以用生命周期理论和家庭储蓄需求模型解释人口结构变化对人们储蓄行为产生的影响。这也是人口红利产生经济效应的另一个重要理论来源。

产品生命周期理论最早由雷蒙德·弗农提出，后来被应用在各个领域。其中，在消费理论的研究过程中，莫迪利安尼和布莱·博格提出了考虑个体生命周期的消费理论即生命周期消费理论。这一理论从个体的一生出发，把储蓄行为和消费行为看作是个体终生的决策，基于理性人的考虑，个体在一生中为了追求效用最大化必须分配自己的储蓄。基本的依据就是，个体在不同的生命阶段，消费所带来的边际效应应该是相等的，而由于少儿期、成年期和老年期的消费和生产活动存在差异，因此消费行为对居民储蓄有重要影响。个体在不同年龄阶段生产特征上的差异，决定了个体在劳动时期必须进行低消费和高储蓄，才能确保下一代和老年时期的消费水平。因此，在社会整个人口年龄结构中，当抚养比较低而劳动适龄人口占比较高的时候，人口数量红利就会通过年龄结构影响储蓄和投资。

不仅如此，除了利用生命周期消费理论来解释这一现象，还有学者从家庭的视角分析了人口年龄结构变动对储蓄和投资的影响，即家庭储蓄需求模型。这一理论强调，从家庭代际转移的视角看，孩子被看作是父母从劳动期步入老年期而进行的一种跨期投资，又或是可以充当货币的一种储蓄。当父母在决定减少生育孩子的时候，他们就会结合当时的产品价格和孩子可能在未来带来的收益而综合考虑。如果孩子可以在未来带来较大的收益，便可以将孩子作为一种储蓄不断追加投资，而社会上的少儿抚养比下降便会带来高储蓄和高投资。

可见，不仅是劳动力的绝对数量，劳动力的年龄结构特征带来的社会总抚养比的变动同样会影响人口红利作用的发挥。人口红利作用于经济增长的方式是多样的，劳动力供给的研究包括劳动力内部年龄结构。

由此看来，人口红利是在宏观人口转变这一大背景下，通过劳动力数量（绝对量）的变化和相对占比（总抚养比）的变化来影响经济。劳动力作为经济增长的基本要素，在不同年龄阶段所表现的生产和消费的差异，共同构成了经济增长的基本途径。

2.2.2　人口红利转型的理论来源

人口红利转型强调的是在人口转变完成后，面对新的人口特征及人口红利趋于消失，如何从新的人口结构和特征中发现促进经济增长的潜在增长点。人口红利转型的现实基础是后人口转变时期的主要人口年龄结构和特征，后人口转变时期的主要人口特征表现为劳动适龄人口占比下降、人口老龄化加剧、人口长期负增长。而促进人口红利转型除了主要的人口特征，还有社会经济发展对生产要素要求的变化（如对劳动、资本、人力资本和技术要求的变化）、客观经济形势（如产业的升级与产业结构的空间转移）的改变、经济发展规律（如经济发展由要素驱动型向创新驱动型转变）的推动。因此，人口红利转型的理论根源来自后人口转变理论，同时受劳动力迁移流动、人力资本、新经济增长、产业升级等多重理论的共同影响。

1. 后人口转变理论

后人口转变理论是在人口转变理论的基础上，对人口转变的阶段性划分究竟是三个阶段还是四个阶段的争论而来的。然而，在 20 世纪 80 年代，英国人口学家布莱克将人口转变划分为高位静止、早期扩张、后期扩张、低位静止、减退 5 个阶段。其中，减退阶段会出现极低的生育率，同时死亡率会因人口老龄化加剧而提升，人口会出现负增长。而关于后人口转变理论是否存在，国内学者曾对此有过争议，于学军最早从生育意愿和生育水平两个指标，认为我国于 20 世纪 90 年代就进入了后人口转变时期。[①] 对此，李建民也提出了类似的看法，他认为人类发展可以分为前人口转变、人口转变、后人口转变，我国在 20 世纪末就进入了后人口转变阶段，且后人口转变阶段分为准均衡发展和稳定均衡发展两个阶段。[②] 判断是否进入后人口转变时期需要依据出生率、死亡率、自然增长率、老龄化水平等多指标进行综合评价。但也有学者对是否存在后人口转变理论提出质疑，李建新和叶明德均质疑中国是否这么快就进入了后人口转变时期，并质疑了后人口转变理论是否真实存在。他们认为，一门新的理论需要有明确的研究对象、研究内容、研究方法，但至少从目前看，后人口转变并不能被称为一门理论。[③]

然而，随着人口转变的完成，我国的生育率和死亡率都降到了超低的水平，尤其是人们的生育意愿已经发生根本性改变。因此，关于是否存在后人口转变的阶段性争议已经不再是人们讨论和关注的焦点，而是一种既定的事实。赵时亮较早肯定了后人口转变时期的存在，并且认为判断是否存在以及何时进入后人口转变时期的依据就是生育率、死亡率和自然增长率，而我国

---

① 于学军：《中国进入"后人口转变"时期》，《中国人口科学》2000 年第 2 期，第 8~15 页。
② 李建民：《后人口转变论》，《人口研究》2000 年第 4 期，第 9~13 页。
③ 李建新：《"后人口转变论"质疑——兼与于学军、李建民博士商榷》，《人口研究》2000 年第 6 期，第 1~7 页；叶明德：《对"中国进入后人口转变时期"的质疑》，《中国人口科学》2001 年第 1 期，第 32~37 页。

虽然已经进入后人口转变时期，但具有复杂性、超前性、政策性等特征。[①]
刘爽认为后人口转变时期不能光看"外表"，不仅是几个人口指标的变动，
还应该关注"内核"，始于人口发展相关的制度、文化以及人口的行为等。[②]
任远回顾了我国人口发展的各阶段，认为当前阶段我国的生育率、死亡率、
自然增长率均处于较低水平，而且人口数量很难再回升的人口事实，肯定了
我国进入后人口转变时期。这一阶段会对我国的人口总量、人口结构、人口
老龄化产生深远影响。[③] 在未来低生育率水平下，人口老龄化加剧和劳动适
龄人口占比下降将会是后人口转变时期最为突出的人口特征，我们关注的重
点应该是如何应对低生育率带来的一系列问题和挑战。[④]

可见，后人口转变是人口转变理论的阶段性延续，超低生育率、低死亡
率、超低自然增长率（或负人口自然增长率）是其最显著的人口特征。在
这种特征下，劳动适龄人口占比下降、人口老龄化加剧和人口长期负增长是
未来进入后人口转变时期国家要面对的主要人口现实。因此，人口红利转型
必须要源于人口转变，在后人口转变时期人口红利转型更要基于这三个主要
的人口特征。所以，后人口转变理论构成了人口红利转型的理论基础。

2. 劳动力迁移流动理论

劳动力的迁移流动包括劳动力在不同区域间的水平流动和在不同产业间
的纵向流动。劳动力在不同区域间的流动是促进劳动力在区域间再配置的关
键，是在劳动力总量下降的情况下通过劳动力的空间结构合理配置，是实现
人口红利转型的关键。

艾弗雷特·李的推拉理论从影响劳动力迁移的推力和拉力之间的关系分析
了劳动力从一地迁往另一地的原因。不管迁入地还是迁出地均具备推力和拉力，
而影响劳动力迁入的主要是拉力，具体的拉力主要包括迁入地的社会经济发展

---

① 赵时亮：《中国的后人口转变及其特殊性》，《人口研究》2001 年第 3 期，第 8~12 页。
② 刘爽：《对中国人口转变的再思考》，《人口研究》2010 年第 1 期，第 86~94 页。
③ 任远：《中国后人口转变时期的人口战略转型》，《南京社会科学》2017 年第 1 期，第 71~77 页。
④ 张现苓：《积极应对后人口转变 努力创建家庭友好型社会——"可持续发展视野下的人口问题：生育转变与社会政策应对国际研讨会"综述》，《人口研究》2018 年第 1 期，第 104~112 页。

水平，表现为迁入地对劳动力的需求和迁入地与迁出地之间收入的差异。推拉理论笼统地介绍了人口迁移流动的一般规律和原因，对劳动力在不同区域之间流动的深层次经济原因进行分析的是刘易斯的二元经济结构理论。刘易斯利用城乡人口增长的差异和经济增长的差异，解释了发展中国家广大农村地区的剩余劳动力源源不断涌入城市工资水平更高的工业部门的原因。之所以会造成劳动力在城乡之间的流动和迁移，根本原因在于农村剩余劳动力的大量存在和农业部门与工业部门的边际生产率差异。针对刘易斯提出的二元经济结构导致的劳动力城乡迁移，拉尼斯和费景汉又在此基础上进一步阐述了农业剩余劳动力向工业部门转移的进程及二者之间的关系。他们认为，劳动力从农村到城市的迁移不是一蹴而就的，也不是源源不断的，这一过程大致可以分为三个阶段：第一阶段，农业存在着隐蔽性失业，农业劳动力转移也不会受到阻碍；第二阶段，平均农业剩余低于不变工资，农业劳动力转移受阻；第三阶段，农民工资由市场决定，并等于劳动边际生产率，此时，工业部门要吸引更多的农业劳动力，就必须把工资提高到至少等于农业的劳动边际生产率。

传统的劳动力迁移流动理论更强调劳动力在地域之间迁移流动的经济原因，新经济地理学从厂商规模报酬递增、不完全竞争、匀速成本等视角对此提出了不同的看法。新经济地理学强调，产业的分布状态是影响劳动力迁移的主要原因，而产业集聚是"离心力"和"向心力"达到均衡的结果，决定这两种力量的主要因素取决于贸易成本。[1] 当贸易成本下降使贸易自由度达到某一临界值时，一个微小的偶发因素就可打破区域对称均衡格局，使劳动人口集中流向某一区域，而经济活动也完全向劳动人口流入的区域集中。由此可见，新经济地理学主要强调了产业集聚对劳动力迁移流动产生的影响，而产业集聚中的"市场接近效应""生活成本效应""市场拥挤效应"决定着产业在一个地区的集聚力和分散力。[2]

---

[1] 陈恩、于绯：《劳动力流动与区域收入差距：基于新古典经济学与新经济地理学范式下的研究》，《江西社会科学》2012年第2期，第55~61页。

[2] 易苗、周申：《经济开放对国内劳动力流动影响的新经济地理学解析》，《现代财经》（天津财经大学学报）2011年第3期，第6~14页。

　　劳动力的迁移和流动除了强调劳动力在不同区域内的流动，劳动力在不同行业和产业间的垂直流动同样备受关注，由此产生了产业经济学中劳动力迁移流动理论，具有代表性的是配第-克拉克定理。配第-克拉克通过研究和对比不同国家产业结构的演变过程，发现劳动力在产业之间存在着自由流动的现象，随着社会经济发展，劳动力会逐渐由第一产业流向第二产业，再由第二产业流向第三产业，而劳动力这一要素的转移最终会引起产业结构的转型升级，会带来劳动力流动推动产业结构升级的结构红利。此后，库兹涅茨对配第-克拉克定理进行了扩展，提出了库兹涅茨法则。该理论认为，在一国经济中，第二产业的劳动力占比和国民收入占比会不断提高，但是劳动力占比上升的速度要快于国民收入占比上升的速度。与第二产业不同的是，第三产业的国民收入占比和劳动力占比同样会呈现上升趋势，但是上升的速度与第二产业不同。因此，库兹涅茨在肯定了第二产业地位的同时，也强调了劳动力人口在不同产业之间的流动转移。

　　在后人口转变时期，在人口总数和劳动适龄人口占比不断下降的背景下，劳动力在不同地域和产业之间的迁移流动为实现人口红利转型提供了理论依据。在劳动力绝对总量依旧充裕的情况下，劳动力地域和产业行业间的合理流动和再配置，可以有效减少劳动适龄人口占比下降带来的不利影响，从而提高劳动力要素配置效率和劳动生产率，推动人口红利转型。

3. 人力资本理论

　　人口红利转型主要基于后人口转变时期我国主要的人口事实，劳动适龄人口占比下降和人口老龄化加剧是主要的人口特征。因此，人力资本强调的劳动力健康改善和受教育水平提高必然是人口红利转变的基础。

　　人力资本理论在古典经济学的诸多论著中有所涉及，但均未明确提出人力资本这一概念，直到 20 世纪 60 年代，著名经济学家舒尔茨首次提出了人力资本的概念。随后，人力资本理论的研究在经济学界广泛展开，加里·贝克尔、雅各布·明瑟尔等学者积极开展了对人力资本形成的探讨。内生经济增长理论甚至将人力资本积累作为经济增长的一个重要因素，将其纳入宏观经济研究的领域。

古典经济学中有关人力资本的论述，如威廉·配第就强调劳动力的数量和素质是影响产出的重要因素；亚当·斯密认为人力资本是人们所获得的一切才能，而这种才能对人们的收入有着重要影响。萨伊、李斯特和马歇尔等经济学家都对劳动力的才能、才智、知识等进行了论述。而对人力资本给出明确概念和定义的是舒尔茨，他认为，人力资本是一个人的知识、健康、技能和能力等方面的总称，而人力资本的形成要依赖对人力资本的投资。随后，加里·贝克尔用家庭生育行为的成本收益均衡模型解释了人力资本形成的原因，这也是微观人口经济学研究人口转变的理论基础。明瑟尔用劳动者受教育年限或者接受职业培训的年数来表示人力资本水平，建立了人力资本的收益模型，并将人力资本理论应用于劳动力市场和家庭生育决策行为，解释了已婚妇女的劳动力供给问题。随着人力资本理论的发展和应用，人力资本同劳动力要素、物质资本一样被视为经济增长的核心要素，被纳入经济增长的模型分析。典型代表有罗默的"收益递增经济增长模型"和卢卡斯的"专业人力资本积累经济模型"。随后，人力资本理论的研究进一步扩展到了其他领域。当然，人力资本理论自提出以来也面临着一些挑战，如反对劳动力市场完全竞争假设的劳动力市场划分理论和筛选假设理论等。

从人力资本理论的形成和发展看，人力资本强调的是劳动力的能力、健康、知识和教育水平等，是劳动力质量内在属性的表现形式。人力资本的积累和形成需要投资和培训，生育经济学对人力资本的变化趋势进行了分析。加里·贝克尔的孩子质量数量替代理论强调，随着人口转变的完成，越晚出生的队列，他们的人力资本积累水平越高。人力资本作为与物质资本和劳动力同等重要的经济增长核心要素，在经济增长过程中的作用正是来自劳动力质量的变化，也即人口质量红利的经济效应。

4. 新经济增长理论

人口红利转型基于后人口转变时期我国劳动适龄人口占比下降和人口老龄化加剧这一客观人口事实。古典经济增长理论强调人口增长对经济增长产生的重要作用。人口增长同物质资本和土地投入一样是产出增加的重要因素。随着人力资本理论的不断完善和新经济增长理论（内生经济增长理论）

的进一步发展，不仅物质资本投入是经济增长的核心来源，人力资本投资和技术进步同样会带来效益的增加。在劳动适龄人口占比下降和人口老龄化加剧的过程中伴随着劳动力质量即人力资本的提升，同时劳动力供给的下降还会刺激企业使用技术替代劳动，形成技术倒逼效应。因此，新经济增长理论对经济增长要素投入变化的关注是人口红利转型的关键。

为了使经济增长模型与现实情况更为契合，便有了内生经济增长理论。而内生经济增长理论基本经历了三个阶段。第一个阶段是以索罗模型为代表，将产出、资本和劳动力内生化，解决了哈罗德-多马模型经济一旦偏离稳态便无法收敛而出现"刀刃"游走的不稳定性这一弊端。但这一阶段对储蓄率和技术进步的假定仍然是外生的，显然模型还存在较多的不足。第二个阶段是将储蓄率内生化，具有代表性的是新剑桥学派和新古典学派。其中，拉姆齐-卡斯-库普曼斯的跨期最优消费模型和戴蒙德的世代交叠模型很好地解决了储蓄率内生化这一难题。第三个阶段是将技术进步和人力资本内生化，具有代表性的是罗默的"中间产品内生化"模型、熊彼特的"创造性毁灭"模型以及卢卡斯的"人力资本内生化"模型。自此，经济增长的内生化历程基本完成，后期更有学者对这一理论进行了扩展，如将人口增长率内生化的 Becker-MurPhy-Tamura 模型、将分工内生化的"杨小凯-博兰德模型"、考虑政府作用内生化的模型等。

从经济增长理论的发展脉络看，关于劳动力这一要素的研究一直都是经济增长研究的核心问题，不论是古典经济增长理论还是内生经济增长理论，都离不开对劳动力的讨论。而劳动力作为直接的要素投入，其数量（增长率）和质量（人力资本积累）都会影响经济增长。人口数量红利主要通过劳动力数量、储蓄率、抚养比影响经济增长，而人口质量红利主要通过人力资本、技术进步、全要素生产率影响经济增长。因此，从经济增长理论的发展看，人口红利对经济的影响是全方位的。

5. 产业升级理论

人口转变形成的人口机会窗口，在与一定的产业结构相适应的条件下，形成了人口红利。因此，人口红利的产生离不开与人口年龄结构相适应的产业结构。同样，在后人口转变时期，面对新的人口数量和结构特征，只有与之相适应的产业结构才能推动人口红利转型。面对人口长期负增长、劳动力资源越来越稀缺、人口老龄化加剧的客观现实，如何推动产业转型升级，处理好人口转变与产业转型之间的关系，成为人口红利转型的重点。

产业升级包括产业结构的合理化和高级化。产业结构合理化是指产业之间及产业内部之间的比例合理、协调能力不断提高、产出结构与需求结构协调发展的动态变动过程。其实质是产业结构能够适应不断变化的市场需求，既可以充分利用系统内外的各种资源，又可以提高资源的利用效率。而产业结构高级化就是产业结构的升级过程，即从低级的产业结构状态向高级形式转化的过程，是产业结构整体素质和效率向更高层次不断演进的动态过程。较早关注产业升级的理论是配第-克拉克定理，通过劳动力在第一、二、三产业间的流动，推动产业结构由"第一、二、三产业"向"第三、二、一产业"转变。此后，德国经济学家霍夫曼提出了"工业化阶段法则"，也被称为"霍夫曼经验法则"，他认为在工业化过程中，各个部门的效率并不相同，因而产生了工业部门间特定的结构变化。库兹涅茨发展了配第-克拉克定理，认为在经济的不断发展过程中，第一产业占比逐步下降，第二产业占比不断上升，劳动力在第三产业中的占比和第三产业占总产值的份额均会不断提升。

除了产业结构的纵向演进，日本学者赤松于 1932 年提出了产业结构在不同地区之间转移的"雁阵模式"。这一理论强调，某一产业随着进口的不断增加，国内生产和出口就如三只大雁展翅翱翔。人们常以此表述经济后起国家工业化、重工业化、高度加工化的发展过程，并称之为"雁行产业发展形态"。[①] 此后，日本学者山泽逸平对这一理论进行了扩展，提出了引进、进口替代、出口成长、成熟、逆进口五个阶级。雁阵模式客观地描述了经济后起国家产业发展的顺序和走向高度化的具体途径和过程，同时也展现了东亚国家或地区经济起飞的客观历程。钱纳里收集了不同地区的产业数据，并对其变化规律进行研究，提出了"标准结构理论"。这一理论按照不同的经

① 杨建文、周冯琦、胡晓鹏：《产业经济学》，学林出版社，2004。

济发展层次，将产业划分为三大阶段和六个时期，每一个发展阶段均分为两个时期。不同国家的产业结构转变并没有统一的模式，因为结构转变受一个国家的资源禀赋、初始结构以及其所选择的发展政策的影响。

人口红利的实现与产业结构转型存在密切关系，后人口转变时期人口红利的转型同样需要依托产业结构转型寻求突破口。人口年龄结构的改变正在逐渐改变消费需求市场的消费结构，而劳动力供给数量的变化也在改变着市场的供给结构。在消费和供给均发生改变的情况下，要把握住这一趋势，推动产业结构的转型与升级，促进产业结构由劳动密集型、资本密集型向技术密集型转型，由以工业为主导向以服务业为主导转型。

2.3　人口红利转型的概念与内涵

本书重点研究后人口转变时期人口红利转型的实现机制，相对于以往研究，人口红利转型的概念是通过对文献的归纳和总结提出的。本书在细化人口红利概念的同时，对人口红利转型概念的基本内涵、外延以及阶段特征进行详细说明，从而为后续研究奠定基础。

2.3.1　人口红利转型

1. 人口红利转型的概念

本书所强调的人口红利转型是基于以往人口红利判断标准，在新的人口特征和趋势基础上提出的。所谓"人口红利转型"是指，在后人口转变时期，从劳动适龄人口占比下降、人口老龄化加剧、人口长期负增长的人口特征中，挖掘有利于经济增长的潜在动力。

人口红利转型是基于后人口转变时期我国人口的主要特征，面对新的人口形势，对未来人口结构和经济发展之间的关系做出的探讨。人口红利转型并未脱离人口红利理论，是基于人口数量和结构本身，探讨新形势下从新的人口特征中寻求推动经济增长的可能性。可以说，人口红利转型是人口红利理论的延伸，是面对后人口转变时期新的人口特征做出的必然调整。但人口红利转型不能仅要考虑人口因素，更要关注未来我国经济发展方式的转变，以及要素禀赋结构的变化。

2. 人口红利转型的内涵

人口红利转型强调了在后人口转变时期，在超低生育率背景下，劳动适龄人口占比下降、人口老龄化加剧、人口长期负增长等人口特征对经济增长的作用。上述人口特征主要是对人口发展规律的基本判断和把握，基于此，人口红利转型更多强调新的人口形势会给整个社会生产带来变化，可创造新的经济增长点。劳动适龄人口占比下降以及劳动力供给减少，客观上促进了资本深化，促进了劳动生产率和全要素生产率的提高。与此同时，在经济增长过程中，劳动力质量可能会形成对劳动力数量的替代效应。而人口老龄化加剧同样会影响要素禀赋结构，劳动力供给减少可能会促使企业寻求技术替代劳动，从而倒逼技术进步。同样，人口老龄化加剧对消费结构的改变也可能带来产业升级效应，促进经济增长。因此，本书定义的人口红利转型不仅仅要关注人口数量和结构的变化趋势，更要考察这种改变对经济增长方式的影响路径和作用大小。

2.3.2 人口红利与人口红利转型的联系与区别

1. 人口红利与人口红利转型的联系

人口红利与人口红利转型，均源于人口年龄结构和数量在人口转变中的阶段特征。人口红利是人口再生产类型从过渡型向现代型转变过程中，由于死亡率先下降、生育率继而下降的变化趋势，而形成的一种少儿和老年人口比重小、劳动适龄人口比重大、有利于经济增长的人口结构。而人口红利转型是基于人口再生产类型由现代型向后人口转变时期过渡，并且在超低生育率和超低人口自然增长率（甚至负人口自然增长率）水平下，形成的一种劳动适龄人口占比下降、人口老龄化加剧、人口长期负增长的人口结构特征。因此，人口红利所强调的这种有利于经济增长的人口结构是不同年龄组（0~14 岁、15~64 岁、64 岁以上）的绝对数量和相对比例。而人口红利转型则是指，在后人口转变时期，劳动适龄人口占比下降、人口老龄化加剧、人口长期负增长的特征，客观上影响要素禀赋结构、产业转型升级、经济发展模式等所产生的经济效应。其强调的是新的人口特征对经济增长的影响。但不论是人口红利还是人口红利转型，都是源于人口转变这一背景，都是以人口这一要素为载体。因此，在强调人口转变带来人口红利的同时，更不能忽视在后人口转变时期人口红利转型的可能性及其带来的经济价值。

2. 人口红利与人口红利转型的区别

人口红利与人口红利转型的区别体现在以下几个方面。一是两者外延不同。人口红利不仅强调了劳动适龄人口的绝对数量，同样还有其相对比例，即少儿和老年抚养比的变化。但人口红利转型除了强调劳动力这一群体绝对数量和相对占比的变化，还更突出劳动力质量和结构、人口总量、人口老龄化的长期变化以及这些变化对经济增长产生的影响。所以，人口红利转型虽然是人口红利的延续，但其外延要比人口红利更宽泛。二是两者作用于经济增长的方式存在差异。人口红利主要强调"两头小、中间大"的人口年龄结构会通过增加储蓄、资本积累、减轻抚养负担等方式作用于经济增长。而人口红利转型不仅强调劳动力作为直接要素投入对经济增长的影响，更多的是通过劳动力数量、占比和人口老龄化等现实人口特征改变要素禀赋结构、促进资本深化、提升配置效率、倒逼技术进步、推动产业升级等间接途径促进经济增长。

因此，在人口红利消失和新的人口特征背景下，推动人口红利转型是应对后人口转变时期人口老龄化加剧和人口长期负增长的必然举措，也是从新的人口特征中挖掘促进经济增长新路径的关键所在。将人口红利与人口红利转型纳入统一的分析框架，是对人口转变过程中人口红利研究的延续，也是对人口红利理论的扩展。

2.3.3 相关概念

后人口转变时期：指人口由过渡型再生产向现代型再生产转变完成后，经历稳定的超低生育率、低死亡率、低人口自然增长率甚至负人口自然增长率的阶段。这一时期人口会缓慢增长甚至负增长，死亡率和生育率都在低水平，总和生育率都低于世代更替水平，甚至在更低的水平。

劳动适龄人口（劳动力人口）：指15~64岁年龄组总人口，在没有特殊情况说明下劳动适龄人口与劳动力人口两者表示同一含义。

劳动参与率：指经济活动人口占劳动适龄人口的比重，而经济活动人口包括就业人口和失业人口。由于 2000 年后各省统计年鉴中关于就业人口的统计年龄是从 16 岁开始，而关于经济活动人口的统计是从 15 岁开始，因此本书的劳动参与率是在劳动适龄人口中剔除了 15 岁组的劳动力人口，用 16~64 岁就业人口数除以 16~64 岁劳动适龄人口表示。劳动参与率＝16~64 岁就业人口/16~64 岁劳动适龄人口。

年龄别劳动参与率：年龄别劳动参与率等于分年龄组劳动参与率。分年龄组劳动参与率是用各年龄组就业人口数除以各年龄组人口数（五岁一组，16~19 岁组是四岁一组）。

劳动力质量：指劳动力的健康水平（或健康人力资本）、教育水平（或教育人力资本）、劳动力的技能水平与职业结构。

人口回旋空间：指较大人口规模在技术创新与应用、产业升级与转型、劳动分工与深化、人口集聚、城市化以及人力资本提升等多方面具有充足的回旋空间，即使在人口长期负增长的背景下，仍旧能够促进一国的经济发展。

2.4　理论构建

本书在对人口红利理论进行扩展的基础上提出了人口红利转型的概念，并在相关文献的基础上构建本书的理论分析框架，明确人口红利转型背景和理论来源，以及其对经济增长的作用，最终探讨人口红利转型的实现机制。

2.4.1　人口红利转型的背景与渊源

从产生的背景看，人口红利与人口红利转型都源于人口转变这一人口发展过程，人口红利和人口红利转型的阶段性划分，是基于人口转变的阶段性差异对人口结构和数量的影响。在人口再生产类型由传统型向现代型转变的过程中，发生了人口年龄结构的变化和不同年龄组人口（少儿、老年和劳动适龄人口）相对占比的变化。这种劳动适龄人口充裕、少儿和老年人口占比相对较少的人口结构，结合当时的产业结构和城乡人口存在差异的情况等，形成了人口红利。同样，在人口转变过程中，当人口再生产类型由现代型向后人口转变时期过渡时，主要的人口特征表现为劳动适龄人口占比下降、人口老龄化加剧、人口长期负增长。

人口，尤其是劳动力这一要素作为经济增长的核心因素，在人口转变的不同历史阶段所呈现的差异带来了不同的经济增长效应，从而产生了人口红利，并推动了人口红利转型。因而，劳动力这一要素是本书研究人口红利转型的关键。无论是从劳动适龄人口的绝对数量、不同年龄组人口的相对占比、人口老龄化水平以及抚养比看，还是从劳动力的质量水平与结构看，均紧紧围绕对人口这一要素分析。

人口红利强调人口转变过程中形成的"两头小、中间大"的人口年龄结构，有助于资本积累、储蓄增加、降低劳动力成本和社会抚养负担等。人口红利强调的是劳动力数量和不同数量人口结构的变化，也就是少儿、老年和劳动适龄人口的数量和结构上的比例关系。而人口红利转型则强调在后人口转变时期劳动适龄人口占比下降、人口老龄化加剧和人口长期负增长的人口特征对经济增长带来的可能性。劳动适龄人口占比下降带来的资本深化效应、质量数量替代效应和劳动力再配置的结构效应；人口老龄化加剧带来的技术倒逼效应、产业升级效应和影子人口红利效应；人口长期负增长带来的人口回旋空间与人工智能作用的发挥，都是人口红利转型促进经济增长的主要途径。

2.4.2　人口红利转型的经济增长效应

由于人口红利与人口红利转型对经济增长产生影响所依托的人口结构和特征不同，导致二者对经济增长的作用途径也存在明显差异。

人口红利的经济增长效应。第一，劳动适龄人口供给充裕，降低劳动力成本，抵消高投资所带来的资本边际报酬递减，是人口红利发挥作用的第一个途径。而实际参与生产的劳动力数量，除了受劳动适龄人口绝对量的影响，更受到劳动参与率的影响。劳动参与率本身又是人口年龄的函数，因此有必要从年龄别劳动参与率与劳动适龄人口内部年龄结构的变化两个方面来研究人口红利。第二，人口红利作用于经济增长的另一个途径是抚养比下降带来的储蓄和资本积累。生命周期消费理论和家庭储蓄投资决策理论的基本观点认为，不同年龄组人口所具有的生产和储蓄行为的差异会带来社会的储蓄效应。当一个社会中人口年龄结构中的抚养比较低、劳动力人口较高的时候，会形成一种有助于资本积累的效应，从而促进经济增长。第三，人口红利还会通过劳动力在城乡流动和在产业之间流动，促使劳动力从生产效率较低的部门流向生产效率较高的部门。这种劳动力资源的重配，促进了劳动生产率的提高，提高了全要素生产率，有助于经济增长。

人口红利转型对经济增长的作用机制体现在三个方面。第一，劳动适龄人口占比下降推动人口红利转型。劳动适龄人口占比下降首先影响劳动力供给和工资水平，要素价格的变化一方面会改变企业对要素的投入比重，另一方面会使资本和劳动的替代弹性发生改变，从而带来资本深化效应。资本深化会通过提高劳动生产率和劳动参与率促进经济增长。在孩子质量与数量替代的微观机制影响下，劳动力数量的下降必然会促进劳动力质量的提升，也就是人力资本的提升。人力资本提升会通过直接的要素投入和间接的技术进步推动经济增长，形成劳动力质量对数量的替代效应。在劳动力总量下降的情况下，通过劳动力在产业和区域之间的合理配置可以获得结构红利，从而推动经济增长。第二，人口老龄化加剧促使人口红利转型。人口老龄化通过提高劳动成本，对企业进行技术倒逼从而促进经济增长。人口老龄化将通过改变消费结构推动产业升级，从而促进经济增长。此外，人口老龄化除了直接影响劳动参与率，还会通过老年人口的替代性劳动，间接带来"影子红利"。第三，人口长期负增长迫使人口红利转型。在人口长期负增长背景下，较大人口规模可以为人口回旋空间提供可能性，从而推动人口红利转型。同时，人口总量下降会促进人工智能的应用，从而有效缓解劳动力供给不足，提高劳动生产率，促进经济增长。

至此，可以明确本书的基本理论框架。首先，从人口转变的背景出发，探讨在现代型人口再生产类型过渡到后人口转变时期，面对新的人口结构和特征，挖掘人口红利转型的路径。其次，基于新的人口结构和数量特征，探讨其促进经济增长的作用途径。最后，就不同视角下人口红利转型的实现路径进行分析与讨论。人口红利转型的背景与其对经济增长效应的作用机制可以更为清晰地反映本书的理论框架，如图2-1所示。

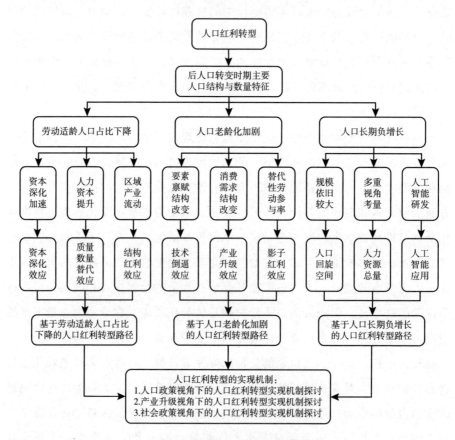

图 2-1　本书的理论分析框架

3

后人口转变时期人口与经济特征分析

    2000 年后，我国基本完成了由过渡型向现代型的人口再生产类型的转变。第五次人口普查结果显示，2000 年我国的总和生育率为 1.22，但是大多数人口学者对这一数据进行了修正，认为实际的总和生育率应该为 1.5～1.6。[①] 然而，不论总和生育率是 1.22 还是 1.5～1.6，都预示着我国已经进入低生育率时期，且这一趋势将持续稳定。2010 年第六次人口普查和 2020 年第七次人口普查的数据显示，我国总和生育率分别为 1.18 和 1.30。[②] 截至 2022 年，我国总和生育率再次跌落到 1.10 的超低水平。同时，我国的人口老龄化加剧，自 1999 年我国开始进入老龄化社会以来，在持续低生育率的影响下，我国人口老龄化不断加剧。2020 年第七次人口普查数据显示，我国 65 岁及以上人口占比达到 13.5%，2022 年这一占比已经达到 14.2%，这预示着我国已经进入深度老龄化社会。[③] 在面对人口总量与人口结构的多重变化下，不论从生育率、死亡率和人口自然增长率方面看，还是从人口年龄、结构等方面看，我国已经进入了超低出生、超低死亡和超低自然增长率

[①] 李汉东、李流：《中国 2000 年以来生育水平估计》，《中国人口科学》2012 年第 5 期，第 75~83 页。

[②] 《我国总和生育率为 1.5% 至 1.65% 并未跌入低生育率陷阱》，http：//www.gov.cn/xinwen/2015-07/10/content_ 2895239. htm。

[③] 《2022 年末老年人口 28004 万，进入增长高峰，人口负增长，消费支出下降》，https：//www.sohu.com/a/631667398_ 611014。

的后人口转变时期。

在过去的 40 多年间，我国得益于"两头小、中间大"的人口年龄结构，经济实现快速增长。而在后人口转变时期，面对人口结构的一系列新变化，如何从新的人口结构中寻求有利于经济增长的突破点，是实现人口红利转型的关键。首先，需要结合目前我国人口发展的新特征，对未来人口数量和结构的变化趋势进行科学合理的预测。其次，对人口结构与经济发展之间的阶段性关联进行分析，把握未来我国人口与经济发展的规律，实现从人口红利转型视角推动经济平稳发展的目标。

3.1　我国未来人口总量与结构预测

在后人口转变时期，如何科学合理地预测我国未来人口数量与结构的变化是实现人口红利转型的关键。因此，本研究将结合目前我国的生育率、死亡率、年龄别生育率和平均预期寿命等指标，对未来人口的数量和结构进行预测。一方面对人口总量、劳动力适龄人口数量、抚养比进行预测；另一方面对劳动适龄人口内部结构，包括年龄别劳动参与率和年龄别劳动力人口进行预测。通过预测，分析未来人口数量和劳动适龄人口的变化趋势，明确后人口转变时期的主要人口特征。

3.1.1　人口预测各参数设定

为判断未来我国人口数量和结构的变化趋势，本研究根据人口预测的基本方法，对我国 2023～2050 年的总人口数、抚养比（包括总抚养比和少儿、老年抚养比）、劳动适龄人口进行预测。

具体的预测方法和预测说明有以下几个方面。①基础数据来源：2020 年全国第七次人口普查资料。②预测软件：联合国人口预测软件 PADIS-INT。③参数设置：按照人口预测的基本方法，在考虑生育政策调整、生育相关配套措施实施情况、人口长期负增长的前提下，按照高、中、低三种方案对总和生育率、年龄别生育率、平均预期寿命、性别比等进行设定。①

1. 总和生育率和性别比

高方案。考虑未来生育配套措施和生育支持政策的积极作用，总和生育率会有所提升。假定总和生育率由 2020 年的 1.30 下降到 2025 年的 1.20，由 2026 年的 1.20 上升到 2035 年的 1.30；2036~2040 年维持在 1.40；2041 年后稳定在 1.60。假定性别比从 2020 年的 111 下降到 2030 年的 108，2031~2050 年稳定在 107。

高方案对未来总和生育率的假定一般要求要高于目前总和生育率的一般水平。其中，高方案将总和生育率划分为四个阶段。第一阶段，2020~2025 年为 1.20。这是基于在 2022 年我国总和生育率为 1.10 的超低水平、2022~2023 年持续的人口负增长的背景下，结合联合国人口预测方案的参数设计，将其设定由 1.30 下降到 1.20。第二阶段是 2026~2035 年，从 1.20 恢复到 1.30。这主要考虑总和生育率在持续下降后会维持在低位徘徊的情况，并且在国家生育政策调整的背景下，总和生育率会略微有所回升。第三阶段是 2036~2040 年，维持在 1.40。这主要考虑在我国生育政策调整后（2013 年后）出生的队列开始步入适婚年龄阶段，总和生育率由于人口惯性的原因会有所提高。第四阶段是 2040 年后，总和生育率稳定在 1.60。这是以东亚国家为参考依据。而性别比是根据目前我国性别比的基本情况，对未来性别比的划分基本上略高于正常性别比。

中方案。考虑未来生育配套措施和生育支持政策的积极作用，总和生育率会缓慢提升，但提升的幅度有限。假定总和生育率由 2020 年的 1.30 下降到 2025 年的 1.10；由 2026 年的 1.10 上升到 2035 年的 1.30；2036~2050 年

① 陈友华、孙永健:《"三孩"生育新政:缘起、预期效果与政策建议》,《人口与社会》2021 年第 3 期,第 1~12 页;王广州:《中国人口负增长问题再认识》,《晋阳学刊》2023 年第 2 期,第 19~28 页;王广州、胡耀岭:《从第七次人口普查看中国低生育率问题》,《人口学刊》2022 年第 6 期,第 1~14 页。

稳定在 1.40。假定性别比从 2020 年的 111 下降到 2030 年的 108，2031~2050 年稳定在 107。

中方案对未来总和生育率的假定一般要求尽可能接近真实的总和生育率变化趋势，对参数的预测在高方案和低方案之间。对总和生育率的设定划分为三个阶段。第一阶段是 2020~2025 年，总和生育率在综合考虑人口长期负增长背景下可能会更低，设置为 1.10 左右，略低于高方案。第二阶段是 2026~2035 年，总和生育率略有回升，但略低于高方案。第三阶段是 2036~2050 年，总和生育率稳定在 1.40，这一假定同样参考了联合国人口司对中国人口预测方案中的参数设计。

低方案。考虑未来生育率不会出现反弹、且持续走低的情况。假定总和生育率由 2020 年的 1.30 下降到 2025 年的 1.10；由 2026 年的 1.10 下降到 2035 年的 1.00；2036~2050 年稳定在 1.00。假定性别比从 2020 年的 111 下降到 2030 年的 107，从 2031 年的 107 下降到 2045 年的 105，之后稳定在 105。

低方案对未来总和生育率的假定一般要求要低于中方案。因此，将总和生育率设置为三个阶段，其设置阶段同中方案，但是每一阶段对总和生育率这一参数的设置都较中方案低。

2. 死亡率和模型生命表

根据死亡率的变化规律，在进入现代型人口再生产类型之后，死亡率基本在低位徘徊，均在 10‰以下。而在 1990 年后，我国的死亡率一直维持在 6‰左右，2008~2022 年维持在 7‰左右。死亡率之所以会上升，主要是随着人口老龄化加剧，死亡率会有所提高。因此，不论是高方案、中方案还是低方案，2020 年后各个方案组的死亡率都以"远东模型生命表"提供的标准死亡率为依据。模型生命表选用系统提供的生命表类型。

3. 平均预期寿命

各方案的平均预期寿命根据《中国人口预测报告 2023 版》对未来我国男女两性平均预期寿命的预测数据，结合王金营等的基本方法，在联合国人口平均预期寿命步长算法的基础上进行预测。① 2020年我国男性平均预期寿命为75.37岁，女性平均预期寿命为80.88岁，2035年我国男女两性的平均预期寿命分别为78.10岁和83.10岁，2050年我国男女两性的平均预期寿命分别为81.50岁和86.50岁。② 按照插值法，将部分年份的数据进行补充，中、高、低方案采用相同的平均预期寿命预测值。

4. 迁移率

中、高、低方案将人口净迁移率均设定为1，男女两性的人口迁移率均设定为0.5，分性别的人口迁移年龄模式利用系统设定的参数。

3.1.2　总人口和人口年龄结构预测

1. 未来我国总人口变动趋势

通过对上述人口预测参数的设置，利用联合国人口预测软件PADIS-INT对我国2020~2050年的人口基本情况进行预测，如图3-1所示。

从预测结果看，三种方案中2020~2050年我国总人口的变动均呈逐渐下降的趋势。高方案显示，到2035年我国总人口下降至13.78亿，到2050年总人口数为13.22亿；中方案显示，到2035年我国总人口下降至13.72亿，到2050年总人口数为13.03亿；低方案显示，到2035年我国总人口下降至13.57亿，到2050年总人口数下降至12.47亿。也就是说，在人口长期负增长的背景下，未来我国人口总数将持续下降，即使在2030年前后我国总和生育率上升到1.60（高方案），也难以阻挡人口绝对数量下降的趋势。按照中方案的预测结果，2025年、2030年、2035年、2040年、2045年、2050年我国的总人口数分别为13.87亿、13.82亿、13.72亿、13.61亿、13.40亿、13.03亿。

---

① 王金营、戈艳霞：《全面二孩政策实施下的中国人口发展态势》，《人口研究》2016年第6期，第3~21页。

② 《中疾控专家预测：到2035年我国平均预期寿命将增至81.3岁》，https://baijiahao.baidu.com/s?id=1762046501631626995&wfr=spider&for=pc；梁建章、任泽平、黄文政、何亚福：《中国人口预测报告2023版》，https://baijiahao.baidu.com/s?id=1758047408808016074&wfr=spider&for=pc。

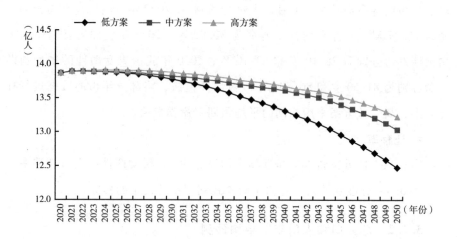

图 3-1　2020～2050 年我国人口总数变化趋势

2. 未来我国人口结构变动趋势

如图 3-2 所示，未来我国劳动适龄人口数量将呈下降趋势，尤其是在 2030 年后。根据中方案的预测结果，预计到 2035 年，劳动适龄人口总数为 9.04 亿，占总人口的 65.88%，到 2050 年，劳动适龄人口占比下降至 57.58%。老年人口占比将逐年上升，2030 年后，上升速度加快，到 2050 年，65 岁及以上人口占比将突破 30%，达到 31.36%，届时我国将进入重度老龄化社会。中方案假设在 2035～2050 年，总和生育率维持在 1.40。因此，从少儿人口占比变化趋势看，少儿人口在总体平稳中先下降再缓慢上升。2035 年 0～14 岁人口占比为 10.31%，到 2050 年这一比例将回升到 11.06%。我国总和生育率在 2017 年后出现断崖式下降，从 2017 年的 1.70 下降到 2022 年的 1.10。其中，2015 年全面二孩政策的实施，使生育率短暂提升，但后续作用有限。

从未来我国人口年龄结构的变化趋势看，人口老龄化加剧和劳动适龄人口占比下降的趋势将不可避免，这也是后人口转变时期人口年龄结构最为显著的特征。这与我国过去"两头小、中间大"的人口机会窗口的年龄结构截然相反。这意味着过去的人口年龄结构优势已经不在，要

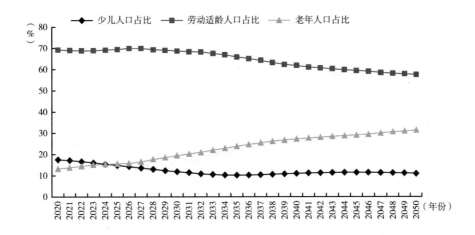

图 3-2 2020~2050 年我国人口结构变化趋势（中方案）

面对新的人口年龄结构寻求突破口，实现人口红利转型，不仅需要关注人口年龄结构本身，还要关注社会经济发展的总体规律。

3. 未来我国劳动适龄人口占比变化趋势

如图 3-3 所示，中方案显示，我国的总抚养比会由 2030 年的 46.27% 上升到 2036 年的 53.82%，在 2050 年将达到 72.73%。按照陈友华的测算标准，当总抚养比超过 53% 时，我国的人口红利就会消失，这也意味着在中方案的情况下，人口红利将在 2035~2050 年消失殆尽。[①] 2035 年后，我国的总抚养比将进一步上升，三种方案都显示总抚养比上升速度将在 2035 年后明显加快，即从这一时间段起我国人口红利开始逐渐转变为人口负债。而按照蔡昉等学者的判断，从劳动适龄人口占比来看，我国劳动适龄人口占比从 2010 年达到峰值之后开始呈下降趋势。而从中方案的预测结果看，到 2035 年劳动适龄人口占比下降至 65.08%，到 2050 年将下降至 58.94%。劳动适龄人口占比在 2035 年后的下降速度（斜率）会有所放缓，这可能与生育政策的调整有关。生育率的上升会使

---

① 陈友华：《人口红利与人口负债：数量界定、经验观察与理论思考》，《人口研究》2005 年第 6 期，第 21~27 页。

这部分人口在 2035 年前后进入劳动适龄人口群体，但也很难从根本上改变这一比重下降的趋势。

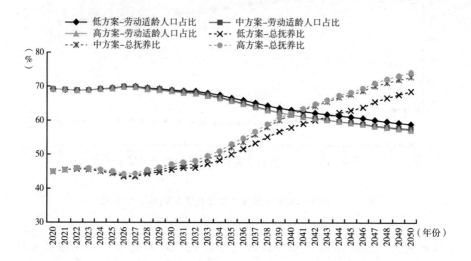

图 3-3　2020~2050 年三种方案显示的中国总抚养比和劳动适龄人口占比情况

3.1.3　年龄别劳动适龄人口预测

对于人口年龄结构的考察，除了考虑人口总体的年龄结构，劳动力内部的年龄结构同样值得关注。劳动适龄人口数量直接决定了未来就业人员的数量，然而劳动参与率同样是影响就业人员的一个重要因素。因此，应进一步考虑劳动适龄人口内部年龄结构以及年龄别劳动参与率，在此基础上对未来我国的劳动力人口状况及其变动趋势进行考察。

1. 年龄别劳动力人口预测

如表 3-1、表 3-2 所示，未来我国劳动适龄人口将面临两个主要的变化趋势：一是劳动适龄人口总体数量下降；二是劳动适龄人口内部年龄结构老化趋势不可避免。从劳动适龄人口总体数量变化趋势看，低、中、高三个方案预测的劳动适龄人口总量分别由 2035 年的 90452.79 万人、90454.94 万人、90457.36 万人下降到 2050 年的 73516.24 万人、75059.56 万人、75650.54 万人（见表 3-1），总体累计下降幅度分别为 18.72%、17.01%、16.37%。从劳动适龄人口内部年龄结构变化看，中方案预测结果显示，15～19 岁人口占比由 2035 年的 5.38% 下降到 2050 年的 3.86%；20～24 岁人口占比由 2035 年的 6.47% 下降到 2050 年的 3.61%。中方案虽然将总和生育率设定在相较于 2020 年略高的水平，但这依旧难以阻挡年轻劳动力人口数量减少的趋势。从高龄组劳动适龄人口看，中方案预测结果显示，55～59 岁组的劳动适龄人口占比由 2035 年的 6.51% 增加到 2050 年的 6.68%；60～64 岁组的劳动适龄人口占比由 2035 年的 7.74% 增加到 2050 年的 9.05%（见表 3-2）。

表 3-1   未来我国年龄别劳动适龄人口总数

单位：万人

年龄组	低方案		中方案		高方案	
	2035 年	2050 年	2035 年	2050 年	2035 年	2050 年
15～19 岁	7387.14	3980.41	7387.35	5032.68	7387.53	5071.92
20～24 岁	8877.28	4239.31	8877.71	4709.50	8878.07	4944.21
25～29 岁	8335.56	4659.79	8336.05	4664.49	8336.56	4975.64
30～34 岁	7928.88	7532.14	7929.24	7536.93	7929.71	7538.28
35～39 岁	7404.60	8978.73	7404.84	8982.65	7405.16	8983.91
40～44 岁	8911.66	8377.77	8911.81	8380.55	8912.02	8381.66
45～49 岁	12292.20	7913.60	12292.30	7915.47	12292.44	7916.33
50～54 岁	9740.44	7331.27	9740.52	7332.55	9740.62	7333.16
55～59 岁	8942.84	8709.85	8942.90	8710.75	8942.97	8711.15
60～64 岁	10632.20	11793.37	10632.24	11794.01	10632.29	11794.28
合计	90452.79	73516.24	90454.94	75059.56	90457.36	75650.54

表 3-2   未来我国年龄别劳动适龄人口占比

单位：%

年龄组	低方案		中方案		高方案	
	2035 年	2050 年	2035 年	2050 年	2035 年	2050 年
15~19 岁	5.44	3.19	5.38	3.86	5.36	3.84
20~24 岁	6.54	3.40	6.47	3.61	6.44	3.74
25~29 岁	6.14	3.74	6.07	3.58	6.05	3.76
30~34 岁	5.84	6.04	5.78	5.78	5.75	5.70
35~39 岁	5.45	7.20	5.39	6.89	5.37	6.79
40~44 岁	6.56	6.72	6.49	6.43	6.46	6.34
45~49 岁	9.05	6.34	8.95	6.07	8.92	5.99
50~54 岁	7.17	5.88	7.09	5.62	7.06	5.55
55~59 岁	6.59	6.98	6.51	6.68	6.49	6.59
60~64 岁	7.83	9.45	7.74	9.05	7.71	8.92
合计	66.62	58.94	65.88	57.58	65.61	57.21

2. 年龄别劳动参与率预测

实际参与生产的劳动力受劳动参与率与劳动适龄人口绝对数量的影响，而劳动参与率和劳动适龄人口本身又是年龄的函数。不同年龄组的年龄别劳动参与率存在明显差异，不同年龄组的劳动力绝对数量也存在明显差异。因而劳动适龄人口内部年龄结构变化和年龄别劳动参与率变化将直接影响劳动力的供给，影响对未来劳动力数量的判断。

要确定未来我国实际的劳动力供给情况，需要对年龄别劳动适龄人口和年龄别劳动参与率进行预测。其中，年龄别劳动适龄人口在前文人口预测中以五岁组为基础进行了预测。这里重点介绍年龄别劳动参与率的预测方法，劳动参与率是人口年龄的函数。在年龄别劳动参与率的预测方法中，以布拉斯生育模型为基础构建 Logit 转化模型最为普遍。[1]

---

① 王金营、蔺丽莉：《中国人口劳动参与率与未来劳动力供给分析》，《人口学刊》2006 年第 4 期，第 19~24 页；马忠东、吕智浩、叶孔嘉：《劳动参与率与劳动力增长：1982~2050 年》，《中国人口科学》2010 年第 1 期，第 11~27 页；王金营：《中国劳动参与年龄模式变动及其未来劳动供给结构分析》，《广东社会科学》2012 年第 2 期，第 6~14 页。

（1）年龄别劳动参与率的 Logit 转化

基于布拉斯模型生命表，对年龄别劳动参与率进行 Logit 转化，从而构建考察期（未来观测年份）与基期劳动参与率的线性关系，用于推导未来观测年份劳动参与率的系数。

$$Y_s(x) = \ln \frac{1 - \ln_s(x)}{l_s(x)}, \quad Y_t(x) = \ln \frac{1 - \ln_t(x)}{l_t(x)} \quad (x >= 15) \quad (3-1)$$

$l_s(x)$ 表示基期的年龄别劳动参与率（以 2000 年人口普查中年龄别劳动参与率为基期），$l_t(x)$ 是考察年份（分别是 2005 年、2010 年、2015 年、2020 年）的年龄别劳动参与率。$Y_s(x)$ 是标准化后（标准模式下以基期算得）的 Logit 转化值，$Y_t(x)$ 是考察年份（分别是 2005 年、2010 年、2015 年、2020 年）的 Logit 转化值。有基期年份的 $Y_s(x)$ 和考察年份的 $Y_t(x)$ 存在线性关系：

$$Y_t(x) = \alpha(t) + \beta(t) Y_s(s) + \mu \quad (3-2)$$

其中，$\alpha(t)$ 和 $\beta(t)$ 是待估参数，是时间的变量，随着时间 t 而影响未来考察年份的 $l_t(x)$，μ 是扰动项。通过对 $\alpha(t)$ 和 $\beta(t)$ 的估算值，以及进一步的 Logit 变化，利用（3-3）式可以得到未来预测年份的年龄别劳动参与率：

$$l_t(x) = \frac{1}{1 + e^{Y_t(x)}} = \frac{1}{1 + e^{\alpha(t) + \beta(t) Y_s(x)}} \quad (3-3)$$

（2）参数 $\alpha(t)$ 和 $\beta(t)$ 的估算

利用 2000~2020 年人口普查年龄别劳动参与率数据，通过（3-2）式对 $\alpha(t)$ 和 $\beta(t)$ 的值进行拟合。在具体的回归过程中，采用广义最小二乘法解决模型的自相关问题，具体的估计结果如表 3-3 所示。其中，由于 16~19 岁组的劳动参与率在受教育年限逐年提升的情况下会受到一定程度的影响，因此需单独考虑，借鉴王金营、戈艳霞和袁蓓的研究，将回归方程设定为不带常数项的形式，即 $\alpha(t) = 0$。[①]

① 王金营、戈艳霞：《全面二孩政策实施下的中国人口发展态势》，《人口研究》2016 年第 6 期，第 3~21 页；袁蓓：《劳动力老龄化对劳动生产效率的影响——基于劳动力非完全替代的分析》，《生产力研究》2009 年第 14 期，第 24~26 页。

表 3-3   考察年份年龄别劳动参与率的 $\beta(t)$ 估计

模型自变量	$\beta(t)$ 估计值	t 统计量	P 值	$Ad-R^2$
Y_t^{2005}	0.985	28.08	0.000	0.988
Y_t^{2010}	0.975	15.10	0.000	0.961
Y_t^{2015}	0.672	6.44	0.000	0.817
Y_t^{2020}	0.621	4.89	0.000	0.718

通过既有基期年份年龄别劳动参与率和考察年份年龄别劳动参与率的 Logit 转化值，估算两者之间的线性关系。要想对未来年份（2025~2050 年）的年龄别劳动参与率进行估计，还需要对未来年份的 $\beta(t)$ 进行预测，然后利用（3-3）式估算未来年份各年龄组的劳动参与率。而对未来年份的 $\beta(t)$ 进行预测，则要考虑布拉斯生育模型推导下的 $\beta(t)$ 值仅有 4 年。因而为了确保预测的稳健性，这里同样借鉴王金营、戈艳霞的研究方法，分别采用趋势外推法（低方案）和 S 型曲线外推法（即生存曲线外推法，高方案）进行估算。最后，取两者的均值作为最终的 $\beta(t)$ 值，利用（3-3）式进行预测。未来预测年份的 $\beta(t)$ 估算值如表 3-4 所示。

表 3-4   未来预测年份的 $\beta(t)$ 估算值

对应年份	相差年份	线性外推 低方案 $\beta(t)$	S 型曲线外推 高方案 $\beta(t)$	平均值 $\beta(t)$
2000~2005	5	0.893	0.893	0.893
2000~2010	10	0.868	0.868	0.868
2000~2015	15	0.799	0.829	0.814
2000~2020	20	0.749	0.769	0.759
2000~2025	25	0.787	0.821	0.804
2000~2030	30	0.732	0.747	0.739
2000~2035	35	0.677	0.661	0.669
2000~2040	40	0.622	0.563	0.592
2000~2045	45	0.567	0.453	0.510
2000~2050	50	0.449	0.680	0.564

3. 预测年份（2025～2050 年）的年龄别劳动参与率

通过（3-3）式计算 2025～2050 年各年龄组的劳动参与率，由于 16～19 岁人口的劳动参与率下降幅度较大，故对此另作处理。16～19 岁组劳动参与率以 2020 年为基础，数值为 12.43%，假设到 2050 年为 10%，按照均值递减补充中间年份。因为这一低龄组劳动参与率因受教育年限的增加，在达到一定水平后，将逐渐趋于稳定。2025～2050 年我国年龄别劳动参与率具体估算结果如表 3-5 所示，这里仅给出了五岁组的数据。

表 3-5 2025～2050 年我国年龄别劳动参与率

单位：%

年龄组	2025 年	2030 年	2035 年	2040 年	2045 年	2050 年
16～19 岁	12.03	11.62	11.22	10.81	10.40	10.00
20～24 岁	76.89	75.13	73.11	70.80	68.19	65.25
25～29 岁	84.21	82.34	80.10	77.44	74.30	70.63
30～34 岁	85.96	84.11	81.87	79.17	75.94	72.11
35～39 岁	85.89	84.04	81.80	79.10	75.87	72.05
40～44 岁	84.41	82.54	80.30	77.63	74.48	70.79
45～49 岁	81.64	79.78	77.59	75.02	72.04	68.62
50～54 岁	73.84	72.20	70.34	68.24	65.89	63.28
55～59 岁	64.26	63.17	61.97	60.90	59.20	57.63
60～64 岁	49.97	49.97	49.98	49.98	49.98	49.99
65 岁及以上	29.25	30.74	32.41	34.28	36.35	38.63

如表 3-5 所示，低年龄组（16～19 岁组）的劳动参与率在降低到一定水平后基本保持平稳。30～44 岁组的劳动参与率最高，然而在未来这一年龄段各年龄组的劳动参与率同样会面临下降的趋势，但其仍然是劳动力供给的核心群体，劳动参与率的绝对值最高。值得关注的是，60～64 岁组以及 65 岁及以上组人口的劳动参与率会呈递增趋势，这与未来这两个年龄组的绝对人口数增加有很大关系，同时也与未来劳动年龄延长和平均预期寿命延长密切相关。从各个年龄组劳动参与率的差异和变动趋势看，不同年龄组年龄别劳动参与率差异明显，劳动参与率最高的是 30～44 岁组，但整体的劳

动参与率呈下降趋势，这也与我国总体劳动参与率自 1990 年以来持续下降的趋势相吻合。

4. 年龄别就业人口数

根据对年龄别劳动适龄人口数和年龄别劳动参与率的预测，可以粗略计算我国未来各年龄组的就业人口数，以中方案的年龄别劳动适龄人口数预测结果为依据，计算结果如表 3-6 所示。

表 3-6　2025~2050 年我国年龄别就业人口数

单位：万人

年龄组	2025 年	2030 年	2035 年	2040 年	2045 年	2050 年
16~19 岁	990.95	1025.74	828.91	491.52	484.45	503.37
20~24 岁	4038.60	4260.04	4560.48	3816.87	2358.45	2410.79
25~29 岁	6197.74	6500.61	6677.26	6918.48	5571.83	3294.54
30~34 岁	7670.36	6218.53	6491.78	6627.36	6811.12	5434.91
35~39 岁	10641.92	7502.92	6057.24	6281.72	6361.11	6472.35
40~44 岁	8346.18	10198.85	7156.21	5743.44	5911.14	5932.68
45~49 岁	7502.56	7844.73	9537.76	6657.91	5313.37	5431.61
50~54 岁	8236.44	6566.64	6851.59	8317.85	5806.42	4640.36
55~59 岁	7510.82	6915.51	5541.93	5818.92	7121.74	5020.25
60~64 岁	4824.27	5660.78	5314.35	4356.47	4688.66	5895.81
合计	65959.84	62694.35	59017.51	55030.54	50428.29	45036.67

由于 16~19 岁人口组受教育年限延长因素的影响，其劳动参与率相对保持在较低水平，因而这一年龄组就业人口数相对较低。从其他年龄组的情况看，由于受年龄别劳动参与率的影响，实际参与劳动生产的人口数远低于劳动适龄人口的总量。在考虑年龄别劳动参与率后，中方案中，2035 年实际的就业人员数为 59017.51 万人，2050 年为 45036.67 万人，这与预测的劳动适龄人口相比（2035 年 90454.94 万人，2050 年 75059.56 万人）分别减少了 31437.43 万人和 30022.89 万人。由此可见，实际参与生产的劳动适龄

人口数要远低于预测的劳动适龄人口数，在人口长期负增长的背景下，超低生育率对我国未来劳动力的影响是深远的，劳动力人口数量的下降还需要结合劳动参与率的下降来综合考虑。

3.2　后人口转变时期人口结构的主要特征

后人口转变时期的主要特征是超低生育率、超低死亡率、超低自然增长率，根据对未来我国人口数量和结构的预测，劳动适龄人口占比下降、人口老龄化加剧、人口长期负增长将成为未来我国主要的人口特征。

3.2.1　劳动适龄人口占比下降

1. 劳动适龄人口总量与结构

前文给出了中、高、低三种方案对我国未来年龄别劳动适龄人口的预测结果，这里只展示中方案的结果，如图 3-4 所示。未来我国劳动适龄人口将呈快速下降趋势。相较于 2020 年，到 2035 年和 2050 年，54 岁及以下各年龄组的人口均明显偏低，只有 55~59 岁组和 60~64 岁组两个年龄组的人口数要明显高于 2020 年。从这一变化趋势可以看出，未来我国劳动适龄人口的数量不仅明显下降，而且劳动适龄人口内部年龄结构老化的趋势也非常明显。通过前文对年龄别劳动参与率的预测，我国还将面临劳动适龄人口和劳动参与率都下降的情况，这必然导致实际参与生产的劳动力人口数量远低于劳动适龄人口数量。

2. 实际劳动力供给的年龄别劳动参与率和劳动适龄人口结构分解

为了分解年龄别劳动参与率差异与劳动适龄人口变动对实际劳动力供给的影响，将进一步采用对劳动参与率的分解式。将总体劳动参与率 η 表示为

年龄别劳动参与率与劳动适龄人口结构的形式，即 $\eta = \dfrac{\sum\limits_{i=15}^{64} p_i \eta_i}{P} = \sum\limits_{i=15}^{64} r_i \eta_i$。其中，$\eta_i$ 表示第 i 岁组人口劳动参与率（一般为五岁组，根据具体问题设定），

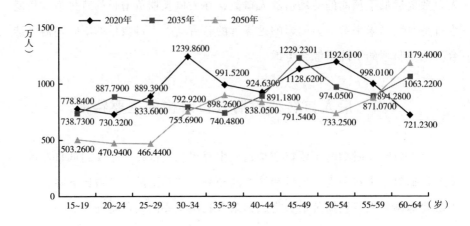

图 3-4　未来中国年龄别劳动适龄人口变化趋势

p_i 表示第 i 岁组劳动适龄人口的数量，而总体 $15\sim64$ 岁人口为 P ，r_i 反映了劳动适龄人口内部年龄结构差异，即第 i 岁组人口占 $15\sim64$ 岁人口的比例。

实际参与生产的劳动力总数取决于总人口数、劳动适龄人口结构和年龄别劳动参与率。实际劳动力供给（即实际参与生产的劳动力）的变化率用 $\dfrac{L_t}{L_0}$ 表示，并进行以上三要素的分解，从而有：

$$\frac{L_t}{L_0} = \frac{P_T(t)}{P_T(0)} \cdot \frac{\displaystyle\sum_{i=15}^{64} r_i(t) \cdot \eta_i(t)}{\displaystyle\sum_{i=15}^{64} r_i(t) \cdot \eta_i(0)} \cdot \frac{\displaystyle\sum_{i=15}^{64} r_0(t) \cdot \eta_i(0)}{\displaystyle\sum_{i=15}^{64} r_i(0) \cdot \eta_i(0)} \tag{3-4}$$

其中，$P_T(0)$ 为 t 年的总人口，η_i 表示第 i 岁组人口劳动参与率，r_i 为第 i 岁组人口占 $15\sim64$ 岁人口的比重，而 0 年代表基年的水平。实际参与生产劳动力（实际劳动力供给）的增长率按照（3-4）式可以表示为总人口变化、劳动适龄人口结构变化、年龄别劳动参与率变化这三部分的乘积。

通过（3-4）式可以计算我国 $2026\sim2050$ 年实际参与生产的劳动力的增长率，并依据年龄结构和年龄别劳动参与率进行分解。计算结果如表 3-7 所示。

表 3-7 2026~2050 年我国实际劳动力供给增长率的要素分解

实际劳动力人口 变化分解（15~64 岁）	2026~2030 年	2031~2035 年	2036~2040 年	2041~2045 年	2046~2050 年
实际劳动力增长指数	0.9516	0.9426	0.9267	0.9066	0.8924
人口数量变化	0.9851	0.9533	0.9287	0.9481	0.9424
劳动适龄人口结构指数	0.9831	1.0099	1.0235	0.9858	0.9820
年龄别劳动参与率	0.9825	0.9791	0.9749	0.9700	0.9643

注：实际参与生产的劳动力是 15~64 岁分年龄组人口与对应年龄组劳动参与率乘积之和。

从未来我国实际劳动力增长指数看，其值均小于 1，也就是说，实际劳动力的供给是在不断下降的。其中，2026~2030 年的劳动力供给规模将是 2020 年的 0.9851 倍，因此实际劳动力的供给是累计递减的状态。从实际劳动力供给增长率的要素分解看，除了 2031~2035 年和 2036~2040 年劳动适龄人口结构指数是大于 1，年龄别劳动参与率和总人口的指数均小于 1。

考虑劳动适龄人口内部年龄结构会有以下情况。①年龄别劳动参与率对实际劳动力的供给影响要远高于总体劳动参与率的影响。如表 3-7 所示，未来我国各年龄组的劳动参与率均呈明显下降的趋势，而下降最为剧烈的年龄组又集中在 25~49 岁组。②劳动适龄人口结构指数变化仅在 2031~2035 年和 2036~2040 年大于 1。这与生育政策调整和生育配套措施落实时期出生的人口步入劳动适龄人口阶段有密切关系。而在此之后，劳动适龄人口结构指数持续低于 1，其对实际劳动力供给的影响持续下降，原因在于劳动适龄人口内部年龄结构正呈不断老化的趋势。如图 3-4 所示，50~64 岁组的人口比重在逐年增加，但这一年龄组人口的基数相对其他年龄组要小很多。即使 50~64 岁组劳动参与率上升，对实际劳动力的贡献也十分微弱。③从预测的总人口数变化看，我国未来总人口的增长率是逐年下降的，虽然有生育政策调整和生育配套措施落实等影响，但对实际劳动力的供给作用并不大。

因此，在考虑劳动适龄人口内部年龄结构和年龄别劳动参与率的情况下，我国未来的劳动力数量如果是以实际的劳动力供给占比来作为判断依据，那么其下降的速度将会更为明显。在年龄别劳动参与率 55～64 岁组外均呈递减的趋势和劳动力年龄不断"老化"的双重作用下，我国未来的实际劳动力供给水平将会更低。因此，在对劳动力数量和占比的分析中，尤其是对实际劳动力供给水平的探讨，不可忽视劳动适龄人口这一群体年龄结构和年龄别劳动参与率的变化。这也恰恰说明劳动适龄人口占比下降将成为后人口转变时期最为显著的特征。

3.2.2 老龄化水平不断加剧

1. 老年人口占比不断攀升

如图 3-5 所示，未来我国人口老龄化将不断加剧，根据中方案的预测结果，到 2035 年我国 65 岁及以上人口总数将达到 3.26 亿，占比将达到 23.81%；到 2050 年 65 岁及以上人口总数将达到 4.08 亿，占比将达到 31.36%，远高于 2022 年日本的人口老龄化水平（2022 年日本 65 岁及以上人口占比为 27.7%），预示着我国将进入重度老龄化社会。即使生育政策及时调整和生育配套措施得以落实，总和生育率回到 1.6 的水平，出生人口数有所提高，但高方案预测的 2050 年我国人口老龄化水平依旧居高不下，65 岁及以上人口占比同样高达 30.09%。可见，未来我国人口老龄化趋势不可避免。

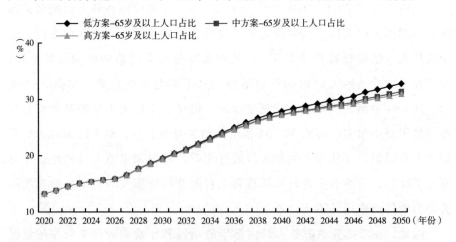

图 3-5　我国未来人口老龄化水平变化趋势

　　老年人口的绝对数量并非由未来的生育政策所决定，而是由现阶段各年龄组的人口基数决定。因此，即使未来生育率有所回升，老年人口的绝对数量也不会发生变化。由此可见，人口老龄化加剧是后人口转变时期又一个主要的人口特征，应对我国即将到来的重度老龄化人口社会结构，需要进行长远规划。

2. 社会抚养负担加剧

　　人口老龄化加剧必然会使老年抚养比和社会总抚养比上升，在超低生育率水平的影响下，社会总负担必然加剧。

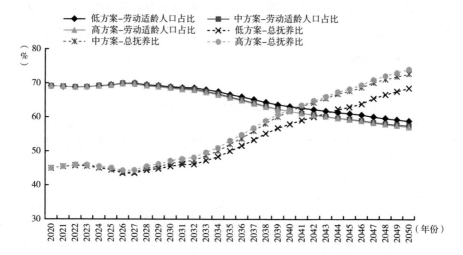

图 3-6　2020~2050 年三种方案显示的我国总抚养比和劳动适龄人口占比趋势

　　如图 3-6 和表 3-8 显示，未来的人口总抚养比均快速上升，三种方案中总抚养比在 2050 年均达到 70% 左右。中方案显示，我国的总抚养比会由 2030 年的 46.27% 上升到 2035 年的 52.06%，并在 2030 年超过 50%，到 2050 年更是高达 72.73%。根据陈友华的测算标准，当总抚养比超过 53% 时，我国的人口红利便开始消失，这也就意味着在中方案的情况下，社会抚养负担轻的优势将彻底不在。[1] 2035 年后，我国的人口总抚养比将进一步提高，三种方案显

---

　　① 陈友华：《人口红利与人口负债：数量界定、经验观察与理论思考》，《人口研究》2005 年第 6 期，第 21~27 页。

示人口总抚养比提高速度将在 2035 年后明显加快，这意味着从此我国的人口
红利将开始逐渐转变为人口负债。而从劳动适龄人口占比的变化趋势看，三
种方案均显示劳动适龄人口占比的快速降低。根据前文的分析结果，未来我
国的劳动力供给受劳动适龄人口占比和劳动参与率的双重影响，未来社会的
总抚养比提高和社会负担加重将是不可回避的难题。

不论从总抚养比还是从劳动适龄人口占比看，未来我国人口数量和结构
的变动趋势是一致的，也就是说，随着人口转变的不断推进，这种有利于经
济增长的人口年龄结构必然会消失。虽然生育政策调整将会给生育率、人口
年龄结构、劳动适龄人口占比带来一定影响，但难以从根本上改变我国人口
数量和结构的变化趋势。

表 3-8　2025~2050 年我国总抚养比和劳动适龄人口占比

单位：%

年份	高方案		中方案		低方案	
	总抚养比	劳动适龄人口占比	总抚养比	劳动适龄人口占比	总抚养比	劳动适龄人口占比
2025	44.48	69.42	44.62	69.42	45.07	69.26
2030	45.51	68.88	46.27	68.65	47.09	68.38
2035	50.02	66.62	52.06	65.88	53.10	65.61
2040	57.98	63.11	61.74	61.71	62.22	61.68
2045	62.97	61.10	67.64	59.43	68.29	59.32
2050	68.58	58.94	72.73	57.58	74.13	57.21

3.2.3　人口长期负增长

1. 生育率水平持续走低

我国自 20 世纪 80 年代初实施计划生育政策以来，生育率呈快速下降趋
势。根据联合国《世界人口展望 2022》对我国过去和未来总和生育率的统
计和预测（见图 3-7），我国总和生育率在 1968 年之前在高位徘徊，基本在
6.0（除三年自然灾害外）。1968~1978 年，我国的总和生育率出现了断崖

式下降，从高位的 6.0 下降到 3.0。1978～1990 年，随着计划生育政策的实施，我国的生育率开始进一步下降，总和生育率由 1978 年的 3.0 下降到 1990 的 2.0 的世代更替水平。1990～2016 年，我国的总和生育率一直保持在 1.5，自 2013 年和 2015 年单独二孩政策和全面二孩政策实施以来，总和生育率略有回升，攀升到 1.7。然而到 2018 年，我国的总和生育率再次出现断崖式下跌，2020 年第七次人口普查数据显示，我国总和生育率仅为 1.3，2022 年更是降低到 1.1，逼近世界生育率最低国家韩国的总和生育率 0.98。

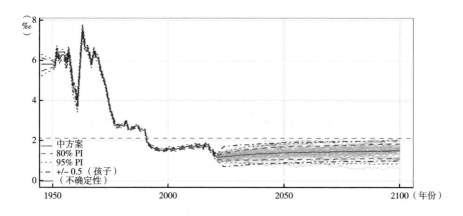

图 3-7　1950～2100 年我国总和生育率水平变化趋势

资料来源：联合国《世界人口展望 2022：结果摘要》，https：//population. un. org/wpp/ Publications/。

从联合国《世界人口展望 2022》对未来我国总和生育率的预测情况看，中方案显示，2023～2100 年，我国的总和生育率会有缓慢回升，但依旧在低位徘徊，总和生育率稳定在 1.3～1.5。由此可见，即使未来我国对生育政策做出重大调整，落实鼓励生育的相关配套措施，但总和生育率大幅度提高的可能性并不大。不仅如此，从未来全球人口的生育率水平看，不论是发达国家（地区）还是发展中国家（地区），生育率持续走低的趋势将不可避免。如图 3-8 所示，除了撒哈拉以南非洲，2050 年全球其他国家或地区的总和生育率都将下降至世代更替水平。其中，欧洲和北美、澳大利亚和新西兰、东亚和东南亚等地区，在 20 世纪末就已经步入了低生育率国家的行列，而且总和生育率在未来的几十年将持续走低。

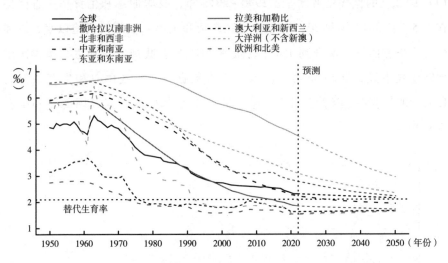

图 3-8　1950~2050 年全球各区域总生育率和新生儿人数

注：1950~2021 年为实际计算结果，2022~2050 年为中方案 95% 的预测间隔。

资料来源：联合国《世界人口展望 2022》：结果摘要，https：//population. un. org/wpp/ Publications/。

2. 人口长期负增长不可避免

我国在持续经历了 61 年（除了 1959~1961 年三年自然灾害外）的人口正增长后，于 2022 年首次出现人口负增长，2021 年我国人口出生率为 6.8‰，死亡率为 7.4‰，人口净减少了约 85 万。在持续低生育率水平和人口老龄化加剧的双重作用下，人口长期负增长将不可避免。联合国《世界人口展望 2022》的预测结果如图 3-9 所示，2022 年后，我国的出生率将持续下降，将由 2020 年的 8.5‰分别下降到 2035 年的 7.14‰、2050 年的 6.90‰、2075 年的 6.67‰、2100 年的 6.19‰；由于人口老龄化不断加剧，死亡率将不断提高，死亡率将由 2020 年的 7.4‰，分别上升到 2035 年的 9.7‰、2050 年的 13.23‰、2075 年的 17.12‰、2100 年的 17.85‰。这预示着，即使总和生育率回升到 1.6，未来我国人口长期负增长的趋势也同样不可避免。

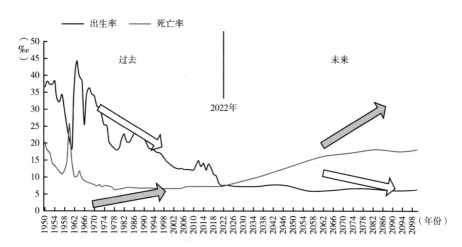

图 3-9　我国人口出生率与死亡率变化趋势

资料来源：2022 年之前的数据来自《中国统计年鉴》；2022 年之后的数据为联合国《世界人口展望 2022》的中方案预测数据，https：//population.un.org/wpp/Download/Standard/Fertility/。

　　如表 3-9 所示，在低生育率的背景下，未来我国出生人口数将逐年下降，从 2020 年的 1202.10 万人下降到 2050 年的 905.18 万人，到 2100 年，出生人口将不足 500 万。在人口老龄化不断加剧的同时，死亡人口数呈先递增后递减的倒 U 型曲线变化规律。最大死亡人数值大约出现在 2060~2070 年，此后死亡人数会出现下降。未来我国人口净增长数将持续为负，预计人口净增长数将在 2060 年前后达到峰值，为 -1188.66 万人，2060~2080 年人口净增长数均突破 -1000 万。因此，在后人口转变时期，人口长期负增长是最主要的人口特征。

表 3-9　2020~2100 年我国人口出生与死亡人口数变化趋势

单位：万人

年份	出生人口数	死亡人口数	人口净增长
2020	1202.10	997.60	204.5
2030	1001.61	1222.44	-220.82
2040	1035.23	1496.74	-461.51

年份	出生人口数	死亡人口数	人口净增长
2050	905.18	1736.05	-830.87
2060	690.02	1878.69	-1188.66
2070	687.79	1800.67	-1112.88
2080	627.15	1725.62	-1098.47
2090	507.52	1505.17	-997.65
2100	474.31	1368.87	-894.56

3.3 后人口转变时期人口与经济发展关系分析

20 世纪 80 年代到 2000 年初，我国经济快速增长，1992~2008 年，我国 GDP 增速均保持在两位数。2008 年后，受全球金融危机的影响，我国 GDP 增速有所放缓，但在 2015 年前，仍保持在 7% 以上的高增长水平。我国 GDP 的快速增长，很大程度上得益于我国的人口机会窗口，也就是所谓的人口红利，当然我们同样肯定其他要素在经济增长过程中发挥的作用。然而，在后人口转变时期，我国的人口结构发生了新的变化，过去的年龄结构优势正在逐渐消失。与此同时，为追求高质量发展，以及实现由要素驱动型向技术创新驱动型经济发展模式的转变，未来我国人口与经济发展均面临着新的挑战。如何从后人口转变时期人口的主要特征中挖掘推动经济转型和促进经济增长的潜力，是未来处理人口与经济发展关系的重点。

3.3.1 我国经济增长的阶段性特征与原因分析

1. 阶段性特征

我国经济的高速增长始于改革开放后，尤其是在 1992~1996 年和 2003~2007 年这两个阶段。受 1998 年亚洲金融危机和 2008 年全球金融危机的影响，1997~2002 年我国的 GDP 增速有所回落，但仍维持在 8.4%。2008 年全球金融危机后，我国 GDP 增速开始放缓，由 2010 年的 10.4%下降到了

2015 年的 6.9%。2015 年后，我国经济进入新常态发展阶段，GDP 基本保持在 6%。

因此，我国的经济增长划分为两个阶段：快速增长阶段（1990~2007年）和平稳回落阶段（2008 年后）。图 3-10 较为清晰地反映了这两个阶段的特征，第一阶段是 1990~2007 年的快速增长阶段，GDP 的平均增速保持在 10%以上，虽然受 1998 年亚洲金融危机的影响有所回落，但这一阶段的整体趋势是不断上升的。第二阶段是 2008~2020 年，我国 GDP 增速开始明显放缓，从 2010~2020 年增速看，我国 GDP 增速呈持续下降的趋势。部分学者在新常态背景下，预测未来我国 GDP 增速将维持在 6.5%~7%。[①] 需要注意的是，受新冠疫情对全球经济的影响，2020 年我国 GDP 增速下降到了最低点，但在 2021 年出现了高位回升。

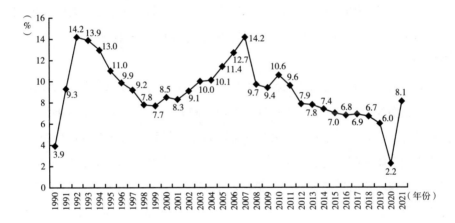

图 3-10 1990~2021 年我国 GDP 增速

① Cai，F.，Lu，Y.，"Population Change and Resulting Slowdown in Potential GDP Growth in China"，*China &World Economy* 21（2），2013：1-14；刘世锦：《未来 10 年中国 GDP 平均增速 6.2%》，https：//finance. sina. cn/2015-03-21/detail-ichmifpy1086492. d. html；岳修虎：《中国十三五期间 GDP 增速保持 6.5%以上，揭秘如何确定》，http：//www.mnw.cn/news/china/1119525. html；樊纲：《明年中国 GDP 增长维持在 6.5%至 7%》，http：//www.xinhuanet.com/politics/2016-12/04/c_ 129389280. htm。

2. 原因分析

第一阶段在关于我国经济高速增长的原因解释中，人口红利的作用得到了理论与实证分析的验证。当然，不能仅将人口作为这一阶段推动我国经济快速增长的唯一因素。这一时期我国经济快速增长的原因很多，很大程度上还取决于我国的制度变革，如国有企业股份制改革、农村家庭联产承包责任制以及社会主义市场经济体制的健全与完善。此外，我国对外贸易出口和投资的增加，以及我国基础设施建设和全社会固定资产的投资等同样发挥重要作用。[①] 当然，更重要的还有人口红利带来的劳动力充裕供给，以及人口的城乡流动和产业流动带来的结构重配效应。我国在经历了第一阶段的经济高速增长后，人口老龄化加剧、人口红利消失、高投资的不可持续性等问题使经济面临新的转折。楼继伟在对未来我国经济发展阶段的判断中指出，2007年后，我国将经历"三期叠加"的换挡期，这一时期来自人口老龄化加剧、劳动力成本上升、全要素生产率下降的压力将使未来我国 GDP 增速不容乐观。[②]

第二阶段是我国经济平稳回落时期，在关于我国 GDP 增速放缓原因的解释中，较多学者将未来我国人口红利的消失和人口老龄化加剧作为重要因素。但从经济发展的新常态看，未来我国经济增速放缓是多因素综合作用的结果，当然我们不能全部肯定，也不能否定人口因素在其中发挥的作用。而在对我国经济增速回落的较多解释中，最核心的观点有周期性减速和结构性减速两大类。周期性减速主要强调目前我国经济增速放缓是经济周期使然，是由于2008 年世界经济危机所导致的国内出口疲软和投资需求不足。[③] 结构性因素

---

① 张建刚：《改革开放以来我国经济高速增长的原因和展望》，《经济纵横》2009 年第 3 期，第 26~29 页；张志明：《我国经济高速增长的动力因素分析》，《经济研究导刊》2010 年第 2 期，第 8~10 页。

② 《楼继伟：中国可能滑入中等收入陷阱》，http://finance.sina.com.cn/china/20150501/。

③ 王宇、蒋彧：《中国经济增长的周期性波动研究及其产业结构特征（1992~2010）年》，《数量经济技术经济研究》2011 年第 7 期，第 3~17 页；袁生军：《新常态是中国经济发展的必然过程》，《红旗文稿》2014 年第 24 期，第 18~19 页；陈彦斌、郭豫媚：《高投资发展模式如何转变为适度投资发展模式？》，《学习与探索》2014 年第 8 期，第 87~92 页。

则主要表现在：高投资的不可持续性；[①] 人口老龄化加剧、要素边际报酬递减、要素成本上升；[②] 产业结构不断向服务业转移导致的结构性减速。[③]

3.3.2　人口红利与经济增长的阶段关联性

1. 人口红利的阶段性特征

目前人口红利阶段性划分的基本标准主要有两类。一类是根据陈友华的研究方法，依据总抚养比、少儿抚养比、老年抚养比将人口红利划分为四个基本的阶段。[④] 以 65 岁为基础，当总抚养比小于 53%、少儿抚养比小于 30%、老年抚养比小于 23% 时，则该国家处于人口红利期，具体如表 3-10 所示。另一类是根据蔡昉等学者的观点，主要是使用劳动适龄人口占比来反映人口红利。当劳动适龄人口占比开始下降，则意味着人口红利开始消失。本书将结合这两类标准进行综合判断，同时通过人口预测的基本方法对我国 2025~2050 年的人口年龄结构进行预测，以判断未来我国人口与人口红利的变化趋势。

表 3-10　我国人口红利的阶段性特征

总抚养比	少儿抚养比	老年抚养比	人口数量红利阶段
<53%	<30%	<23%	人口红利期
<44%	<25.5%	<18.5%	人口红利暴利期

① 经济增长前沿课题组：《高投资、宏观成本与经济增长的持续性》，《经济研究》2005 年第 10 期，第 12~23 页；青木昌彦、吴敬琏：《中国经济新转型》，译林出版社，2014；陈彦斌、郭豫媚：《高投资发展模式如何转变为适度投资发展模式?》，《学习与探索》2014 年第 8 期，第 87~92 页。

② 袁富华：《长期增长过程的"结构性加速"与"结构性减速"：一种解释》，《经济研究》2012 年第 3 期，第 127~140 页；陆旸、蔡昉：《人口结构变化对潜在增长率的影响：中国和日本的比较》，《世界经济》2014 年第 1 期，第 3~29 页；陈彦斌：《人口老龄化对中国宏观经济的影响》，科学出版社，2014。

③ 袁富华：《长期增长过程的"结构性加速"与"结构性减速"：一种解释》，《经济研究》2012 年第 3 期，第 127~140 页；李杨、张晓晶：《"新常态"：经济发展的逻辑与前景》，《经济研究》2015 年第 5 期，第 4~19 页。

④ 陈友华：《人口红利与人口负债：数量界定、经验观察与理论思考》，《人口研究》2005 年第 6 期，第 21~27 页。

续表

总抚养比	少儿抚养比	老年抚养比	人口数量红利阶段
44%~47%	25.5%~27%	18.5%~20%	人口红利高利期
47%~50%	27%~28.5%	20%~21.5%	人口红利期
50%~53%	28.5%~30%	21.5%~23%	人口红利微利期

　　如图 3-11 所示，1990 年我国的总抚养比为 49.8%，少儿抚养比为 41.5%，老年抚养比为 8.3%。从综合水平看，1990~2012 年我国实际已经进入了人口红利期，且处于人口红利的"暴利期"。2021 年，我国总抚养比、少儿抚养比、老年抚养比分别为 46.3%、25.6%、20.8%。根据陈友华的划分标准，2021 年我国其实还处在人口红利时期，但是人口红利已经向人口红利微利过渡。但是根据蔡昉等学者的判断依据，以我国 15~64 岁劳动适龄人口占比来划分，2010 年劳动适龄人口占比在达到最大值 74.5% 之后开始出现下降，而 2010 年之前这一比例则一直处于上升状态。也就是说，我国人口红利自 2010 年后开始出现拐点。

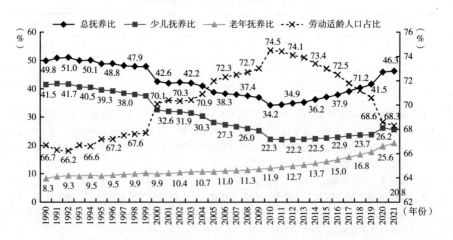

图 3-11　1990~2021 年我国抚养比和劳动适龄人口占比变化趋势

注：左轴为总抚养比、少儿抚养比和老年抚养比，右轴为劳动适龄人口占比。

2. 未来人口红利的阶段性特征

根据联合国《世界人口展望 2022》的预测结果，如图 3-12 所示，按照陈友华关于人口红利的划分标准，到 2027 年前后我国老年抚养比会超过 23%（2027 年为 23.63%），到 2036 年前后总抚养比将超过 53%（2036 年为 53.65%）。这意味着，2027 年前我国还能继续收获人口红利微利，2027~2036 年是人口红利微利向人口负债过渡的时期。而劳动适龄人口占比呈持续下降的趋势，尤其是在劳动参与率同时下降的作用下，未来我国实际参与生产的劳动力人口将减少。大约在 2037 年后，人口红利将彻底消失，进入人口负债期。在后人口转变时期，人口年龄结构的优势消失，取而代之的是劳动适龄人口占比下降、人口老龄化加剧、人口长期负增长。

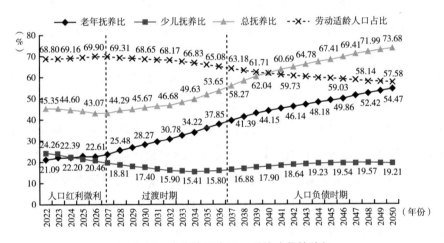

图 3-12　未来我国人口红利的阶段性特征

3. 人口红利与经济增长的阶段关联性分析

本研究将我国经济增长划分为两个阶段，重点从人口红利的视角来解释其对经济增长的影响。从人口红利与经济增长的阶段性特征可以看出，我国人口红利与经济增长的过程存在着阶段性吻合。从 20 世纪 80 年代开始，我国收获了较为明显的人口红利，这一过程持续到 2010 年前后，这也是我国经济快速增长的 30 年。而在我国人口红利优势逐渐消失的阶段（如果按照劳动力的刘易斯观点来衡量），我国经济增速开始放缓。

如图 3-10 和图 3-11 所示，1990~2010 年是我国劳动适龄人口占比持续增加和总抚养比持续下降的时期，这一阶段也是我国 GDP 快速增长时期。这一阶段形成了人口红利凸显和经济快速增长的阶段吻合。而在 2010 年后，劳动适龄人口占比开始呈下降趋势，而总抚养比也开始出现上升的趋势，这意味着人口红利的经济效应开始弱化。而此时我国 GDP 的增速放缓，这一时期形成了人口红利减少和 GDP 平稳回落的阶段吻合。当然，经济增速的放缓有经济发展周期性规律的影响，而且人口红利对经济增长的作用仅从反映两者之间指标的变化趋势上看，也很难得出准确的结论。

如果从未来人口红利与经济增长的发展趋势看，我国人口红利微利会在 2027 年前后逐渐消失，在 2036 年前后，逐渐由人口红利转为人口负债。我们虽然无法对未来我国 GDP 增速做出准确的预测，但世界发达国家都经历了 GDP 增速放缓甚至经济持续低迷。以日本和韩国为例，日本人口红利大约在 2000 年前后消失，2001~2007 年日本 GDP 平均增速仅为 1.54%，而 2008~2010 年受经济危机影响，GDP 急速下滑，2011 年之后有所好转，2011~2019 年，GDP 平均增速仅为 1.07%，2020 年受新冠疫情影响 GDP 跌落到-0.51%。[1] 陈友华认为，韩国的人口红利目前还没有结束，2021 年韩国的总抚养比为 39.94%，老年抚养比为 23.30%，然而韩国劳动适龄人口在 2018 年达到最大值 3754.72 万人后也开始下降，这说明，如果按照劳动适龄人口占比的划分标准，韩国的人口红利也正在消失。[2] 从韩国的 GDP 增速看，2000~2010 年其 GDP 平均增速为 5.08%，2011~2021 年其 GDP 平均增速为 2.72%，其中包括受新冠疫情影响最严重的 2020 年。[3] 从变化趋势看，韩国 GDP 增长和人口红利的变动趋势与我国的实际情况相似。

---

① 《日本历年 GDP 年度增长率》，https：//www.kylc.com/stats/global/yearly_ per_ country/g_ gdp _ growth /jpn.html。
② 陈友华：《人口红利与人口负债：数量界定、经验观察与理论思考》，《人口研究》2005 年第 6 期，第 21~27 页。
③ 《韩国历年 GDP 年度增长率》，https：//www.kylc.com/stats/global/yearly_ per_ country/g_ gdp_ growth/kor.html。

3.3.3 后人口转变时期人口红利转型的可能性

根据未来我国人口结构的预测结果，在后人口转变时期我国人口结构的最主要特征是劳动适龄人口占比下降、人口老龄化加剧、人口长期负增长。面对新的人口形势和人口特征，能否实现人口红利转型，还需从人口数量和结构的变化趋势出发。

1. 劳动适龄人口占比下降与人口红利转型

根据前述人口预测结果，虽然未来我国实际参与生产的劳动力受劳动适龄人口占比下降和劳动参与率下降的双重影响，但是从绝对量上看，根据本书的预测数据，到 2050 年，我国劳动适龄人口总数仍将近 7.5 亿，根据联合国《世界人口展望 2022》的数据，到 2050 年，我国劳动适龄人口总数仍有 7.35 亿。因此，未来我国劳动力的绝对量并不低，即使是在相对占比下降的情况下，从劳动适龄人口的特征看，仍存在推动人口红利转型的可能性。

从劳动适龄人口占比下降的情况看，劳动力数量下降会促进资本深化，提高劳动生产率，从而推动经济增长。当劳动力紧缺，劳动力工资水平提高后，会促使企业使用资本替代劳动，从而加速资本深化，促进资源优化配置和劳动生产率的提高。[1] 而资本深化对劳动生产率和全要素生产率的提高又具有明显的促进作用，甚至资本深化会促进偏向型技术进步，成为经济增长的一个重要源泉。[2] 此外，劳动力数量下降、质量提升，也会产生人口红利质量与数量的替代效应。张华强和金辉较早关注了劳动力质量改变带来的人口质量红利。[3] 而源于劳动力质量提高形成的人口质量红利将成为未来人口

---

① Hicks, J. R., *The Theory of Wages* (London: MacMillan Press, 1932).

② 陈晓玲、连玉君：《资本-劳动替代弹性与地区经济增长——德拉格兰德维尔假说的检验》，《经济学》（季刊）2012 年第 4 期，第 93~118 页；余东华、陈汝影：《资本深化、要素收入份额与全要素生产率——基于有偏技术进步的视角》，《山东大学学报》（哲学社会科学版）2020 年第 5 期，第 107~117 页。

③ 张华强：《让质量型人口红利入账》，《人力资源》2012 年第 12 期，第 28~30 页；金辉：《未来经济增长须依靠人口质量红利和改革红利》，《经济参考报》2016 年 8 月 3 日。

红利的主要源泉，并形成对人口数量红利的替代效应，有效缓解劳动力数量下降给经济增长带来的不利影响。[①] 此外，劳动力空间流动，资源重配效率提高，也会带来新的结构红利。

2. 人口老龄化加剧与人口红利转型

2022 年我国 65 岁及以上人口的占比就已超过了 14%，这标志着我国已经步入深度老龄化社会。本研究预测，到 2050 年，我国 65 岁及以上人口占比将突破 30%，达到 31.36%，届时我国将进入重度老龄化社会。虽然生育政策调整和鼓励生育的相关措施正在有序推进，然而即使未来我国总和生育率回升到 1.6（高方案），也不会改变人口老龄化的趋势。在人口老龄化不断加剧、社会总抚养比不断提高的过程中，应把握人口老龄化带来的机遇，从中寻求人口红利转型的突破口。

人口老龄化推动人口红利转型可以从以下几个方面进行尝试。第一，人口老龄化带来技术倒逼效应，促进了技术进步。人口老龄化会通过推动对青年人的人力资本积累以及老年人自身通过"干中学"提高人力资本水平，客观上为技术进步提供人力支持和经验支持。[②] 与此同时，人口老龄化不断加剧、劳动力供给减少改变了资本和劳动的相对价格，当劳动力供给减少时，企业为了节约成本，便会加强技术创新，使用技术替代人力。[③] 第二，人口老龄化通过促进消费结构变化，推动产业升级。人口老龄化带来的储蓄率提高、消费结构的改变，会通过资本深化效应以及恩格尔效应促进产业结构的转型和升级。[④] 此外，随着劳动力供给的减少，劳动密集型产业的优势

---

① 钟水映、赵雨、任静儒：《"教育红利"对"人口红利"的替代作用研究》，《中国人口科学》2016 年第 2 期，第 26~34 页；张同斌：《从数量型"人口红利"到质量型"人力资本红利"——兼论中国经济增长的动力转换机制》，《经济科学》2016 年第 5 期，第 5~17 页。

② Zon, A. V., Muysken, J., "Health and Endogenous Growth", *Journal of Health Economics* 20（2），2001：169~185；瞿凌云：《人口政策的经济效应分析——基于人口数量与质量替代效应的视角》，《人口与经济》2013 年第 5 期，第 24~32 页。

③ 王笳旭、王淑娟：《人口老龄化、技术创新与经济增长——基于要素禀赋结构转变的视角》，《西安交通大学学报》（社会科学版）2017 年第 6 期，第 27~38 页。

④ 于泽、章潇萌、刘凤良：《中国产业结构升级内生动力：需求还是供给》，《经济理论与经济管理》2014 年第 3 期，第 25~35 页。

已经不在，制造业部门为了维持生产和获得利润不得不向资本密集型和技术密集型领域转型，这推动了偏向型技术进步和产业结构的高级化。[①] 第三，老年人帮助成年子女承担家务劳动和照料孙子女，提高了社会劳动参与率，会带来"影子红利"。杨成钢和孙晓海将老年人口通过间接作用方式影响劳动力供给，进而推动经济增长的现象称为人口老龄化的"影子红利"效应。[②] 郭凯明和颜色将中国家庭的隔代抚养文化引入经济增长模型，分析了隔代抚养文化对延迟退休年龄的影响，发现家庭隔代抚育的弹性决定了劳动力数量与质量。[③]

3. 人口长期负增长与人口红利转型

我国在 2022 年首次出现人口负增长，根据联合国《世界人口展望2022》的预测，我国未来总和生育率将在低位徘徊，出生率将明显低于死亡率，人口长期负增长将不可避免。虽然未来我国人口会面临长期负增长的现实情况，但是我国的人口基数庞大，根据本书预测结果（中方案），到2050 年，我国总人口仍能达到 13.03 亿，这为未来我国人口红利转型提供了无限可能。与此同时，人口总量不断下降还促进了人工智能的应用与推广。

人口长期负增长的背景下，人口红利转型的可能性有以下几个方面。首先，从劳动力的总量看，我国劳动力的绝对量仍然庞大，较大人口规模为我国的人口回旋空间提供了可能性。人口回旋空间指较大人口规模在技术创新与应用、产业升级与转型、劳动分工与深化、人口集聚、城市化以及人力资本提升等多方面具有充足的回旋空间，即使在人口负增长的背景下，仍能够促进经济的发展。王金营等认为，人口回旋空间的前提和基础是具有较大人

① 陶良虎、石逸飞：《人口老龄化对产业结构升级的中介效应影响研究》，《北京邮电大学学报》（社会科学版）2018 年第 4 期，第 44~54 页。

② 杨成钢、孙晓海：《老年人口影子红利与中国经济增长》，《人口学刊》2020 年第 4 期，第 30~41 页。

③ 郭凯明、颜色：《延迟退休年龄、代际收入转移与劳动力供给增长》，《经济研究》2016 年第 6 期，第 128~142 页。

口规模，多国的经验事实证明了在较大人口规模背景下人口回旋空间存在可能性。① 其次，注重人力资源总量开发，而非仅关注劳动适龄人口。如果从关注劳动力健康和教育的视角看，注重人力资源总量开发不仅会增加劳动力供给，还会延缓人口老龄化的进程，为推动人口红利转型和实现经济增长提供新的可能。② 最后，人口总量下降，尤其是劳动力人口下降，会推动人工智能对劳动力的替代。③ 此外，人工智能会提高劳动生产率，余玲铮等通过对广东省企业调查分析发现，相较于没有使用机器的企业，使用机器和人工智能的企业劳动生产率提高了 18.24%。④

---

① 王金营、刘艳华：《经济发展中的人口回旋空间：存在性和理论架构——基于人口负增长背景下对经济增长理论的反思和借鉴》，《人口研究》2020 年第 1 期，第 3~18 页；王金营：《中国人口回旋空间在构建新发展格局中的优势和作用》，《河北大学学报》（哲学社会科学版）2021 年第 5 期，第 106~121 页。

② 厉克奥博、李稻葵、吴舒钰：《人口数量下降会导致经济增长放缓吗？——中国人力资源总量和经济长期增长潜力研究》，《人口研究》2022 年第 6 期，第 23~40 页。

③ Acemoglu, D., Restrepo, P., "Robots and jobs: Evidence from US labor markets", *Journal of political economy* 128 (6), 2020: 2188-2244.

④ 余玲铮、魏下海、吴春秀：《机器人对劳动收入份额的影响研究——来自企业调查的微观证据》，《中国人口科学》2019 年第 4 期，第 114~125 页。

4

劳动适龄人口占比下降
与人口红利转型

后人口转变时期人口年龄结构的一个主要特征是劳动适龄人口占比下降，2020年我国15~59岁人口总数为89438万人，占比为63.35%，相较2010年下降了近4000万人，占比下降了6.79个百分点。我国在2010年前后进入劳动力供给的拐点后，劳动适龄人口的数量和占比连续10年持续下降。[①] 根据前文人口预测结果（中方案），到2035年，我国15~64岁劳动适龄人口总数为90454.94万人，占比将进一步下降到56.04%。可见，在低生育率的背景下，劳动适龄人口的数量和占比下降是不可避免的趋势。面对新的人口年龄结构特征，如何在劳动适龄人口占比下降的过程中继续挖掘促进经济增长的潜力，是实现人口红利转型的突破口。

"两头小、中间大"的人口年龄结构实现人口红利主要体现在以下几个方面。第一，劳动力供给充裕，降低了工资水平。王丰等认为，1982~2000年我国劳动力数量快速增长对经济的贡献率为15%。[②] 汪小勤和汪红梅分别从高劳动参与率、高储蓄率、高劳动配置效率论证了人口红利对经济

[①] 蔡昉：《刘易斯转折点与公共政策方向的转变——关于中国社会保护的若干特征性事实》，《中国社会科学》2010年第6期，第125~137页。

[②] 王丰、安德鲁·梅森、沈可：《中国经济转型过程中的人口因素》，《中国人口科学》2006年第3期，第2~18页。

增长的影响，其中劳动力数量的贡献率为 28%，劳动力流动与配置的贡献率为 21%。[①] 刘士杰认为，劳动适龄人口占比的增加会使资本的深化与资本的广化之间存在一种此消彼长的关系。[②] 第二，储蓄率上升，社会投资增加。王德文和蔡昉认为，人口红利所带来的经济效应很大程度是因为有利于储蓄和资本积累的人口年龄结构。[③] 其中，总抚养比的下降对我国 1982～2002 年储蓄率上升的解释率为 5.5%，而老年抚养比下降对储蓄率上升的贡献率为 5.1%。曾毅等学者认为，我国的高储蓄中有 16% 来自家庭储蓄，而家庭储蓄之所以偏高主要是因为劳动力比重高而抚养负担较轻。[④] 汪伟通过对 1995～2005 年的省际面板数据分析，发现少儿负担系数和老年负担系数对储蓄率有非常显著的解释作用，养老压力加大是储蓄率上升的重要因素，老年负担系数每增加 1%，城镇和农村的储蓄率会分别增加 0.62% 和 0.23%。[⑤] 第三，总抚养比下降，社会负担减轻。王金营和杨磊认为，1978～2007 年人口红利中劳动适龄人口占比增加的边际产出弹性为 1.06，而总抚养比的下降对经济增长的贡献为 27.23%。[⑥] 孙爱军和刘生龙认为，1990～2010 年，总抚养比每下降 1 个单位，将推动经济增长上升 1.44 个单位，其对经济增长的实际贡献率约为 15%。[⑦]

以上观点是否意味着，当劳动适龄人口占比下降，劳动力数量的优势不断消失，人口红利将不复存在呢？劳动适龄人口数量和占比的下降并不必然导致人口红利的消失，随着对劳动力结构和经济关系研究的深入，劳动力的

[①] 汪小勤、汪红梅：《"人口红利"效应与中国经济增长》，《经济学家》2007 年第 1 期，第 104～110 页。

[②] 刘士杰：《人口转变对经济增长的影响机制研究》，南开大学博士学位论文，2010。

[③] 王德文、蔡昉：《人口转变的储蓄效应和增长效应——论中国增长可持续性的人口因素》，《人口研究》2004 年第 5 期，第 2～11 页。

[④] 曾毅等：《21 世纪中国人口与经济发展》，社会科学文献出版社，2006。

[⑤] 汪伟：《中国居民储蓄率的决定因素——基于 1995～2005 年省际动态面板数据的分析》，《财经研究》2008 年第 2 期，第 53～64 页。

[⑥] 王金营、杨磊：《中国人口转变、人口红利与经济增长的实证》，《人口学刊》2010 年第 5 期，第 15～24 页。

[⑦] 孙爱军、刘生龙：《人口结构变迁的经济增长效应分析》，《人口与经济》2014 年第 1 期，第 37～46 页。

结构（包括质量结构和配置结构）和价格发生改变后，仍具有推动经济增长的潜在动力。第一，劳动力数量下降会促进资本深化，提高劳动生产率，从而推动经济增长。Hicks 早在 1932 年就指出，当劳动力紧缺、劳动力工资水平提高后，企业会使用资本替代劳动，从而加速资本深化，促进资源优化配置和劳动生产率的提高。[1] 宫旭红和曹云祥认为，当前中国的资本深化主要是由劳动力工资上涨和政府投资两个原因导致的，但是随着经济的发展，因劳动力短缺、工资上涨所致的资本深化对劳动生产率的影响将会越来越明显。[2] 而资本深化本身对劳动生产率和全要素生产率的提高又具有明显的促进作用，资本深化甚至会促进偏向型技术进步，成为经济增长的一个重要源泉。[3] 第二，劳动力数量下降、质量提升，带来人口红利质量与数量的替代效应。张华强和金辉较早关注了劳动力质量改变带来的人口质量红利。[4] 源于劳动力质量提高形成的人口质量红利将成为未来经济增长的主要动力，并形成对人口数量红利的替代效应，可有效缓解劳动力数量下降对经济增长的不利影响。[5] 并且，人口质量红利对人口数量红利的替代效应将在 2010 年前后发挥作用，未来人口质量红利对经济增长的贡献将越来越大。[6] 第三，区域间劳动力流动，能提高资源重配效率，带来新结构红利。当劳动力

[1] Hicks, J. R., *The Theory of Wages* (London: MacMillan Press, 1932).

[2] 宫旭红、曹云祥：《资本深化与制造业部门劳动生产率的提升——基于工资上涨及政府投资的视角》，《经济评论》2014 年第 3 期，第 51~63 页。

[3] 陈晓玲、连玉君：《资本-劳动替代弹性与地区经济增长——德拉格兰德维尔假说的检验》，《经济学》（季刊）2012 年第 4 期，第 93~118 页；余东华、陈汝影：《资本深化、要素收入份额与全要素生产率——基于有偏技术进步的视角》，《山东大学学报》（哲学社会科学版）2020 年第 5 期，第 107~117 页。

[4] 张华强：《让质量型人口红利入账》，《人力资源》2012 年第 12 期，第 28~30 页；金辉：《未来经济增长须依靠人口质量红利和改革红利》，《经济参考报》2016 年 8 月 3 日。

[5] 钟水映、赵雨、任静儒：《"教育红利"对"人口红利"的替代作用研究》，《中国人口科学》2016 年第 2 期，第 26~34 页；张同斌：《从数量型"人口红利"到质量型"人力资本红利"——兼论中国经济增长的动力转换机制》，《经济科学》2016 年第 5 期，第 5~17 页。

[6] 杨成钢、闫东东：《质量、数量双重视角下的中国人口红利经济效应变化趋势分析》，《人口学刊》2017 年第 5 期，第 25~35 页；黄凡、段成荣：《从人口红利到人口质量红利——基于第七次全国人口普查数据的分析》，《人口与发展》2022 年第 1 期，第 117~126 页。

数量下降时，可以通过区域间劳动力流动，实现生产要素的重新组合，获得劳动力配置效率红利。[①]

4.1 劳动适龄人口占比下降的资本深化效应

在资本投资不变或增加的情况下，随着劳动力数量的下降，必然会产生资本的深化。资本和劳动力作为经济增长过程中最主要的要素投入，两者比例和替代关系直接决定着劳动生产率与全要素生产率。张军认为，20 世纪末我国资本深化和经济增长之间存在着一种相关关系，并以此解释了我国经济增速放缓的主要原因。[②] 同样，针对不同行业部门资本深化与全要素生产率之间的关系，朱钟棣和李小平利用面板数据对工业领域的测算也得出同样结果。[③] 此外，也有学者认为，人均资本存量增加、资本深化是劳动生产率提高的主要原因，其可以有效促进全要素生产率的提高和经济增长。[④] 但有研究发现，资本深化和劳动生产率与全要素生产率之间并非简单的线性关系，这主要取决于资本和劳动的替代弹性。[⑤] 当一个国家或地区资本与劳动替代弹性越大，将越有利于经济增长；当资本与劳动的替代弹性较小时，即两者存在互补关系，将不利于经济增长。[⑥] 因此，本节就劳动力数量下降导致资本深化、劳动生产率与全要素生产率提高，进而促进经济增长的作用机制、内在逻辑以及实证结果进行分析。

[①] 王婷、程豪、王科斌：《区域间劳动力流动、人口红利与全要素生产率增长——兼论新时代中国人口红利转型》，《人口研究》2020 年第 2 期，第 18~32 页。

[②] 张军：《资本形成、工业化与经济增长：中国的转轨特征》，《经济研究》2002 年第 6 期，第 3~13 页。

[③] 朱钟棣、李小平：《中国工业行业资本形成、全要素生产率变动及其趋异化：基于分行业面板数据的研究》，《世界经济》2005 年第 9 期，第 51~62 页。

[④] 杨文举、龙睿赟：《中国地区工业绿色全要素生产率增长——基于方向性距离函数的经验分析》，《上海经济研究》2012 年第 7 期，第 3~13 页。

[⑤] 陈晓玲、连玉君：《资本-劳动替代弹性与地区经济增长——德拉格兰德维尔假说的检验》，《经济学》（季刊）2012 年第 4 期，第 93~118 页。

[⑥] 余东华、张鑫宇、孙婷：《资本深化、有偏技术进步与全要素生产率增长》，《世界经济》2019 年第 8 期，第 50~71 页。

4.1.1　劳动适龄人口占比下降推动资本深化的作用机制

劳动力数量下降的直接结果是影响工资水平，工资水平的提高会改变生产过程中要素结构的配置。要素价格的变化，一方面会改变企业对要素的投入比重，工资上涨会促使企业增加对资本的投入，从而促进资本偏向型技术进步；另一方面会使资本和劳动的替代弹性发生改变，资本和劳动之间替代弹性的大小同样会影响技术进步的方向。

1. 劳动力数量下降，资本深化与劳动生产率提高

（1）理论分析

不少学者认为资本深化会有效提高劳动生产率，还有一些学者就资本深化对劳动生产率提高的具体贡献做了实证分析。[①] 马汴京认为，资本深化对劳动生产率增长率的贡献大约为 35%~43%。[②] 而郭春娜等也认为，在制造业边际劳动生产率提高的过程中，资本深化的贡献高达 26%，远高于全要素生产率的贡献 5.24%。[③] 还有学者就资本深化对农业部门、工业部门以及城市劳动生产率的提升进行了相应的理论和实证分析，基本都认为资本深化对劳动生产率的提高存在积极作用。[④] 虽然资本深化对劳动生产率的提高具有积极作用，但不同原因导致的资本深化对劳动生产率提高的作用途径却体现了明显的差异。

第一，劳动力数量下降和工资水平上升导致资本深化，从而提高劳动生产率。不少学者认为，劳动力成本的上升并不必然意味着企业用工成本的增加，尤其是劳动密集型企业，随着劳均资本量的增加，这反而

---

① 吴昊：《中国城市劳动生产率影响因素研究——基于 286 个城市数据面板分析》，《经济经纬》2017 年第 1 期，第 14~19 页。

② 马汴京：《资本深化、异质性科技投入与劳动生产率增长——基于中国大中型工业企业的经验证据》，《中南财经政法大学学报》2011 年第 3 期，第 25~30 页。

③ 郭春娜、陈春春、彭旭辉：《中国制造业劳动生产率再测算——基于资本深化和全要素生产率贡献率的考量》，《价格理论与实践》2018 年第 7 期，第 151~154 页。

④ 毛丰付、潘加顺：《资本深化、产业结构与中国城市劳动生产率》，《中国工业经济》2012 年第 10 期，第 32~44 页；姚文：《资源优化配置与农业劳动生产率提升——基于扩展的资本深化视角》，《江苏农业科学》2018 年第 12 期，第 335~339 页。

会激发技术创新，从而通过提高劳动生产率的方法缓解劳动力成本增加带来的不利影响。[①] 而在更多的关于劳动力成本和劳动生产率之间关系的研究中，大量的理论和实证结果支持了两者之间的正相关关系。用工成本的提高会促使企业以更高的劳动生产率作为保证其利润的重要手段，这对很多企业而言是激励机制。劳动力成本上升促进劳动生产率提高体现在三个方面。工资-投资-劳动生产率，即工资提高会刺激投资，在劳动力数量下降的情况下，为了保持产品低价，企业会提高生产率；[②] 工资-劳动力存量-劳动生产率，即高工资有助于企业巩固雇佣关系，企业加强对员工的人力资本投资，从而提高劳动生产率；[③] 工资-心理因素-劳动生产率，即较高的工资会激励工人努力工作而不是消极怠工，从而提高劳动生产率。[④]

第二，劳动力在不同产业部门之间的转移，可实现不同部门的资本深化，从而提高劳动生产率。2010 年后，我国在面临劳动适龄人口占比下降的同时，还面临着劳动力不断由劳动生产率较高的工业部门向劳动力生产率相对较低的服务业部门转移的情况。[⑤] 此时若想实现劳动生产率的提高，就需要寻求新的出路，其中促进知识资本深化和人力资本深化是应对我国劳动力从劳动生产率高的工业部门向劳动生产率低的服务业部门转移的主要途径。[⑥] 李静分析了劳动力从农业部门向非农业部门转移、农业资本深化和农业劳动生产率之间的关系，结果表明，农业劳均资本增长是农

① 吴秋阳：《劳动力成本上涨对我国制造业劳动生产率的影响》，《理论建设》2016 年第 6 期，第 42~47 页。

② Seguino, S., "The effects of structural change and economic liberalisation on gender wage differentialsin South Korea and Taiwan", *Cambridge Journal of Economics* 24 (4), 2004: 437-459.

③ Krueger, A. B., Summers, L. H., "Efficiency wages and the inter-industry wage structure", *Econometrica: Journal of the Econometric Society* 1988: 259-293.

④ Shapiro, C, Stiglitz, J. E., "Equilibrium unemployment as a worker discipline device", *The American economic review* 4 (3), 1984: 433-444.

⑤ 何传启：《服务业现代化的发展趋势和战略选择》，科学出版社，2018。

⑥ 王希元、杨先明：《服务业劳动生产率提升路径研究：双重资本深化的视角》，《上海经济研究》2022 年第 7 期，第 60~69 页。

业劳动生产率提高的主要原因，而正是农业劳动力流动促进了农业资本的深化。[①] 宁光杰、张雪凯认为，企业会通过增加人均机器设备投资和人均研发投入来促进劳动生产率的提高。[②]

（2）经验解释

随着人口长期负增长和劳动适龄人口占比下降，资本投资增加必然会引起资本深化效应。在资本深化的研究过程中，资本产出比和资本劳动比这两个指标通常被用来反映资本深化效应。Burmeister 和 Turnovsky 最早将资本深化定义为资本劳动比的上升。[③] 但在实际的应用过程中，由于资本产出比通常接近于常数，更常用的是资本劳动比这一指标。本书借鉴王亚君的研究测算我国 2000~2020 年的资本劳动比。[④] 其中，劳动投入应当包括劳动时间、劳动数量、劳动质量等多个因素，由于受统计数据的限制，本研究以全国从业人员数表示劳动投入，而资本投入则利用永续盘存法测算的全国固定资本投资额表示，具体计算公式为资本劳动比 $=K/L$，K 表示资本，L 表示劳动，根据该公式可以计算出 2000~2020 年我国的资本劳动比（资本深化），具体如图 4-1 所示。

如图 4-1 所示，2000~2020 年我国资本劳动比呈逐年递增趋势，这也意味着资本深化的绝对水平在不断加剧，从 2000 年的 0.45 万元/人增加到 2020 年的 5.61 万元/人。其中既有资本存量增加的原因，也有劳动力数量下降的影响。劳动力数量从 2016 年开始下降，在此之前劳动力数量处于增加的状态，可见资本深化并非单纯受劳动力数量的影响。从资本深化的变化趋势看，在 2005 年前资本深化水平提高速度较慢。2005~

① 李静：《劳动力转移、资本深化与农业劳动生产率提高》，《云南财经大学学报》2013 年第 3 期，第 31~38 页。

② 宁光杰、张雪凯：《劳动力流转与资本深化——当前中国企业机器替代劳动的新解释》，《中国工业经济》2021 年第 6 期，第 42~60 页。

③ Burmeister, E., Turnovsky, S, J., "Capital deepening response in an economy with heterogeneous capitalgoods", *The American Economic Review* 62 (5), 1972：842-853.

④ 王亚君：《要素替代、资本深化和服务业生产率的动态演化机理》，吉林大学博士学位论文，2017。

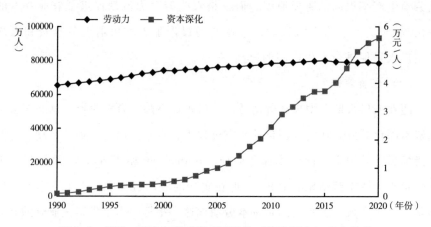

图 4-1　1990~2020 年我国资本劳动比（资本深化）变化趋势

2015 年，资本深化水平快速提高，而在这期间，劳动力数量依然较多，对资本深化的影响较弱。有学者将我国 1990 年以后资本深化的快速提高归因于投资体制的改革。20 世纪 90 年代中后期，中国经济中资本密度出现了快速的上升，这是由于中国经济环境中资本形成是由地方政府的局部增长目标所决定的，这一结果导致了资本深化的提前加速。① 此外，还有学者将资本深化的快速提高归因于产业结构，尤其是劳动密集型产业的资本密集程度在显著增强。② 但是在 2015 年后，资本深化出现了明显提高，可见资本深化的加速提高很大程度上受劳动力数量下降的影响。资本深化导致劳均资本存量提高，并加速劳动生产率的提升，而从资本深化与劳动生产率之间的关系看，也有学者从不同视角进行了论证。本文将使用实际GDP 和就业人口数据计算劳动生产率，利用简单相关系数分析两者之间的关系，其中，劳动生产率＝实际 GDP/就业人口，两者之间的关系如图 4-2所示。

---

① 周明慧：《中国经济发展过程中的资本深化及原因分析》，《经济技术协作信息》2014 年第5 期，第 5 页。

② 蒋长流：《中国经济高增长期资本深化的原因探析》，《中国经济问题》2007 年第 6 期，第18~26 页。

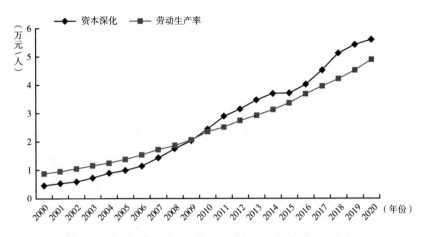

图 4-2　2000~2020 年我国资本深化和劳动生产率变化趋势

2. 劳动力数量下降，资本深化与全要素生产率提高

（1）理论分析

资本深化会通过全要素生产率影响经济增长，然而对于资本深化与全要素生产率之间的关系，学界有不同的观点。虽然已有研究表明资本深化对全要素生产率具有负面影响。[①] 但同样有研究表明资本深化对全要素生产率有积极作用，如辛永容等发现，制造业总体劳动生产率的显著上升取决于技术进步和资本深化，且技术进步在 1995 年后的贡献一直保持在 50% 以上。[②] 孙早和刘李华论证了资本深化对全要素生产率的影响。具体而言，资本深化主要是通过有偏技术进步和要素结构的配置效率发挥作用。[③]

资本深化作用于全要素生产率的一条重要路径是通过有偏技术进步。孔宪丽等的研究表明，有偏技术进步与要素投入结构，即资本深化程度相匹配

---

① 郑江淮、宋建、张玉昌等：《中国经济增长新旧动能转换的进展评估》，《中国工业经济》2018 年第 6 期，第 24~42 页；郑明贵、董娟、钟昌标：《资本深化对中国资源型企业全要素生产率的影响》，《资源科学》2022 年第 3 期，第 536~553 页。

② 辛永容、陈圻、肖俊哲：《我国制造业劳动生产率因素分解——基于非参数 DEA 的动态研究》，《系统工程》2008 年第 5 期，第 1~8 页。

③ 孙早、刘李华：《资本深化与行业全要素生产率增长——来自中国工业 1990~2013 年的经验证据》，《经济评论》2019 年第 4 期，第 3~16 页。

是能否促进全要素生产率提高的关键。[①] 余东华等对此进行了更深入的分析，认为全要素生产率的提高既取决于资本深化程度与有偏技术进步的匹配性，又取决于资本深化程度的调整速度与资本和劳动生产效率的匹配性，这两项是资本深化程度和要素生产效率的水平值及其增长率的组合。[②] 余东华和陈汝影通过 1998~2016 年的制造业数据证明了当资本要素替代弹性大于 1 时，选择资本偏向型技术进步才有助于提高全要素生产率。[③] 黄莉认为，绿色农业下资本和劳动要素替代弹性小于 1 则呈互补关系。农业资本深化与有偏技术进步发挥协同作用，促进农业全要素生产率提高和农业增长。[④]

资本深化推动全要素生产率提高的另一个重要渠道是资源要素的配置。劳动和资本要素在不同行业和地区之间的配置可以显著地提高全要素生产率，这已经得到国内外学者的普遍证实。[⑤] 董直庆和陈锐研究发现，偏向型技术进步会通过要素配置结构和效率促进全要素生产率的提高，且近年来两者的结合度不断提高，这也呈现了有利于全要素生产率提高的趋势。[⑥] 胡亚男和余东华认为，由于要素配置结构和效率的不一致，致使有偏技术进步和要素配置结构对全要素生产率的影响均存在结构损失。[⑦] 而

① 孔宪丽、米美玲、高铁梅：《技术进步适宜性与创新驱动工业结构调整——基于技术进步偏向性视角的实证研究》，《中国工业经济》2015 年第 11 期，第 62~77 页。

② 余东华、张鑫宇、孙婷：《资本深化、有偏技术进步与全要素生产率增长》，《世界经济》2019 年第 8 期，第 50~71 页。

③ 余东华、陈汝影：《资本深化、要素收入份额与全要素生产率——基于有偏技术进步的视角》，《山东大学学报》（哲学社会科学版）2020 年第 5 期，第 107~117 页。

④ 黄莉：《农业资本深化、有偏技术进步与绿色农业经济增长》，西南大学博士学位论文，2021。

⑤ Hsieh, C. T., Klenow, P. J., "Misallocation and manufacturing TFP in China and India", *The Quarterly journal of economics* 124 (4), 2009: 1403-1448; Brandt, L., Tombe T., Zhu, X., "Factor market distortions across time, space and sectors in China". *Review of Economic Dynamics* 16 (1), 2013: 39-58.

⑥ 董直庆、陈锐：《技术进步偏向性变动对全要素生产率增长的影响》，《管理学报》2014 年第 8 期，第 1199~1207 页。

⑦ 胡亚男、余东华：《有偏技术进步、要素配置结构与全要素生产率提升——以中国装备制造业为例》，《软科学》2021 年第 7 期，第 1~9 页。

资本深化与要素配置结构之间并非简单的线性关系，而是呈倒 U 型关系，且要素配置效率改善可以显著地提高资本深化程度较低企业的全要素生产率。① 与此同时，也有学者对要素错配导致的全要素生产率下降进行了分析，王卫和綦良群认为，偏向型技术进步与要素配置结构失衡是阻碍全要素生产率提高的主要因素，尤其是偏向型技术进步的阻碍作用更为明显。②

（2）经验解释

资本深化还会通过全要素生产率影响经济增长。本书借鉴余东华和陈汝影对中国经济增长全要素生产率测算的结果，给出全要素生产率增长率、资本投入产出贡献率增长率（表示资本增强型技术进步系数）、劳动投入产出贡献率增长率（表示劳动增强型技术进步系数）的变化关系。③ 具体如表 4-1 所示。

表 4-1　2000~2016 年我国全要素生产率增长变化

年份	资本增强型技术进步系数	劳动增强型技术进步系数	全要素生产率增长率(%)
2000	2.721	2.171	0.043
2001	2.629	2.420	0.046
2002	2.570	2.685	0.048
2003	2.387	3.120	0.051
2004	1.978	4.045	0.055
2005	1.952	4.372	0.039
2006	1.859	4.660	0.014

① 宋建、郑江淮：《资本深化、资源配置效率与全要素生产率：来自小企业的发现》，《经济理论与经济管理》2020 年第 3 期，第 18~33 页。

② 王卫、綦良群：《要素错配、技术进步偏向与全要素生产率增长——基于装备制造业细分行业的随机前沿模型分析》，《山西财经大学学报》2018 年第 12 期，第 60~75 页。

③ 余东华、陈汝影：《资本深化、要素收入份额与全要素生产率——基于有偏技术进步的视角》，《山东大学学报》（哲学社会科学版）2020 年第 5 期，第 107~117 页。

年份	资本增强型技术进步系数	劳动增强型技术进步系数	全要素生产率增长率（%）
2007	1.793	5.494	0.076
2008	1.960	5.297	0.02
2009	1.856	5.688	0.016
2010	1.638	6.652	0.031
2011	1.550	7.448	0.039
2012	1.501	7.947	0.023
2013	1.420	8.597	0.020
2014	1.363	9.114	0.015
2015	1.346	9.489	0.017
2016	1.240	10.447	0.017

资料来源：余东华、陈汝影：《资本深化、要素收入份额与全要素生产率——基于有偏技术进步的视角》，《山东大学学报》（哲学社会科学版）2020年第5期，第107~117页。

由表4-1可知，2000~2016年，资本增强型技术进步系数呈逐年下降趋势，而劳动增强型技术进步系数在呈逐年提高趋势，全要素生产率增长率呈下降趋势。在资本深化速度较快时，如果要素收入份额在长期内总体稳定，那么不断增加的劳均资本必然会促进净劳动增强型技术进步。当资本深化速度相对较低，但资本要素产出效率得到充分发挥时，综合要素结构变动偏向资本要素。在综合要素总体呈互补关系的情况下，增加综合劳动要素变动幅度有利于全要素生产率提高。

4.1.2　劳动适龄人口占比下降、资本深化与经济增长的理论模型

前文分析了劳动力数量下降、劳均资本存量增加，使资本深化通过提高劳动生产率和全要素生产率作用于经济增长。本节在固定替代弹性CES生产函数的基础上，进一步从理论模型视角分析资本-劳动的替代弹性发生改变对劳动生产率和全要素生产率产生的影响。参考相关研究，从理论视角分

析资本深化对劳动生产率和全要素生产率的影响和作用机制。[①]

1. 基本假定

根据 Arrow、Chenery 和 Solow 等学者提出的固定替代弹性生产函数（CES 生产函数），将其可表述为 $Y = A \left[\delta L^{\frac{\sigma-1}{\sigma}} + (1 - \delta) K^{\frac{\sigma-1}{\sigma}} \right]^{\frac{\sigma}{\sigma-1}}$，其中 Y 表示产出，L 和 K 分别表示劳动和资本。A 表示技术进步，也可以表示为资本（或劳动）增强型技术进步，在其他条件不变的情况下，A 的数值越大表示资本和劳动投入的产出会越大。δ 表示资本和劳动的投入份额，两者的分配系数 $0 < \delta < 1$；σ 表示资本-劳动替代弹性，具体可以理解为资本和劳动这两种要素边际产出之比随要素报酬率之比的变化而变化的程度。若 $\sigma > 1$，说明资本和劳动存在替代关系，若 $\sigma < 1$，说明资本和劳动为互补关系。

假定代表性厂商生产的某种产品的价格为 P，劳动力的工资报酬为 w，资本的利率为 r。那么，在固定替代弹性生产函数下，代表性厂商实现利润最大化的目标函数和约束条件可表示为如下方程组：

$$\max: \pi = PY - wL - rK \tag{4-1}$$

$$st: Y = A \left[\delta L^{\frac{\sigma-1}{\sigma}} + (1 - \delta) K^{\frac{\sigma-1}{\sigma}} \right]^{\frac{\sigma}{\sigma-1}} \tag{4-2}$$

利用上述方程组，求解厂商生产利润最大化时劳均产出水平。通过构建拉格朗日函数，对（4-2）式当中的劳动 L 求一阶偏导数，求得 A，并将其代入 CES 生产函数，最大化劳均产出的表达式为：

$$\frac{Y}{L} = \frac{w \left[\delta + (1 - \delta) (K/L)^{\sigma - 1/\sigma} \right]}{P\delta} \tag{4-3}$$

其中，（4-3）式左边为劳均产出，可表示为劳动生产率，右边为劳均资本存量 K/L，即资本深化的表达式。（4-3）式代表了在厂商利润最大化

---

① 吴海民：《资本深化带来了劳动生产率下降吗》，《财经科学》2013 年第 9 期，第 40~50 页；余东华、陈汝影：《资本深化、要素收入份额与全要素生产率——基于有偏技术进步的视角》，《山东大学学报》（哲学社会科学版）2020 年第 5 期，第 107~117 页；陈晓玲、连玉君：《资本-劳动替代弹性与地区经济增长——德拉格兰德维尔假说的检验》，《经济学》（季刊）2012 年第 4 期，第 93~118 页。

条件下，劳动生产率和资本深化之间的关系。

2. 资本深化对劳动生产率的影响

对（4-3）式当中的资本深化（K/L）求导数可得：

$$\frac{d(Y/L)}{d(K/L)} = \frac{w(1-\delta)}{P\delta} \cdot \frac{\sigma-1}{\sigma} \cdot \left(\frac{K}{L}\right)^{-1/\sigma} \quad\quad (4-4)$$

由（4-4）式可知，资本深化对劳动生产率的影响取决于资本-劳动替代弹性 σ 的大小。①当 $\sigma > 1$ 时，也就是资本和劳动存在替代关系时，资本深化对劳动生产率的影响是积极的，带来正效应。②当 $\sigma < 1$ 时，也就是资本和劳动存在互补关系时，资本深化对劳动生产率的影响是消极的，带来负效应。由此可见，资本深化对劳动生产率的影响并非简单的线性关系，随着资本-劳动替代弹性的变化，其作用方向也会发生变化。

更进一步，资本深化对劳动生产率的影响还集中在德拉格兰德维尔效应和卡尔多-凡顿效应的综合作用上。De La Grandville 认为，资本-劳动的替代弹性与经济增长之间存在正相关关系，替代弹性越高的国家经济增长速度越快，这便是著名的德拉格兰德维尔假说。[1] 随后 Klump 和 De La Grandville 利用标准化的 CES 生产函数分析了资本-劳动替代弹性和经济增长之间的关系，提出了两个理论预期。[2] 他们认为，对于一个处于均衡状态的经济体而言，人均资本存量和人均收入都是替代弹性的增函数。Irmen and Klump 对资本-劳动替代弹性影响劳动生产率的具体路径进行了深入研究，认为直接的"效率效应"和间接的"分配效应"是主要路径。[3] Palivos and Karagiannis 的研究也表明，当资本-劳动替代弹性大于 1 时，即使没有

---

[1] De La Grandville, "In quest of the Slutsky diamond", *The American Economic Review* 79 (3), 1989: 468-481.

[2] Klump, R., De La Grandville O., "Economic growth and the elasticity of substitution: Two theorems and some suggestions", *American Economic Review* 91 (1), 2000: 282-291.

[3] Irmen, A., Klump, R., "Factor Substitution, Income Distribution and Growth in a Generalized Neoclassical Model", *German Economic Review* 10 (4), 2009: 464-479.

技术进步，也可以实现经济的内生增长。[1] 资本深化首先推动产出的增长，之后才会促进劳动生产率的提高，这便是卡尔多－凡顿效应。这一效应强调，产出的增长会进一步推动劳动生产率的增长。[2]

除此之外，资本－劳动替代弹性在通过资本深化影响劳动生产率的过程中，还与偏向型技术进步有关。对于资本偏向型技术进步和劳动偏向型技术进步而言，不同的替代弹性对劳动生产率的影响是不同的。[1]如果是资本偏向型技术进步，若替代弹性小于 1（$\sigma < 1$，即资本与劳动存在互补关系），那么技术进步会使用更多的劳动力，从而提高劳动生产率水平；若替代弹性大于 1（$\sigma > 1$，即资本与劳动存在替代关系），那么技术进步会使资本的使用增多，提高资本的产出效率。[2]如果资本－劳动替代弹性较大，当劳动力短缺，工资提高。一方面效率工资可直接激励员工提高劳动生产率，另一方面可以通过减少使用劳动力，倒逼企业通过技术进步和创新来提高劳动生产率。

3. 资本深化对全要素生产率的影响

按照 Klump 的思路对 CES 生产函数进行标准化，可以将生产函数的形式写为：

$$Y_t = Y_0 \left[\delta_0 \left(\frac{A_{lt} L_t}{A_{l0} L_0} \right)^{\frac{\sigma-1}{\sigma}} + (1 - \delta_0) \left(\frac{A_{kt} K_t}{A_{k0} K_0} \right)^{\frac{\sigma-1}{\sigma}} \right]^{\frac{\sigma}{\sigma-1}} \qquad (4-5)$$

与前式 CES 生产函数不同是，Y_0，K_0，L_0，A_{l0}，A_{k0} 分别为标准化的基准点，δ_0 为标准化基准点上的要素分配额。对（4-5）式这一标准化方程式两边同时取对数，且在资本－劳动替代弹性为 $\sigma = 1$ 的点进行二阶泰勒展开，然后取全微分，同时剔除资本和劳动两个要素投入对增长的影响，可以得到全要素生产率增长率的表达式：

$$TFPG_t = \delta_0 \overset{\circ}{A}_{lt} + (1 - \delta_0) \overset{\circ}{A}_{kt} + \frac{\delta_0}{1 - \delta_0} \cdot Sh_t \cdot FE_t \qquad (4-6)$$

---

[1]　Palivos, T., Karagiannis, G., "The elasticity of substitution as an engine of growth", *Macroeconomic Dynamics* 14 (5), 2010: 617-628.

[2]　Baumol, W. J., "Productivity growth, convergence, and welfare: what the long-run data show", *The american economic review* 76 (5), 1986: 1072-1085.

其中，$FE_t = \ln\left(\dfrac{A_{kt}K_t/A_{k0}K_0}{A_{lt}L_t/A_{l0}L_0}\right)$，上式左边为全要素生产率增长率，右边第一项表示纯资本偏向型技术进步效应，第二项为纯劳动偏向型技术进步效应，第三项表示资本-劳动收入份额变化对全要素生产率增长率的影响。从 (4-6) 式可以看出，纯资本偏向型技术进步效应和纯劳动偏向型技术进步效应对全要素生产率增长率的影响均为正效应，资本-劳动收入份额变化对全要素生产率的影响主要取决于 FE_t，而 FE_t 可定义为综合要素结构变动，表示当期综合要素结构变动相对于基准期综合要素结构变动的情况。当 $FE_t > 0$ 时，表示综合资本要素变动大于综合劳动要素变动，要素结构变动偏向资本；当 $FE_t < 0$ 时，表示综合劳动要素变动大于综合资本要素变动，要素结构变动偏向劳动。结合资本-劳动替代弹性，当资本-劳动替代弹性小于 1 时，且 $FE_t > 0$，此时劳动和资本呈互补关系，提高资本-劳动收入份额比，有助于充分发挥要素的生产效率，可以提高全要素生产率。反之，此时若 $FE_t < 0$，则不利于提高全要素生产率。

4.1.3 劳动适龄人口占比下降、资本深化与经济增长的实证检验

前文分析了资本深化对劳动生产率和全要素生产率的影响，而劳动生产率和全要素生产率又会直接影响经济增长。从理论视角看，资本深化对劳动生产率的影响取决于资本和劳动的关系，而资本深化对全要素生产率的影响则取决于要素结构变动，当要素结构偏向资本和劳动不同的方向时，资本深化对全要素生产率的影响方向也会不同。资本深化对劳动生产率和全要素生产率到底是促进还是抑制，不仅在理论上未得到统一的论证，在经验研究上也未得到统一结论的支撑。甚至一些学者认为如果一个国家过早地发生资本深化，在资本边际报酬递减规律的作用下，资本的投资收益率会降低，从而导致经济增速的放缓。[①] 但其他学者则认为，资本深化是工业化的必经阶

[①] 吴敬琏：《中国应当走一条什么样的工业化道路？》，《管理世界》2006 年第 8 期，第 1~7 页；陈勇、李小平：《中国工业行业的面板数据构造及资本深化评估：1985~2003》，《数量经济技术经济研究》2006 年第 10 期，第 57~68 页。

段，资本深化可以促进产业升级、提高劳动生产率，从而促进经济增长。[①]
而在资本深化与偏向型技术进步对全要素生产率的研究中，董直庆和陈锐发现，我国技术进步偏向资本的程度在减弱，这种变化使技术进步偏向与要素结构适配性在提高，从而呈现有利于提高全要素生产率的变化趋势。[②] 但是，如果技术进步偏向资本，但资本要素的增长相对缓慢，就容易引发"资本低效率陷阱"，在一定程度上会削弱全要素生产率。而资本深化与技术进步共同推动了全要素生产率的增长率，相比较而言，资本偏向型技术进步推动了现阶段中国工业全要素生产率的增长率。[③]

1. 要素生产率的核算

为进一步检验资本深化对经济增长产生的影响，本书将借鉴张军扩、杨志云和陈再齐的研究，基于索洛余值法对我国经济增长过程中各要素的贡献进行分析，探究其中的关系。[④]

假定社会总生产函数为 C-D 生产函数，表达式为：

$$Y_t = A_t K_t^{\alpha} L_t^{\beta} \tag{4-7}$$

其中，Y_t、A_t、K_t^{α}、L_t^{β} 分别表示总产出水平、技术进步水平（也是测算全要素生产率的切入点）、资本存量、劳动投入，α、β 分别表示资本和劳动的投入产出弹性，在假定规模报酬不变的情况下，$\alpha + \beta = 1$。

对（4-7）式两边取对数，同时对时间 t 求导可得：

---

① 黄茂兴、李军军：《技术选择、产业结构升级与经济增长》，《经济研究》2009 年第 7 期，第 143~151 页；毛丰付、潘加顺：《资本深化、产业结构与中国城市劳动生产率》，《中国工业经济》2012 年第 10 期，第 32~44 页。

② 董直庆、陈锐：《技术进步偏向性变动对全要素生产率增长的影响》，《管理学报》2014 年第 8 期，第 1199~1207 页。

③ 李小平、李小克：《偏向性技术进步与中国工业全要素生产率增长》，《经济研究》2018 年第 10 期，第 82~96 页。

④ 张军扩：《"七五"期间经济效益的综合分析——各要素对经济增长贡献率测算》，《经济研究》1991 年第 4 期，第 8~17 页；杨志云、陈再齐：《要素生产率、资本深化与经济增长——基于 1979~2016 年中国经济的增长核算》，《广东社会科学》2018 年第 5 期，第 41~51 页。

$$\ln(Y_t) = \ln(A_t) + \alpha\ln(K_t) + \beta\ln(L_t) \tag{4-8}$$

$$\frac{dY_t}{Y_t} = \frac{dA_t}{A_t} + \alpha\frac{dK_t}{K_t} + \beta\frac{dL_t}{L_t} \tag{4-9}$$

（4-9）式为经济增长的核算方程，$\frac{dY_t}{Y_t}$ 是经济增长率，可表示为（4-9）式右边全要素生产率增长率 $\left(\frac{dA_t}{A_t}\right)$、资本投入增长率 $\left(\frac{dK_t}{K_t}\right)$ 和劳动投入增长率 $\left(\frac{dL_t}{L_t}\right)$ 之和。而 $\frac{dA_t}{A_t}$ 代表了非要素投入导致的经济增长部分，即全要素生产率。

对（4-8）式移项同时除以 L_t 计算劳均产出的形式可得：

$$\ln(Y_t/L_t) = \ln(A_t) + \alpha\ln(K_t/L_t) \tag{4-10}$$

其中，令 $Y_t/L_t = y_t$ 表示劳均产出，$K_t/L_t = k_t$ 表示劳均资本，则（4-10）式可以进一步表示为：

$$\ln(y_t) = \ln(A_t) + \alpha\ln(k_t) \tag{4-11}$$

对（4-11）式两边同时就时间 t 求导可得劳均产出增长率（即劳动生产率）的表达式为：

$$\frac{dy_t}{y_t} = \frac{dA_t}{A_t} + \alpha\frac{dk_t}{k_t} \tag{4-12}$$

（4-12）式可理解为劳均产出增长率即劳动生产率，可以表示为（4-12）式右边全要素生产率增长率 $\left(\frac{dA_t}{A_t}\right)$ 和劳均资本增长率 $\left(\frac{dK_t}{K_t}\right)$ 之和。

2. 数据来源与说明

要估算全要素生产率，根据（4-9）式需要产出的增长率（GDP 增长率和资本与劳动的投入水平），同时要对资本和劳动的投入比（α 和 β）进行设定。

（1）产出水平。衡量产出水平一般按照一国的国内生产总值 GDP 进行估算，本研究使用 GDP 增长率，可以直接从《中国统计年鉴》获得。

（2）资本投入水平。资本投入水平一般用全国历年的资本存量反映，资本存量参照单豪杰的永续盘存法进行估算，其中以 1990 年的资本存量为基期。[①]

（3）劳动投入水平。劳动投入需用标准劳动质量及强度的劳动时间来衡量，但考虑到数据的可获得性，本研究用全国历年就业人口数表示劳动投入，反映实际参与生产的劳动力水平。

（4）劳动/资本投入比。α 和 β 系数的设定一般有三种方法，即经验估计法、最小二乘法和比值法。为了估算简单，本研究参照郭克莎的研究，将资本和劳动投入份额设定为资本 40%、劳动 60%。[②] 本节数据均来自 2001～2021 年《中国统计年鉴》的时间序列数据。

3. 结果及分析

基于以上数据，对我国 1990～2020 年经济增长率进行分析，同时计算资本和劳动的贡献率，在此基础上分析资本深化与全要素生产率以及劳动生产率之间的关系。

（1）经济增长率的要素分解

为了更好地观测各要素对经济增长贡献的变化规律以及阶段特征，将 1990～2020 年分为 6 个阶段，测算结果如表 4-2 所示。

如表 4-2 所示，1990～2020 年，我国经济增长主要依靠要素投入而非全要素生产率。其中，资本要素投入的贡献率高达 68.78%，而全要素生产率的贡献率不足 30%，为 28.09%，经济增长方式为明显的粗放型特征。1990～2000 年，资本要素的平均增长率为 16.58%，资本要素对经济增长的贡献为 6.63%，资本要素贡献率高达 68.78%。如果分阶段看，资本要素积累的速度呈波动中逐渐下降的趋势，从 1990～1994 年的 27.11% 下降到 2015～2020 年的 4.58%，相应的资本要素贡献也由 10.85% 下降到 1.83%，

---

① 单豪杰：《中国资本存量 K 的再估算：1952～2006 年》，《数量经济技术经济研究》2008 年第 10 期，第 17～31 页。

② 郭克莎：《1979～1988 年经济增长的因素及效应分析》，《经济研究》1990 年第 10 期，第 11～19 页。

下降幅度较为明显。与资本要素变化趋势相一致的是劳动要素的贡献，劳动要素的贡献从 1990~1994 年的 0.70% 下降到 2015~2020 年的 -0.20%，贡献率也从 6.43% 下降到 -3.47%。其中，劳动要素的贡献在 2010 年后，作用开始明显下降。从全要素生产率的贡献看，全要素生产率的贡献呈逐年增加趋势，从 1990~1994 年的 -0.68% 增加到 2015~2020 年的 4.08%。从要素贡献率的变化趋势看，要素投入的作用和贡献呈逐年下降趋势，而全要素生产率的贡献呈逐年递增趋势，说明我国的经济增长方式正在由粗放型向集约型转变。

表 4-2 1990~2020 年分阶段经济增长率的要素分解

单位：%

阶段	GDP 增长率	劳动增长	劳动贡献	劳动贡献率	资本增长	资本贡献	资本贡献率	全要素生产率贡献	全要素生产率贡献率
1990~1994 年	10.86	1.16	0.70	6.43	27.11	10.85	99.88	-0.68	-6.30
1995~1999 年	9.12	1.14	0.68	7.51	16.18	6.47	70.98	1.96	21.51
2000~2004 年	9.10	0.79	0.47	5.16	14.62	5.85	63.57	2.88	31.27
2005~2009 年	11.48	0.41	0.25	2.18	21.77	8.71	75.88	2.52	21.94
2010~2014 年	8.66	0.13	0.08	0.95	15.22	6.09	70.33	2.49	28.72
2015~2020 年	5.72	-0.33	-0.20	-3.47	4.58	1.83	32.08	4.08	71.40
1990~2020 年	9.16	0.55	0.33	3.12	16.58	6.63	68.78	2.20	28.09

根据经济增长理论，要素投入和全要素生产率提高是经济增长的主要原因。1990~2020 年，从影响经济增长各要素的变动规律看，虽然资本要素解释了我国经济增长 65% 以上的原因，但如图 4-3 所示，全要素生产率增长率与 GDP 增长率的变化趋势高度一致，且表现出顺周期的特征，除了极个别年份，如 1996 年、2004 年、2003 年，这两者的变动趋势和方向大部分高度一致，当经济增速上升时，全要素生产率增长率也上升，同时全要素生产率贡献率也上升；经济增速下降时，全要素生产率增长率也下降，全要素生产率贡献率也下降。从供给端来看，全要素生产率增速变化成为影响经济增速周期性波动的最主要因素。

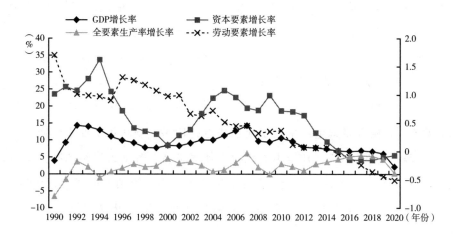

**图 4-3 1990~2020 年 GDP 增长率、资本要素增长率、
劳动要素增长率与全要素生产率增长率变化**

注：左轴为劳动增长率。

（2）劳动生产率增长与资本深化

利用（4-6）式对我国劳动生产率增长率进行了要素分析，劳动生产率增长率可以视为资本深化增长率与全要素生产率增长率之和。计算结果如表4-3所示。

表 4-3 1990~2020 年分阶段劳动生产率增长率

单位：%

阶段	劳动生产率增长率	资本深化增长率	资本深化贡献	资本深化贡献率	全要素生产率贡献	全要素生产率贡献率
1990~1994 年	23.34	25.51	10.60	45.42	12.74	54.58
1995~1999 年	12.19	14.87	5.95	48.81	6.24	51.19
2000~2004 年	11.52	13.72	5.49	47.68	6.02	52.32
2005~2009 年	16.19	21.27	8.51	52.22	7.68	47.44
2010~2014 年	13.21	15.06	6.03	45.92	7.10	54.07
2015~2020 年	8.58	5.28	1.79	23.02	6.60	76.97
1990~2020 年	14.17	15.95	6.40	43.85	7.73	56.10

如表 4-3 所示，1990~2020 年，我国劳动生产率的增长率均值为 14.17%，资本深化平均增长率为 15.95%，资本深化对劳动生产率的平均贡献为 6.40%，贡献率高达 43.85%。从变化趋势看，我国资本深化的进程呈波动中不断下降的趋势，资本深化的增长率从 1990~1994 年的 25.51% 下降到 2015~2020 年的 5.28%，其对经济增长的贡献也从 45.42% 下降到 23.02%。而从全要素生产率的变化趋势看，1990~2000 年全要素生产率的平均贡献率为 56.10%，比资本深化的贡献率略高。劳动力供给的减少虽然会加速资本深化的速度，但资本深化还取决于资本投资增长的速度，1990~2020 年，我国资本存量增长率逐年下降是导致资本深化速度变缓的主要原因。

（3）全要素生产率与资本深化的关系

从前述理论分析结果看，资本深化对全要素生产率的影响既有正向作用又有负向作用，而且是同时存在。资本深化对全要素生产率的影响取决于要素的利用效率以及资源配置等因素。如图 4-4 所示，1990~2020 年，全要素生产率与资本深化之间的关系存在着差异非常明显的 4 个阶段。1995 年前，两者的波动趋势基本一致。1995~2005 年，两者变化截然相反，当资本深化在下降的过程中，全要素生产率增长率在提高。2005~2013 年，两者变动又基本一致。2014~2020 年，两者又呈截然相反的变动趋势。也就是说全要素生产率增长率与资本深化之间存在着周期性的变化规律和特征。

当全要素生产率增长率提高时，会带动资本生产效率和回报率的提高，从而加速资本深化的速度，也可能是资本深化过程中随着资本投资的增加加快了资本深化的速度，两者之间存在正相关关系。但同时也可以观察到，当全要素生产率增长率加速的时候，资本深化水平会降低。事实上，20 世纪 90 年代以来我国资本深化与全要素生产率增长率之间的变化关系与这段时间内国内发生的重大性结构变革带来的资源配置效率改善有很大的关系。在 20 世纪 90 年代初，随着社会主义市场经济制度的确立，国内的非公有制经济和外商经济发展迎来了高峰期，大量的资本流入促进了资本深化，同时也推动了经济的发展和全要素生产率的提高。从 1998 年开始，受亚洲金融危

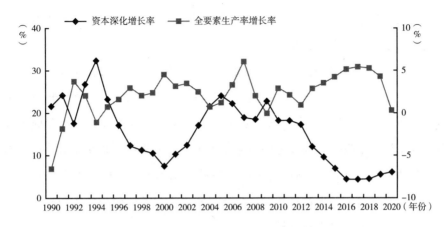

图 4-4 全要素生产率与资本深化速度变化趋势

注：左轴为资本深化增长率，右轴为全要素生产率增长率。

机的影响，国内资本深化的速度开始放缓，但全要素生产率却出现了与之相反的变化趋势。全要素生产率和经济发展水平的快速提高取决于 20 世纪末我国开始实行的国有企业改革、住房市场化、我国加入世贸组织等新的结构性变革。这一时间段持续到 2008 年，受全球金融危机的影响，我国经济增速有所回落，与资本深化的变化趋势相似，两者再次呈正相关的变化趋势。2014 年后，受金融危机和后续经济周期性波动规律的影响，资本深化速度由于投资规模的缩减而再次出现下降，此时虽然经济增长速度放缓，但是在新常态下，我国经济增长方式出现转变，开始实现由要素驱动型向创新和技术驱动型转变。此时的全要素生产率对经济的贡献率开始增加，因此这一阶段全要素生产率增长率表现为与资本深化截然相反的变动规律。

4.2 人力资本提升的质量与数量替代效应

劳动力数量下降是后人口转变时期人口负增长背景下所面临的必然结果，在人口转变过程中，孩子质量与数量替代的微观机制必然会促进劳动力质量的提升。人力资本的内涵包括健康和教育，而人力资本的提升可以有效缓解劳动力数量下降对经济增长带来的不利影响，也就是人力资本提升带来的人口质量红利对人口数量红利产生替代效应。① 丁小浩等通过对全球 140 多个国家的面板数据分析发现，劳动适龄人口数量优势对经济增长的贡献随经济发展水平的提高逐渐减弱，而人口质量红利则能够为经济发展提供持久而稳定的动力。② 因此，加强人力资本积累，尤其是教育人力资本和健康人力资本积累是未来推动我国经济高质量发展的必然选择，也是应对人口负增长与劳动力数量下降的有效措施。③ 本节就劳动力数量下降、人力资本提升与劳动力质量对劳动力数量在经济增长过程中产生替代效应的作用机制、内在逻辑以及实证结果进行分析。

4.2.1 人力资本提升推动人口质量红利的作用机制

人力资本提升体现在劳动力健康水平即身体素质、教育水平即科学文化素质等劳动力质量水平（或质量存量），以及职业结构、技能结构转变等劳动力质量结构上。同时，劳动力整体教育水平的提高促进人力资本积累，进而推动技术进步。人力资本提升对经济增长的作用途径体现在劳动力健康和教育作为直接要素投入所带来的"直接效应"、作为推动技术进步的重要因素所带来的"间接效应"、作为要素结构转变所带来"结构效应"三个方面。劳动力质量对经济增长的促进，被称为"人口质量红利"。然而，人口质量红利所带来的经济效应远不止于此。由于劳动力数量和质量在经济增长过程中作用和地位的变化以及经济发展内在规律对劳动力质量驱动的要求，劳动力质量还会逐步形成对劳动力数量的替代效应。④

---

① 杨成钢、闫东东：《质量、数量双重视角下的中国人口红利经济效应变化趋势分析》，《人口学刊》2017 年第 5 期，第 25~35 页。

② 丁小浩、高文娟、黄依梵：《从人口数量红利到人口质量红利——基于 143 个国家面板数据的实证分析》，《教育研究》2022 年第 3 期，第 138~148 页。

③ 楠玉：《中国人口红利源泉：教育、健康和人口年龄结构》，《经济与管理评论》2022 年第 2 期，第 18~30 页。

④ 丁小浩、高文娟、黄依梵：《从人口数量红利到人口质量红利——基于 143 个国家面板数据的实证分析》，《教育研究》2022 年第 3 期，第 138~148 页。

1. 人力资本提升，人口质量红利与经济增长

（1）理论分析

劳动力教育水平对经济增长的影响最早始于人力资本理论，Schultz 提出人力资本概念之后，其对经济增长的影响就成为经济学关注的焦点。[①] 尤其是在内生经济增长理论中，Romer 和 Robert 等对人力资本在经济增长中的作用进行了系统的阐释。[②] 不仅内生经济增长理论对劳动力教育和经济增长之间的关系做了理论解释，同时大量的实证研究也对劳动力教育提升所带来的经济效应给予了证明。其中，Glaeser 等分析了劳动力教育对经济增长的长期影响；[③] Di Liherto 也证实了劳动力教育水平和教育存量对经济增长的差异化影响。[④] 赖明勇等利用我国1996~2002 年数据验证了劳动力受教育年限每增加1 年，会促进经济增长提高 0.183 个百分点。[⑤] 钱晓烨等认为，教育人力资本积累会对区域创新产生积极影响，但对经济增长的间接效应并不明显。[⑥] 李德煌和夏恩君认为，劳动力教育水平提升以及由此带来的技术进步正在逐步成为经济增长的主要因素，其对经济增长的贡献为25%，高于人口数量的贡献率。[⑦] 方超和罗英姿还对劳动力教育水平的空间溢出效应做了进一步分析，认为在考察了溢出效应后劳动力教育的产出弹性系数是 0.056。[⑧]

[①] Schultz, T. W., "Investment in Human Capital", *Amcncan Economic Review* 51 (1), 1961: 1-17.

[②] Romer, P. M., "Endogenous Technological Change", *Journal of Political Economy* 98 (5), 1990: 71-102; Robert, J., Barro, R., "Economic Growth in a Cross-section of Countncs", *Quarterly Journal of Economics* 106 (2), 1991: 403-443.

[③] Glaeser, E. L., Scheinkman, J., Shleifer, A., "Economic growth in a cross-section of cities", *Journalof Monetary Economics* 36 (1), 1995: 117-143.

[④] Di Liberto A., "Education and Italian regional development". *Economics of Education Review* 27 (1), 2008: 94-107.

[⑤] 赖明勇、张新、彭水军、包群：《经济增长的源泉：人力资本、研究开发与技术外溢》，《中国社会科学》2005 年第 2 期，第 32~46 页。

[⑥] 钱晓烨、迟巍、黎波：《人力资本对我国区域创新及经济增长的影响——基于空间计量的实证研究》，《数量经济技术经济研究》2010 年第 4 期，第 107~121 页。

[⑦] 李德煌、夏恩君：《人力资本对中国经济增长的影响——基于扩展 Solow 模型的研究》，《中国人口·资源与环境》2013 年第 8 期，第 100~106 页。

[⑧] 方超、罗英姿：《教育人力资本及其溢出效应对中国经济增长的影响研究——基于 Lucas 模型的空间计量分析》，《教育与经济》2016 年第 4 期，第 21~29 页。

劳动力教育作为劳动力质量的一个重要特征，与劳动力健康共同构成了劳动力质量的主要维度，是人口质量红利得以发挥的前提。劳动力教育的提升不仅会作为要素投入对经济增长产生直接效应，其作为技术进步的重要条件，在推动科技研发和技术进步的过程中，同样会对经济增长产生间接效应。[1] 其中，劳动力教育提升对经济增长的"直接效应"体现为劳动力教育储值的变化。劳动力教育储值获得方式：一是正规教育投资，二是从非正规教育的"干中学"获得。劳动力教育提升对经济增长的"间接效应"表现为推动技术进步促进全要素生产率提高。技术进步取决于科技研发投资力度和科技研发人员规模，不论是新古典经济学理论还是内生经济增长理论都证明了技术进步对经济增长的重要性。劳动力教育的提升是教育人力资本积累和技术进步的关键，人口质量红利发挥作用的关键在于劳动力质量的变化，这种变化体现为劳动力教育的提升。因此，在关注人口质量红利的过程中不仅要考虑劳动力作为要素投入带来的直接效应，同时也要关注教育人力资本积累对技术进步的影响，进而为经济增长带来的间接效应。

（2）经验解释

劳动力教育的提升是人力资本作用于经济增长的重要途径。而劳动力教育与教育人力资本在很大程度上有着密切的联系，甚至可以说，劳动力教育实质上就是教育人力资本。关于劳动力教育或者教育人力资本的基本情况，可以通过一些指标来进行量化，具有代表性的有教育存量法、未来收益法和累计投入法。[2] 使用最为广泛的是教育存量法，以教育存量法来反映劳动力教育有单指标和复合指标两种方式。单指标的平均受教育年限法由于简单明了，得到了学者的广泛应用。[3] 本书

---

① Aghion，P.，Howitt，P.，Brant-Collett M，García-Peñalosa C.，*Endogenous growth theory*（*Cambridge*：MIT press，1998）；Gundlach E，"The role of human capital in economic growth：New results and alternative interpretations"，*Weltwirtschaftliches Archiv* 131（2），1995：383~402.

② 刘俐好：《人力资本测量方法文献综述》，《经济研究导刊》2013年第12期，第118~121页。

③ 李海峥、梁赟玲、Barbara Fraumeni、刘智强、王小军：《中国人力资本测度与指数构建》，《经济研究》2010年第8期，第42~54页；钱晓烨、迟巍、黎波：《人力资本对我国区域创新及经济增长的影响——基于空间计量的实证研究》，《数量经济技术经济研究》2010年第4期，第107~121页。

同样采用单指标的平均受教育年限法对我国人口总体的受教育水平进行测量，结果如图 4-5 所示，1990~2020 年，我国人口总体的平均受教育年限呈逐年递增的趋势，1990 年为 6.07 年，2020 年为 9.52 年。

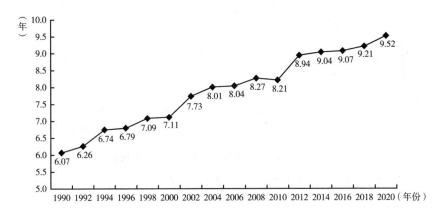

图 4-5　1990~2020 年我国人口平均受教育年限

而劳动力教育提升对经济增长的影响，在人力资本理论和相关研究中已经得到了证实，当然也有学者提出相反的结论。本节将借鉴张同斌的研究结论，对劳动力教育和经济增长的关系进行经验解释。[①] 采用高技能劳动力占总体劳动力的比例作为劳动力教育的代理变量，模拟劳动力教育对经济产出的基本情况，如图 4-6 所示，高技能劳动力占比的增加会带来产出的明显增加，因为在同等条件下，劳动力技能越高其生产率会相应增加，产出也会明显增加。我国就业人口教育结构的变化趋势也从侧面反映了劳动力技能结构的变化，其中，高学历就业人口比重的增加对推动经济的快速增长起到了重要作用。

2. 人力资本提升，技术进步与经济增长

（1）理论分析

索洛模型强调了劳动力增加和技术进步是经济增长的根源，AK 模型在将新古典增长模型内生化的过程中，将物质资本与人力资本概括为广义资

---

① 张同斌：《从数量型"人口红利"到质量型"人力资本红利"——兼论中国经济增长的动力转换机制》，《经济科学》2016 年第 5 期，第 5~17 页。

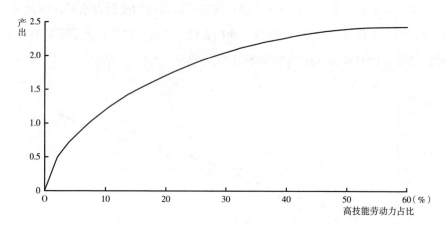

图 4-6　教育人力资本与经济增长的关系模拟

资料来源：张同斌：《从数量型"人口红利"到质量型"人力资本红利"——兼论中国经济增长的动力转换机制》，《经济科学》2016 年第 5 期，第 5~17 页。

本，并将技术进步内生化。随着人力资本理论和内生经济增长理论的进一步发展，人力资本被看作是科技研发和技术进步的关键，并将人力资本和技术进步同时内生化。在这一过程中，教育人力资本起到了至关重要的作用，而教育人力资本尤其是处于劳动年龄阶段人口教育的提升恰恰是关键。人口质量红利作用于经济增长的过程，不仅有劳动力质量作为要素投入所带来的直接效应，同时还有劳动力质量影响技术进步从而带来的间接效应。

　　早在 1996 年，Nelson 和 Phelps 就意识到人力资本作用于经济增长的机制不仅是作为直接要素投入，还会通过技术进步这一"中介"影响实际产出。[1] 然而，技术进步一直被看作是外生变量，包括索洛模型将技术进步假定为外生变量显然不符合现代经济增长的实际情况。Charles 将技术进步内生化，但影响技术进步的教育人力资本却成为外生变量。[2] 对此，孙超等借鉴了卢卡斯对人力资本内生化的基本形式，在结合两者的基础上，将技术进

---

[1] Nelson, R. R. , Phelps, E. S. , "Investment in humans, technological diffusion, and economic growth", *The American economic review* 56（1/2）, 1966：69–75.

[2] Charles. I. , "Jones. Based Models of Economic Growth", *The Journal of Political Economy* 103（4）, 1995：759–784.

步和教育人力资本同时进行了内生化处理。[①] 使教育人力资本还作为研发投入来影响技术进步,进而影响经济增长。关于技术进步对经济增长的具体贡献,Griliches 利用美国微观制造业数据论证了研发投入对经济增长的主要贡献。[②] Gutierrez 对 22 个国家的跨国经验数据进行了分析,认为研发投入对这些国家经济增长的贡献率为 50%。在对我国经济增长的解释当中,学者一般将由技术进步带来的全要素生产率提高作为解释经济增长的主要原因。[③] 夏杰长利用我国 1979~2000 年数据,基于索洛残差法分析了技术进步的贡献,认为技术进步的贡献率仅为 2.78%,远不足发达国家的 35%。[④] 尹宗成等认为我国 1990~2006 年技术进步所带来的边际产出弹性为 0.085。[⑤] 赵树宽等对我国 1985~2009 年数据进行检验,认为技术创新的产出弹性为 0.616。[⑥] 李苗苗等同样对技术创新的经济增长效应进行了检验,认为专利申请数量和研发投入的产出弹性分别为 0.237 和 0.395。[⑦] 此外,技术进步在很大程度上还会带来空间溢出效应。

(2) 经验解释

技术进步作为人力资本推动经济增长的间接途径,同样是劳动力质量提高的结果。然而技术进步不仅取决于教育人力资本的投入,还需要对科技研发进行物质投入。因此,在反映和衡量技术进步的指标中,一般存在技术投

---

① 孙超、谭伟:《经济增长的源泉:技术进步和人力资本》,《数量经济技术经济研究》2004 年第 2 期,第 60~66 页。

② Griliches, Z., "Productivity, R&D, and basic research at the firm level in the 1970s", *National Bureau of Economic Research* (No. w1547), 1985: 142-154.

③ Gutierrez, M. L., "International R&D Spillovers", *European Econam is Reviews* 39 (5), 1995: 859-887.

④ 夏杰长:《技术进步与经济增长的实证分析及其财税政策》,《财经问题研究》2002 年第 11 期,第 53~59 页。

⑤ 尹宗成、江激宇、李冬嵬:《技术进步水平与经济增长》,《科学学研究》2009 年第 10 期,第 1480~1485 页。

⑥ 赵树宽、余海晴、姜红:《技术标准、技术创新与经济增长关系研究——理论模型及实证分析》,《科学学研究》2012 年第 9 期,第 1333~1341 页。

⑦ 李苗苗、肖洪钧、赵爽:《金融发展、技术创新与经济增长的关系研究——基于中国的省市面板数据》,《中国管理科学》2015 年第 2 期,第 162~169 页。

入和技术产出两个部分，在实际研究中应用较为广泛是采用研发经费支出、研发人员数量、专业技术人员数量、科技经费筹集额等反映技术投入部分；采用专利申请数量、专利授权数量、技术标准存量（STD）等反映技术产出部分。[①] 本节在借鉴已有研究的基础上，主要采用专利申请授权数量反映技术产出，采用研发经费支出和研发人员数量反映技术投入。我国 2000～2020 年技术进步水平的统计结果如图 4-7 和图 4-8 所示。2000～2020 年，我国专利申请授权数呈明显的递增趋势，尤其是在 2008 年后，增长的速度尤为明显。如图 4-7 和图 4-8 所示，我国研发人员数量和研发经费支出也呈同样的变化趋势，尤其是研发经费支出的绝对额在 2005 年后迅猛增加。其中，研发人员数量的迅速增加与我国人口整体受教育水平逐年提升所带来的教育人力资本积累有着密切的关系。

图 4-7　我国专利申请授权数和研发人员基本情况

① 朱勇、张宗益：《技术创新对经济增长影响的地区差异研究》，《中国软科学》2005 年第 11 期，第 92~98 页；尹宗成、江激宇、李冬嵬：《技术进步水平与经济增长》，《科学学研究》2009 年第 10 期，第 1480～1485 页；Bravo-Ortega, C., "Marin A U. R&D and Productivity: ATwo-way Avenue?" *World Development* 39 (7), 2011: 1090-1107；李苗苗、肖洪钧、赵爽：《金融发展、技术创新与经济增长的关系研究——基于中国的省市面板数据》，《中国管理科学》2015 年第 2 期，第 162~169 页。

图 4-8　2000~2020 年我国研发经费支出及其占 GDP 比重的变化情况

4.2.2　人力资本提升、质量数量替代与经济增长的理论模型

在人口转变过程中形成的"两头小、中间大"人口年龄结构,以及充裕劳动力供给和较低抚养比带来的资本积累、储蓄增加、劳动力成本降低、社会负担轻等有助于经济增长的人口年龄结构称为"人口红利"。人口红利强调的是劳动力数量和不同年龄组人口占比的变化,也就是少儿、老年和劳动适龄人口的绝对数量和结构的比例关系。随着人口转变的完成,劳动力数量结构的优势将逐渐消失,取而代之的是人口老龄化加剧、劳动适龄人口占比下降。然而在劳动适龄人口占比下降的同时,由于人口转变的内在作用机制,劳动力的人力资本会不断提升。这种源于劳动力"质"与"量"双重结构属性的转变,会使其在经济增长过程中发挥的作用也发生改变,表现为劳动力的数量优势将逐步被劳动力的质量优势所取代。也就是形成所谓的质量与数量替代效应。本节将在曼昆-罗默-威尔(MRW)模型基础上,引入人口年龄结构反映劳动力数量结构,引入人力资本结构反映劳动力质量结构,以此来分析劳动力质量在经济增长过程中对劳动力数量形成的替代机制。

1. 模型构建

（1）最终产品生产部门

最终产品生产部门是在 MRW 模型的基础上，加入人力资本（此处反映劳动力健康和教育两个维度）因素，采用 C—D 生产函数的形式表示为：

$$Y = K^\alpha H^\beta (AL)^{1-\alpha-\beta} \tag{4-13}$$

$y = \dfrac{Y}{L}$、$k = \dfrac{K}{L}$、$h = \dfrac{H}{L}$ 分别表示人均产出水平、人均物质资本水平、人均人力资本水平；$\tilde{y} = \dfrac{Y}{AL}$、$\tilde{k} = \dfrac{K}{AL}$、$\tilde{h} = \dfrac{H}{AL}$ 分别表示劳均产出对技术的比、劳均产出对物质资本的比、劳均产出对人力资本的比。

（2）劳动力数量结构

劳动力数量对经济增长的影响源于人口转变所带来的人口年龄结构变化，因此引入人口年龄结构反映劳动力数量的经济效应。总人口、少儿、老年和劳动适龄人口分别用 N、L_{yd}、L_{od} 和 L_m 表示；劳动参与率用 η 表示；少儿和老年抚养比分别用 yd、od 表示；最终实际参与生产的劳动力用 L_w 表示，则有：

$$N = L_m(1 + yd + od) \tag{4-14}$$
$$L_w = \eta L_m = \eta N/(1 + yd + od) \tag{4-15}$$

进一步对不同年龄段人口的消费和生产行为做出假定。其中少儿和老年人口只消费不生产（只有劳动适龄人口进行生产），那么最终产出中用于这两类群体消费的部分，分别为 Y_{yd} 和 Y_{od}（这部分不能用于资本积累）。此处引入少儿和老年消费系数 ε 和 ξ，代表这两类群体的消费水平（在后文中假定 $\varepsilon \approx \xi$），则有：

$$\varepsilon = \frac{Y_{yd}/L_{yd}}{Y/N} = \frac{Y_{yd}}{Y} \cdot \frac{L_m(1 + yd + od)}{L_{yd}} = \frac{Y_{yd}}{Y} \cdot \frac{(1 + yd + od)}{yd} \tag{4-16}$$

$$\xi = \frac{Y_{od}}{Y} \cdot \frac{(1 + yd + od)}{od} \tag{4-17}$$

（3）劳动力质量结构

人力资本对经济增长的影响主要是源于人口转变所带来的劳动力质量的变化，前文重点论述了劳动力质量的维度，为了分析简便，本研究仅考虑劳动力的教育人力资本和健康人力资本。而劳动力教育和健康的提高主要是基于投资的增强，家庭和社会通过正规教育、非正规教育和"干中学"等增强劳动力教育人力资本；通过医疗卫生资源投入等增强健康人力资本。因此，分别用 I_E、I_H 表示劳动力的教育投资和健康投资，用 μ 表示人力资本投资转化系数（反映劳动力的健康投资和教育投资实际转化成人力资本存量的大小），借鉴郭继强和余长林的研究，人力资本生产函数采用 C-D 形式[①]，可表示为：

$$B = \mu I_E{}^\lambda I_H{}^{1-\lambda} \tag{4-18}$$

其中，$0 < \mu < 1$，外生给定；$0 < \lambda < 1$ 表示教育投资产出弹性。

劳动力的健康投资和教育投资虽然是体现劳动力质量的重要前提，但这两方面的投资取决于最终的产出水平。也就是说，在投资总量一定的情况下，两种投资之间必然存在一种此消彼长的关系，用以下方程表示这种约束关系：

$$I_E + I_H = s_H Y \tag{4-19}$$

其中，s_H 是教育人力资本和健康人力资本投资的总和，代表实际产出中用于这两类投资的比重，因此 s_H 也被称为人力资本投资率。

（4）引入劳动力数量结构和质量结构后对生产和积累的影响

在同时引入人口年龄结构和人力资本结构后，生产函数表示为：

$$Y = K^\alpha H^\beta (AL_w)^{1-\alpha-\beta} = K^\alpha H^\beta \left(A\frac{N\eta}{1+yd+od}\right)^{1-\alpha-\beta} \tag{4-20}$$

物质资本积累方程为：

$$\dot{K} = s_K Y - \delta_K K$$

---

① 郭继强：《人力资本投资的结构分析》，《经济学》（季刊）2005 年第 3 期，第 689~706 页；余长林：《人力资本投资结构与经济增长——基于包含教育资本、健康资本的内生增长模型理论研究》，《财经研究》2006 年第 10 期，第 102~112 页。

$$\dot{K} = s_K(Y - Y_{yd} - Y_{od}) - \delta_K K = s_K(1 - \frac{\varepsilon \cdot yd + \xi \cdot od}{1 + yd + od})Y - \delta_K K \qquad (4-21)$$

人力资本积累方程为：

$$\dot{H} = B - \delta_H H = \mu I_E^{\ \lambda} I_H^{\ 1-\lambda} - \delta_H H$$

$$\dot{H} = \mu \theta^\lambda (1 - \theta)^{1-\lambda} s_H(Y - Y_{yd} - Y_{od}) - \delta_H H \qquad (4-22)$$

$$= \mu \theta^\lambda (1 - \theta)^{1-\lambda} s_H(1 - \frac{\varepsilon \cdot yd + \xi \cdot od}{1 + yd + od})Y - \delta_H H \ ①$$

s_K 表示物质资本投资率，意义同 s_H 一致，δ_K 和 δ_H 分别表示物质资本折旧率和人力资本折旧率，均为外生常数；而这里的 θ 表示人力资本投资结构，$\theta = I_E / (I_E + I_H)$，不同于前文的 λ。

2. 稳态求解

因为 $\tilde{k} \equiv \dfrac{K}{AL_w} = \dfrac{K}{A(\dfrac{N\eta}{1 + yd + od})} = \dfrac{K(1 + yd + od)}{AN\eta}$，两边同时取对数再

求导：

$$\tilde{k} \equiv \frac{K}{AL_w} \Rightarrow \frac{\dot{\tilde{k}}}{\tilde{k}} = \frac{\dot{K}}{K} + \frac{\dot{yd + od}}{1 + yd + od} - \frac{\dot{A}}{A} - \frac{\dot{N}}{N} - \frac{\dot{\eta}}{\eta} \qquad (4-23)$$

$g_A = \dfrac{\dot{A}}{A}$、$n = \dfrac{\dot{N}}{N}$、$u = \dfrac{\dot{\eta}}{\eta}$ 分别表示技术进步率、人口增长率、劳动参与率

的增长率，而 $\dfrac{\dot{yd + od}}{1 + yd + od}$ 表示总抚养比的变化水平。

将（4-21）式代入（4-23）式，并整理得：

$$\dot{\tilde{k}} = s_K(1 - \frac{\varepsilon \cdot yd + \xi \cdot od}{1 + yd + od}) \cdot \tilde{y} - (g_A + n + u + \delta_K - \frac{\dot{yd + od}}{1 + yd + od})\tilde{k} \qquad (4-24)$$

---

① （4-22）式的推导如下：人力资本积累 $\dot{H} = B - \delta_H H = \mu I_E^{\ \lambda} I_H^{\ 1-\lambda} - \delta_H H$，由(4-19)式可知，令 $\theta = I_E/I_E + I_H$，则 $I_E = \theta s_H Y, I_H = (1-\theta)s_H Y$，把 I_E 和 I_H 代入上式便得到(4-22)式。

同理可得：

$$\dot{\tilde{h}} = \mu\theta^{\lambda}(1-\theta)^{1-\lambda}s_H\left(1-\frac{\varepsilon\cdot yd+\xi\cdot od}{1+yd+od}\right)\cdot\tilde{y}-\left(g_a+n+u+\delta_H-\frac{\dot{yd}+\dot{od}}{1+yd+od}\right)\tilde{h}$$

$$(4-25)$$

将生产函数 $Y=K^{\alpha}H^{\beta}(AL_w)^{1-\alpha-\beta}$ 进行变形整理得：

$$\tilde{y}=\tilde{k}^{\alpha}\cdot\tilde{h}^{\beta}\cdot A \qquad (4-26)$$

根据经济达到稳态均衡时，有（4-21）式 $\dot{\tilde{k}}=0$，（4-22）式 $\dot{\tilde{h}}=0$，此时的 $y=y^*$，$k=k^*$，$h=h^*$，因而将（4-24）式和（4-25）式代入（4-26）式，并整理得出稳态时人均产出水平 y^*。

$$y^*=A\cdot\left[\frac{s_K\left(1-\frac{\varepsilon\cdot yd+\xi\cdot od}{1+yd+od}\right)}{g_A+n+u+\delta_K-\frac{\dot{yd}+\dot{od}}{1+yd+od}}\right]^{\frac{\alpha}{1-\alpha-\beta}}\cdot$$

$$\left[\frac{s_H\mu\theta^{\lambda}(1-\theta)^{1-\lambda}\left(1-\frac{\varepsilon\cdot yd+\xi\cdot od}{1+yd+od}\right)}{g_A+n+u+\delta_H-\frac{\dot{yd}+\dot{od}}{1+yd+od}}\right]^{\frac{\beta}{1-\alpha-\beta}}$$

$$(4-27)$$

进一步简化为：

$$y^*=\pi\cdot\left[s_H\cdot\theta^{\lambda}(1-\theta)^{1-\lambda}\cdot\left(1-\frac{\varepsilon\cdot yd+\xi\cdot od}{1+yd+od}\right)\right]^{\frac{\beta}{1-\alpha-\beta}} \qquad (4-28)$$

其中令 $\pi=A\cdot\left(\frac{\mu}{g_A+n+u+\delta_H-\frac{\dot{yd}+\dot{od}}{1+yd+od}}\right)^{\frac{\beta}{1-\alpha-\beta}}\cdot$

$$\left(\frac{s_K\left(1-\frac{\varepsilon\cdot yd+\xi\cdot od}{1+yd+od}\right)}{g_A+n+u+\delta_K-\frac{\dot{yd}+\dot{od}}{1+yd+od}}\right)^{\frac{\alpha}{1-\alpha-\beta}}$$

3. 质量与数量的替代机制分析

从本节的研究结论看，劳动力数量对经济增长的影响主要是年龄结构变化对实际投资和人均产出产生影响，而劳动力质量主要是依靠人力资本存量和结构变化对经济增长产生影响。本节将重点论述劳动力质量是如何替代劳动力数量对经济增长产生影响的，也就是在人口老龄化、抚养比上升和劳动力供给下降的情况下，通过哪些要素和途径能推动劳动力质量作用的凸显。

（1）劳动力质量的作用会因人力资本投资率增加而不断显现

从（4-28）式稳态时人均产出看，在其他因素不变的情况下，人力资本投资率与产出水平呈正相关关系。在劳动适龄人口占比下降、总抚养比上升的过程中，劳动力数量对经济增长的影响开始逐渐减少。若令 $M = (1 - \frac{\varepsilon \cdot yd + \xi \cdot od}{1 + yd + od})$ 则 $\frac{dM}{dyd} \approx \frac{-\varepsilon}{(1 + yd + od)^2} < 0$，$\frac{dM}{dod} \approx \frac{-\xi}{(1 + yd + od)^2} < 0$，可以看出，随着劳动力数量的下降，抚养比的上升，此时人均有效劳动产出由 $\tilde{y} = \frac{Y}{AL_w}$ 变为 $\tilde{y} = \left(1 - \frac{\varepsilon \cdot yd + \xi \cdot od}{1 + yd + od}\right) \cdot \frac{Y}{AL_w}$，出现明显下降。当其他条件不变时，人均产出水平的下降意味着总产出水平的下降，那么总产出水平中用于人力资本投资和物质资本投资会相应减少，这会直接影响用于物质资本和人力资本投资的比例 S_K 和 S_H。

当存在劳动力数量与劳动力质量工资水平差异的情况下，社会总投资必然会倾向于人力资本积累部门，也就是人力资本投资率（s_H）会明显上升。人力资本投资率的上升带来的直接结果是人力资本存量明显提高，对（4-28）式进行进一步整理，可写成人力资本存量与经济增长的关系 $y^* = v \cdot h^{\frac{\beta}{1-\alpha}}$ ①。

---

① 其中 $h = \frac{H}{L_w} = \mu \theta^\lambda (1-\theta)^{1-\lambda} \left(1 - \frac{\varepsilon \cdot yd + \xi \cdot od}{1 + yd + od}\right) \cdot y$

$$v = A^{\frac{1-\alpha-\beta}{1-\alpha}} \cdot \left(\frac{1}{\left(g_A + n + u + \delta_H - \frac{\dot{yd} + \dot{od}}{1 + yd + od}\right)}\right)^{\frac{\beta}{1-\alpha-\beta}} \cdot \left(\frac{\left(1 - \frac{\varepsilon \cdot yd + \xi \cdot od}{1 + yd + od}\right)}{\left(g_A + n + u + \delta_K - \frac{\dot{yd} + \dot{od}}{1 + yd + od}\right)}\right)^{\frac{\alpha}{1-\alpha-\beta}}$$

可见，劳动力数量的下降会因人力资本投资率上升进而推动人力资本（劳动力质量）存量增加，促进劳动力质量作用的发挥。

所以说，在劳动力数量开始减少、人口老龄化加剧、人口数量红利逐渐减退的过程中，劳动力供给不足会使工资成本上升。此时依靠劳动力数量的产业受到影响，而物质资本会逐渐倾向于依靠人力资本和技术的产业，但这一转移过程往往会受到技术门槛和制度的限制。在劳动力工资水平差异化的情况下，家庭和社会在劳动力质量上的投资一般是连续的。当依靠人力资本和技术创新的产业发展速度超越人力资本的积累速度时，那么经济增长将实现由"量的增长"到"质的增长"的转变，此时人口质量红利的效应将增强，明显超越人口数量红利的效应，对其形成替代。

（2）人力资本的作用会因人力资本投资结构优化而不断显现

同样从（4-28）式稳态时人均产出水平可看出，人力资本投资结构 θ 影响人均产出水平，同样对（4-28）式的 θ 求偏导并令其为 0，可得如下方程：

$$\frac{\partial y^*}{\partial \theta} = \pi \cdot (s_H \cdot M)^{\frac{\beta}{1-\alpha-\beta}} \left[\theta^{\frac{\lambda\beta}{1-\alpha-\varphi}} \cdot \frac{(1-\lambda)\beta}{1-\alpha-\beta} (1-\theta)^{\frac{(1-\lambda)\beta}{1-\alpha-\beta}-1} + (1-\theta)^{\frac{(1-\lambda)\beta}{1-\alpha-\beta}} \right.$$
$$\left. \cdot \frac{\lambda\beta}{1-\alpha-\beta} \theta^{\frac{\lambda\beta}{1-\alpha-\beta}-1} \right] = 0$$

$$(4-29)$$

解此方程可得 $\theta^* = \lambda$，即当人力资本投资中用于教育投资的比例 θ 等于教育投资的产出弹性 λ 时，会推动经济增长达到最大值。而劳动适龄人口占比下降，劳动适龄人口内部年龄结构老化和人口老龄化加剧所导致的劳动力数量下降，正是通过影响人力资本投资结构 θ 这一参数，不断促进人口质量红利作用的发挥。

健康人力资本虽然取决于健康投资，但劳动力的健康状况更大程度是劳动力年龄的函数。这里假定存在这样一个确切的年龄点为 $age*$，在这一年龄点时劳动力的健康和体能状况达到最大值，大于该年龄点则劳动力的健康和体能会下降。并且假设随着年龄的增加，健康和体能下降越快，并且具有不可逆性。也就是说，这时不论追加多少健康投资都不能避免这一趋势的发生，这种假定与实际是相符的。

　　一个国家在工业化初期，主要是依靠劳动力的健康和体能来实现产业发展。但是随着人口数量红利的下降，越来越多的劳动力开始超过 $age*$ 的年龄阶段，在劳动力市场上不再具备优势。这时，企业便会招聘年龄更小的劳动力，也就是小于 $age*$ 的劳动力。但这一群体是低生育水平下出生的人口，在总量上往往难以与之前的劳动力群体相比，并且随着义务教育推行和高等教育进入大众化阶段，企业更倾向于具有专业技能的劳动力，因为这时劳动力的人力资本积累使其具有更高的劳动效率和边际生产率。因此，在人口数量红利不断下降的趋势下，社会和家庭会不断改变劳动力人力资本投资的结构，会增加对 I_E 的投入，也就是 θ 的比例会增大。

　　为了更清晰地分析这一过程，本研究将稳态时人均产出曲线 Q 和人力资本投资结构 θ 通过图形来表示，如图 4-9 所示。

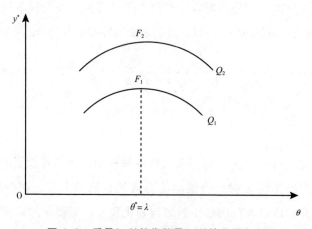

图 4-9　质量红利替代数量红利的作用机制

　　劳动适龄人口内部年龄结构老化和人口老龄化，逐渐改变人力资本投资结构，促进教育人力资本投资比重 θ（其中 $\theta = \dfrac{I_E}{I_E + I_H}$）的增加。如图 4-9 所示，在 θ 未达到 $\theta^* = \lambda$ 之前，人均产出水平会随着教育投资比重的增大而不断提升。而在 $\theta^* = \lambda$ 时，人均产出水平达到最大值，当 $\theta > \lambda$ 时，产出水平则会下降。在产业发展处于产业结构向发达经济体收敛的转型期，对劳动力的需求也正好面临着这一转变过程，即 $\theta < \lambda$，教育人力资本投资比重上升的这一阶段。

（3）劳动力质量与数量组合曲线斜率变化反映劳动力质量对劳动力数量的替代效应

如果将产出水平理解为一种最大化的效用，那么劳动力数量和劳动力质量之间的关系可以看成是一种无差异曲线。在人口转变的过程中，生育率下降会带来人力资本储值增加、技术进步、产业升级等。这意味着，在劳动力市场上对劳动力质量的需求会大于对劳动力数量的需求。此时，劳动力数量和质量组合的曲线斜率会变得更为陡峭，劳动力质量在不断上升过程中会形成对劳动力数量的替代关系，如图 4-10 所示。

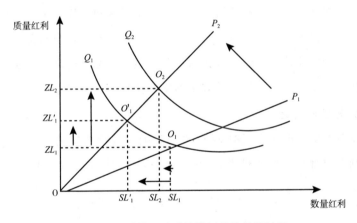

图 4-10 质量红利对数量红利的替代过程

如图 4-10 所示，从静态视角分析，在假定增长即总产出在 T_1 时期时，对应 Q_1 的水平，这时劳动力数量和劳动力质量在产出中的比重分别是 SL_1 和 ZL_1。随着劳动力数量的下降和质量的上升，劳动力质量与劳动力数量组合的曲线斜率变得更为陡峭，从 P_1 上升到 P_2。此时在静态水平下，总产出不会增加。那么，同样要达到 Q_1 的产出水平，则劳动力数量从 SL_1 下降到 SL_1'，而人口质量红利从 ZL_1 增加到 ZL_1'，这时新的产出水平由 O_1 变为 O_1'（其中 $O_1 = O_1'$），但人口质量红利已经形成了对人口数量红利的替代。此分析只考虑了静态水平，是经济增长的总产出不变的情况，然而在经济发展过程中，经济是不断增长的，总产出水平也不会停滞不前。在经济增长的动态发展过程中，我们假定总产出水平由 Q_1 增加到 Q_2，劳动力数量的比重则从 SL_1 下降到 SL_2，而质量的比重从 ZL_1 增加到 ZL_2，新的产出水平是 O_2（其中 $O_2 > O_1$）。

从经济增长的过程看，劳动力数量在经济增长过程中的贡献将逐渐减少，而劳动力质量（即人力资本）的贡献将逐步增加。因此，随着技术进步和产业转型，在经济增长过程中劳动力质量必然会替代劳动力数量。

4.2.3 人力资本提升、质量数量替代与经济增长的实证检验

前文分别从经验和理论角度分析了在经济增长过程中，劳动力质量对劳动力数量的替代效应，本节将通过实证分析，就劳动力质量对劳动力数量的替代效应进行实证检验，具体分析这一替代过程和替代时间，以及劳动力质量产生替代效应的门槛值等，并基于前文模型推导构建计量模型。

1. 计量模型构建

在稳态人均产出水平（4-28）式的基础上进行简单的变化，得到人口数量红利和人口质量红利影响经济增长的线性方程式。其中依据 $\theta = \dfrac{I_E}{I_E + I_H}$，$1 - \theta = \dfrac{I_H}{I_E + I_H}$，将其代入式（4-28）中可得：

$$y^* = \pi\left(I_E{}^\lambda I_H{}^{1-\lambda} s_H(1 - \frac{\varepsilon \cdot yd + \xi \cdot od}{1 + yd + od})/I_E + I_H\right)^{\frac{\beta}{1-\alpha-\beta}} \qquad (4-30)$$

再将约束方程式（4-19）$I_E + I_H = s_H Y$ 代入（4-30）式，两边取对数求导，经过整理得：

$$\ln y^* = \ln A + \frac{\beta}{1-\alpha-\beta}\ln\left(\mu(1 - \frac{\varepsilon \cdot yd + \xi \cdot od}{1 + yd + od})\right) + \frac{\alpha}{1-\alpha-\beta}\ln\left(s_k(1 - \frac{\varepsilon \cdot yd + \xi \cdot od}{1 + yd + od})\right)$$

$$\frac{\beta\lambda}{1-\alpha-\beta}\ln I_E + \frac{\beta(1-\lambda)}{1-\alpha-\beta}\ln I_H - \frac{\alpha+\beta}{1-\alpha-\beta}\ln\left(g_A + n + u + \delta - \frac{yd + od}{1 + yd + od}\right)$$

$$(4-31)$$

从式（4-31）中可以看出影响经济增长的要素十分复杂，其中包括技术进步水平、少儿与老年抚养比、劳动参与率、少儿和老年消费系数等。为了突出本章分析的重点，本研究做出一些基本的假定：①假定物质资本与人力资本折旧率均为 $\delta = 0$；②少儿与老年消费系数相等，且视为 0，暂不考虑；③人力资本投资可以全部转化成存量，其转化系数 $\mu = 1$；④用就业人口数的增长率综合反映人口增长率和劳动参与率变化的影响。

因此，在（4-31）式的基础上，通过以上假定得到最终用于实证的简化方程：

$$y_{it} = \alpha_0 + \alpha_1 lnS_{K_{it}} + \alpha_2 lnL_{w_{it}} + \alpha_3 ln(yd_{it} + od_{it}) + \alpha_4 lnI_{E_{it}} + \alpha_5 lnI_{H_{it}} \quad (4-32)$$
$$+ \lambda_{it} + u_{it} + \varepsilon_{it}$$

其中，λ_{it} 与 u_{it} 分别表示固定效应和时间效应；ε_{it} 为误差项；y_{it} 为经济增长水平，用人均实际 GDP 表示，$S_{K_{it}}$ 表示物质资本存量；$L_{w_{it}}$ 为实际参与生产的人口数，即就业人口数；$yd_{it} + od_{it}$ 是总抚养比，这两项指标反映人口数量红利；$I_{E_{it}}$ 和 $I_{H_{it}}$ 分别反映劳动力教育水平和健康水平，这两项指标反映人口质量红利。[①]

2. 变量说明和数据描述

（1）变量说明

因变量是以 1990 年为基期的不变价人均实际 GDP。为了突出劳动力质量和劳动力数量的贡献率和替代过程，对自变量指标选取做了简化处理。选取就业人口数和总抚养比两个指标反映劳动力数量的影响，即人口数量红利，而未考虑分年龄组劳动力的状况。选取劳动力教育水平和健康水平两个指标反映劳动力质量的影响，即人口质量红利，而未考虑人口质量红利的间接效应。其中，就业人口数体现了劳动参与率和劳动适龄人口两者的综合影响，总抚养比的变动同样是劳动适龄人口相对变动的重要指示。基于稳健性考虑，其中 6 岁及以上人口中高中及以上学历人口占比和平均受教育年限在回归结果中均表现了一致性。而为了突出反映劳动力质

---

① 杨成钢、闫东东：《质量、数量双重视角下的中国人口红利效应变化趋势分析》，《人口学刊》2017 年第 5 期，第 25~35 页。

量，即较高教育水平劳动力的作用，故此处选取 6 岁及以上人口中高中及以上学历人口占比体现劳动力教育水平（教育人力资本），用死亡率的倒数来反映劳动力健康水平（健康人力资本）。其中物质资本存量采用永续盘存法计算获得。

（2）数据描述

全国 31 个省（区、市）1990~2020 年各变量基本情况如表 4-4 所示。其中，就业人口数和总抚养比说明劳动适龄人口 1990~2020 年在各地区之间发生了明显的变化。其中，就业人口数反映的劳动力供给水平最高的省（区、市）为 7039 万人，而最低的则为 109 万人；同样总抚养比的上升速度也较为明显，各地区 30 多年间总抚养比从 19.27% 上升到 68.03%。在过去 31 年间，劳动力教育水平和劳动力健康水平同样发生了较大的变化。其中最低省（区、市）的 6 岁及以上人口中高中及以上学历人口占比仅为0.41%，最高省（区、市）为 69.87%。但是从死亡率的倒数这一反映劳动力健康水平的指标看，其变化趋势并不十分明显，原因在于死亡率一旦进入较低水平后，其变动幅度在没有异常外在冲击下，如瘟疫、灾害、战争等，基本会维持稳定低水平。

表 4-4　各变量描述性分析

变量名称	最大值	最小值	均值	标准差
人均实际 GDP（元）	72131.05	810.00	11490.09	11352.06
物质资本存量（万元）	60228.04	8.48	6680.99	9247.8
就业人口数（万人）	7093	109	2271.94	1574.42
总抚养比（%）	68.03	19.27	41.94	8.99
教育人力资本（%）	69.87	0.41	21.22	11.04
健康人力资本（‰）	0.24	0.01	0.16	0.02

3. 面板数据单位根检验和模型回归结果

（1）面板数据单位根检验

考虑面板数据非平稳可能造成的伪回归等结论，本研究还对面板数据各变量进行了单位根检验。根据面板数据的同质性和异质性，单位根检验主要包括 LLC 检验、IPS 检验、Breitung 检验和 Fisher-ADF 检验。本研究给出多种检验方法，如表 4-5 所示。结果显示，除了个别变量的个别指标，如总抚养比的 IPS 检验、教育人力资本的 Breitung 检验、就业人口数的 LLC 检验未通过外，其他变量的各项单位根检验结果都支持数据是平稳的，可直接用于建模回归。

表 4-5　面板数据单位根检验

变量名称	LLC 检验	IPS 检验	Breitung 检验	Fisher-ADF 检验
人均实际 GDP	−7.106(0.014)	−4.440(0.000)	−13.285(0.000)	191.870(0.000)
物质资本存量	−2.006(0.022)	−2.126(0.016)	−3.183(0.001)	174.004(0.000)
就业人口数	−0.936(0.174)	−1.645(0.049)	−5.121(0.000)	169.161(0.000)
总抚养比	−1.693(0.045)	−1.018(0.152)	−7.319(0.000)	158.316(0.000)
教育人力资本	−11.966(0.000)	−13.946(0.000)	1.619(0.991)	248.171(0.000)
健康人力资本	−7.964(0.000)	−8.513(0.000)	−3.285(0.001)	191.324(0.000)

注：（ ）内为对应系数的 P 值。

（2）模型回归结果

通过 Hausman 检验统计量的值为 7479.61（$P < 0.01$）拒绝了随机效应模型，表明各地区的老龄化水平、劳动力健康水平等因素对经济增长的影响存在着明显的异质性，因此采用固定效应模型以控制个体异质性。同时，考虑各地区受到共同经济政策的影响，加入时间趋势项。对模型 F 统计量的检验，拒绝了混合模型和个体固定效应模型，因此最终选定个体和时点双固定模型，回归结果如表 4-6 所示。

如表 4-6 所示，个体时点双固定模型下，物质资本存量 $\ln s_K$ 的回归系数为 0.206，在 1% 的水平下显著，这与绝大多数学者的研究结论相一致，也与事实相符合。这进一步说明，在过去 30 多年间，物质资本投资一直是推动经济增长的动力。但随着我国经济转型期的到来，依靠高投资的增长方式将不可持续，近年来物质资本存量的贡献率也开始出现下降的趋势。

表 4-6　面板数据回归结果

项目	固定效应模型		
	混合 OLS	个体固定	个体时点双固定
$\ln s_K$	0.249 *** (0.135)	0.437(0.008) ***	0.206(0.013) ***
$\ln L_w$	0.711(0.071) ***	0.401(0.036) ***	0.130(0.030) ***
$\ln(yd + od)$	−0.994(0.084) ***	−0.233(0.048) ***	−0.032(0.046) ***
$\ln I_E$	0.370(0.034) ***	0.359(0.020) ***	0.124(0.017) ***
$\ln I_H$	0.350(0.079) ***	−0.165(0.032) ***	−0.128(0.022) ***
截距项	6.717 *** (0.456) ***	4.799(0.223) **	6.302(0.187) ***
F Test	——	226.28 *** (0.000)	322.63 *** (0.000)
Hausman	7479.61 ***		

注：( ) 内为回归系数对应标准误，" *** "、" ** "、" * "分别表示 $p<0.01$、$p<0.5$、$p<0.1$。

　　从反映人口数量红利两个代理变量的边际产出弹性看，就业人口数增加和总抚养比下降均表现为积极显著的正效应，其回归系数分别为 0.130 和 −0.032，均在1%的水平下显著。这说明就业人口增加和总抚养比的下降是人口数量红利推动经济增长的主要途径。从反映人口质量红利的两个代理变量劳动力教育水平和健康水平看，教育人力资本的回归系数是 0.124，显著为正。这说明教育人力资本存量增加一个单位将推动经济增长 0.124 个单位。但从健康人力资本的回归系数看，回归系数为负且在1%的水平下显著，这一现象在很大程度上与指标选取有关，前文已经做了详细的解释，这里不再赘述。但是，边际产出弹性并不能真实反映这一要素对经济增长的具体贡献率，还需要进一步分析各要素对经济增长的实际贡献水平。

4. 劳动力质量与数量替代过程

　　为了更清楚地了解劳动力质量在经济增长过程中对劳动力数量的替代，则需要测算劳动力两种属性对经济增长的实际贡献率，分析其变化趋势。以个体时点双固定效应模型下各变量的回归系数为基础，测算劳动力两种属性的贡献率。其中，以就业人口数和总抚养比贡献率之和反映劳动力数量对经济增长的贡献，以健康水平和教育水平的贡献率之和反映劳动力质量对经济增长的贡献。g_{GDP} 为人均实际 GDP 的增长率，$\tilde{g}_{GDP}$ 为按照个体时点双固定效应模型回归方程估计的预测值，按照回归系数法分别测算各要素的贡献率。

计算公式为 $E_i = \dfrac{\beta_i \cdot g_i}{\tilde{g}_{GDP}} \times 100\%$ ，其中 i 表示某一要素，各要素的增长率及贡献率测算结果如表 4-7 所示。

表 4-7 1991~2020 年各要素投入对我国经济增长的贡献率

单位：%

年份	要素增长率					要素贡献率				
	人均GDP Y	g_{S_K}	g_{L_w}	g_{yd+od}	g_{I_E}	g_{I_H}	预测值 $\tilde{Y}$	E_{S_K}	E_{L_w}	E_{yd+od}	E_{I_E}	E_{I_H}
1991	7.29	25.68	2.61	3.55	-8.20	1.08	9.63	54.92	3.52	-1.18	-10.56	-1.43
1992	13.64	109.38	1.92	2.67	-6.37	-1.14	27.58	81.70	0.90	-0.31	-2.87	0.53
1993	14.08	28.70	2.14	1.25	-6.54	2.60	10.95	54.00	2.54	-0.37	-7.41	-3.04
1994	12.73	34.24	1.15	1.62	-2.86	-0.58	12.70	55.52	1.18	-0.41	-2.79	0.58
1995	10.80	24.40	2.63	3.30	-3.57	1.81	9.93	50.59	3.44	-1.06	-4.46	-2.33
1996	10.22	18.64	0.17	3.51	1.61	-0.41	9.29	41.36	0.24	-1.21	2.15	0.56
1997	9.80	13.66	1.78	0.34	9.16	0.89	10.26	27.43	2.26	-0.11	11.07	-1.11
1998	8.80	12.36	0.58	4.98	1.30	0.02	7.48	34.04	1.01	-2.13	2.15	-0.03
1999	8.23	11.70	-1.05	2.51	5.99	0.82	8.40	28.67	-1.62	-0.96	8.84	-1.24
2000	8.45	8.39	2.72	3.18	4.98	6.13	7.19	24.03	4.92	-1.42	8.59	10.90
2001	8.73	11.50	0.33	3.86	4.74	0.05	8.05	29.41	0.54	-1.53	7.30	-0.07
2002	10.45	13.07	-1.15	4.01	7.73	-0.18	8.54	31.55	-1.75	-1.50	11.22	0.26
2003	11.78	17.73	2.97	3.71	9.83	0.22	10.34	35.33	3.74	-1.15	11.79	-0.27
2004	12.82	22.57	2.29	-0.36	2.39	0.50	11.60	40.09	2.57	0.10	2.55	-0.55
2005	12.27	24.78	0.72	5.12	4.05	-0.36	10.40	49.10	0.90	-1.58	4.82	0.44
2006	12.72	22.57	3.99	1.42	5.70	2.63	11.38	40.84	4.55	-0.40	6.21	-2.96
2007	13.49	19.21	-0.66	1.34	3.79	-0.18	10.24	38.66	-0.84	-0.42	4.59	0.22
2008	10.32	18.48	3.07	1.51	1.28	0.27	10.15	37.52	3.94	-0.48	1.56	-0.34
2009	10.06	23.08	2.07	0.44	3.61	1.24	11.47	41.43	2.35	-0.12	3.90	-1.39
2010	11.57	18.53	1.64	0.72	3.69	-1.07	10.70	35.69	1.99	-0.21	4.28	1.28
2011	10.42	18.39	2.00	1.00	3.78	2.06	10.24	37.01	2.54	-0.31	4.58	-2.57
2012	9.46	17.26	1.15	4.59	3.99	-2.01	9.28	38.30	1.62	-1.58	5.33	2.78
2013	8.63	12.17	-1.02	3.64	3.96	-5.76	8.74	28.71	-1.51	-1.33	5.62	8.45
2014	7.42	9.64	-0.98	3.71	1.08	1.89	6.86	28.95	-1.85	-1.73	1.96	-3.54
2015	7.07	6.90	-1.41	5.55	5.43	4.02	5.91	24.05	-3.09	-3.00	11.40	-8.70

年份	要素增长率					要素贡献率					
	人均GDP Y	g_{S_K}	g_{L_w}	g_{yd+od}	g_{I_E}	g_{I_H}	预测值 $\tilde{Y}$	E_{S_K}	E_{L_w}	E_{yd+od}	E_{I_E}	E_{I_H}
2016	6.63	4.22	1.69	3.96	0.71	-2.93	6.58	13.21	3.34	-1.93	1.33	5.69
2017	6.43	4.23	-0.15	6.09	6.06	-2.26	6.23	13.99	-0.32	-3.13	12.06	4.64
2018	6.31	4.20	-0.43	4.04	0.66	2.00	5.64	15.36	-0.98	-2.30	1.46	-4.55
2019	5.84	5.17	-0.42	7.07	1.09	-0.35	5.22	20.41	-1.04	-4.33	2.59	0.85
2020	2.25	5.74	-0.39	12.09	1.69	-0.95	3.87	30.55	-1.32	-9.99	5.42	3.14
均值	9.62	18.89	1.00	3.35	2.36	0.33	8.88	34.83	1.19	-1.56	3.63	-0.48

从各要素的贡献率看，就业人口数量在1991~2020年的平均贡献率为1.19%，而教育人力资本的平均贡献率为3.63%；就业人口数的贡献率1991~2015年一直表现为平稳的状态，但这一要素的贡献率在2000年前要明显高于2000年后。而总抚养比的贡献率变化最为明显，1991~2020年，这一要素的贡献率呈波动中不断下降的趋势，且持续为负效应。而从劳动力质量两个指标贡献率的变化趋势看，教育人力资本的贡献率保持着相对稳定的上升趋势，其贡献率相对较高的年份是2010~2020年，而相对较低的年份是1991~1995年。健康人力资本的贡献率总体也表现为相同的变化趋势，很大程度上与健康人力资本积累的增加有关。

为了更清晰地阐释劳动力数量对劳动力质量的替代过程，劳动力质量和劳动力数量对经济增长的综合贡献率如图4-11所示。图4-11反映了在经济增长过程中劳动力质量对劳动力数量贡献率的替代过程，这一替代过程大致可以分为三个阶段。

第一阶段是1991~1995年。这一阶段劳动力数量的贡献率要远高于劳动力质量的贡献率，这期间我国充裕的劳动力是推动经济增长的主要因素。第二阶段是1996~2010年，这一阶段是劳动力数量和劳动力质量两者贡献率交替上升的阶段。第三阶段是2010年后，总抚养比的贡献率依旧持续为负，从劳动力质量贡献率看，这一阶段平均贡献率明显高于前两个阶段。如图4-11所示，自2010年后，劳动力质量的贡献率已经出现超过劳动力数量贡献率的趋势。

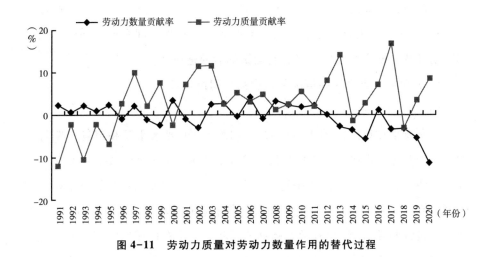

图 4-11 劳动力质量对劳动力数量作用的替代过程

4.3 劳动力人口流动的结构红利效应

4.3.1 劳动力人口流动促进结构红利的作用机制

人口红利一方面体现在劳动力供给充裕和总抚养比较低，另一方面则强调劳动力与土地、资本等其他生产要素的结合，进而促进经济增长。[①] 我国人口转变进入新阶段，劳动适龄人口占比下降与总抚养比上升使我们不得不面对人口数量红利逐渐消失的困境。与此同时，我国正面临经济增长需要从要素驱动向创新驱动转变的问题，单纯依靠劳动力数量优势显然不足以支撑经济的长期发展，此时需要优化劳动力的配置效率，促进全要素生产率的提高。然而，这种劳动力要素的优化配置，既有劳动力在区域分布上的优化，

---

① 都阳、蔡昉、屈小博等：《延续中国奇迹：从户籍制度改革中收获红利》，《经济研究》2014 年第 8 期，第 4~13 页；蔡昉：《改革时期农业劳动力转移与重新配置》，《中国农村经济》2017 年第 10 期，第 2~12 页；王婷、程豪、王科斌：《区域间劳动流动、人口红利与全要素生产率增长——兼论新时代中国人口红利转型》，《人口研究》2020 年第 2 期，第 18~32 页。

也有劳动力在产业之间的优化，于是产生了"空间结构红利"和"产业结构红利"。因此，有部分学者提出，促进劳动力在地区间和产业间的有效合理流动是从长期应对我国人口红利渐微的有效途径。[①]

1. 劳动力要素区域间再配置，提高空间结构红利

（1）理论分析

资源要素在地区间的重新配置，有助于缓解要素错配和市场分割等问题，从微观上可以提高要素的边际生产率，中观上实现产业结构的优化，宏观上加快社会分工和生产专业化。[②] 而当一个地区产业结构和就业结构的匹配度较高时，劳动力跨产业的空间流动所带来的产业结构红利较小，反之则产业结构红利较大。[③] 也有学者测算了劳动力要素在区域间的流动和再配置对全要素生产率的影响。陈磊等研究发现，劳动力、资本和技术三者的流动会对地区经济集聚产生直接效应和间接效应，且这种集聚在东、中、西部之间存在地域差异。[④] 王威威和杨丹萍则认为，技术这一核心要素的流动对推动全要素生产率起关键作用，而资本和劳动的作用则不大。[⑤] 然而也有学者对此持反对意见，唐代盛和盛伟的研究发现，随着城市化进程加快，城市化的空间扩散效应带动了邻近地区劳动力市场效率的提升。[⑥]

虽然有学者关注到了人口空间流动和空间再配置对提高劳动生产率和全要素生产率可能起到的积极作用，但少有学者从劳动力区域流动视角分析人口红利转型与全要素生产率之间的关系。早期的研究主要将劳动力作为一种

① 张樨樨、郑珊：《后人口红利时期劳动力省际流动新特征与空间效应》，《社会科学战线》2021年第7期，第63~73页。
② 张幼文、薛安伟：《全球经济制度深化下中国改革的突破》，《探索与争鸣》2014年第5期，第52~57页。
③ 李晓阳、赵宏磊、王思读：《劳动力流动的"新结构红利"假说存在与否？——基于人力资本的门槛回归》，《华东经济管理》2019年第4期，第5~11页。
④ 陈磊、胡立君、何芳：《要素流动、产业集聚与经济发展的实证检验》，《统计与决策》2021年第6期，第104~108页。
⑤ 王威威、杨丹萍：《要素流动与全要素生产率——基于空间杜宾模型分析》，《科技与管理》2021年第6期，第12~20页。
⑥ 唐代盛、盛伟：《人口城市化、结构红利与时空效应研究——以劳动力市场效率为视角》，《中国人口科学》2019年第5期，第29~42页。

生产要素，若其在空间流动中能与产业结构相匹配，或将成为未来实现人口红利的一种机制。[1] 劳动力在不同地区流动会影响该地区的劳动力要素禀赋及生产环境，可能改变各地区经济结构，从而影响地区的经济发展路径。若能够提高不同地区劳动力和经济活动在空间和结构上的适配度，将有效缓解区域劳动力数量不足的难题。[2] 以上研究为我们从劳动力区域流动和优化分布推动人口红利转型提供了方向，但真正从劳动力的空间区域优化配置视角研究实现人口红利转型的文献并不多。其中，白俊红等强调，当不同要素流动壁垒被打破后，技能型劳动力或者人力资本的区域流动可以缩小地区之间的技术差异，促进不同地区经济发展。[3] 而不同地区之间技术进步模式的转变则是释放人口区域流动带来的空间人口红利的关键所在。

（2）经验解释

为了展现劳动力区域流动带来的劳动力配置效率红利，本研究首先选用反映劳动力区域流动的指标，考虑到数据的可获得性，利用人口净迁入率这一指标。其中，流入人口利用各地区总人口数减去住本调查小区且户口在本乡、镇、街道的人口数表示。人口红利利用人均实际 GDP 表示，主要反映其对经济增长的影响。考虑到劳动力区域流动和配置与各地区的劳动力数量具有很大关系，所以最终采用劳动适龄人口占比和人口净迁入率两个指标的乘积作为综合考虑劳动力配置的指标。为了更清楚地反映劳动力配置对人口红利的影响，本研究构建劳动适龄人口占比与人口净迁入率交互项的线性回归模型，分别以 1990 年为基期，依次进行截面回归，求劳动适龄人口占比（$Work_i$）和交互项（$(Work \times LMob)_i$）的回归系数，具体回归模型可设定为 $lnPgdp_i = \beta_0 + \beta_1 \cdot lnWork_i + \beta_2 \cdot ln(Work \times LMob)_i + \varepsilon_i$。

劳动适龄人口占比和交互项的回归系数如图 4-12 所示。

---

① 孙晓芳：《劳动力流动、人口经济弹性与空间经济差异研究——我国东、中、西部动态面板数据模型的对比分析》，《当代经济管理》2012 年第 6 期，第 14~19 页。

② 袁志刚、林燕芳：《劳动力迁移、经济活动空间分布与中国未来区域一体化趋势——一个空间与经济地理学文献综述的视角》，《社会科学战线》2020 年第 10 期，第 77~88 页。

③ 白俊红、王钺、蒋伏心等：《研发要素流动、空间知识溢出与经济增长》，《经济研究》2017 年第 7 期，第 109~123 页。

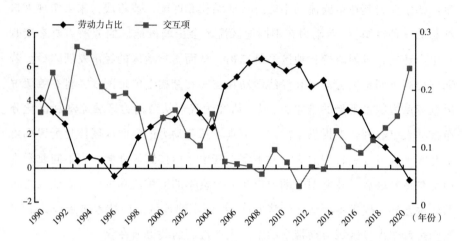

图 4-12　1990~2020 年劳动力区域配置效率红利变化

　　如图 4-12 所示，以劳动适龄人口占比表示的人口数量红利对经济增长的影响经历了先升后降的趋势，其边际贡献在 2010 年前后开始出现下降，这与其他学者研究的关于劳动力数量作用下降（劳动力刘易斯拐点）的观点相一致。[①] 而在考虑劳动力流动和配置交互项的作用后，劳动力配置红利效率趋势则表现为三个阶段。第一阶段是 1990~1999 年，表现为劳动力配置效率红利在高水平阶段，此时劳动力的区域流动加速了劳动力数量优势的发挥，促进了人口红利的增加。第二阶段是 2000~2012 年，这一阶段劳动力区域流动和配置效率提升带来的红利不及第一阶段，整体边际贡献都在 0.1 以下低位徘徊。这与这一阶段我国劳动力资源与产业结构错配，以及"民工荒"与大学生就业难并存等劳动力与就业市场结构性矛盾有关。第三阶段是 2013~2020 年，这一阶段劳动力配置效率红利的边际贡献又开始上升。2012 年后，我国劳动力流动出现了新局面，劳动力回流与产业结构模式的转移使劳动力流动的配置效率再次得到提升，促进了劳动力区域流动带

[①]　杨成钢、闫东东：《质量、数量双重视角下的中国人口红利效应变化趋势分析》，《人口学刊》2017 年第 5 期，第 25~35 页；黄凡、段成荣：《从人口红利到人口质量红利——基于第七次全国人口普查数据的分析》，《人口与发展》2022 年第 1 期，第 117~126 页。

来的空间结构红利的释放。

2. 劳动力要素产业间再配置，提高产业结构红利

（1）理论分析

除了劳动力要素区域流动带来的空间结构红利，更多的学者关注到劳动力要素在产业间流动带来的产业结构红利。要素从生产效率低的部门流入生产效率高的部门所带来的效率提升被称为"结构红利"。[①] 同样，劳动力从生产效率低的第一产业向生产效率较高的第三产业流动，从而带来的要素生产率提高，带动经济增长的现象被称为"产业结构红利"。[②] 为验证劳动力要素在产业间的流动是否能带来所谓的"产业结构红利"，赵春燕指出，劳动力在不同产业之间的流动带来的结构红利对经济增长具有直接和间接作用，而且劳动力的结构转移会通过人力资本对促进经济增长产生正偏向效应。[③] 不仅如此，在地区之间，劳动力产业间流动带来的结构红利效应是有明显区别的，劳动力产业间流动带来的结构红利效应在中部和东北地区效果较明显，而其他地区则呈现负效应。[④] 胡亚茹和陈丹丹也认为在2012 年后，我国经济新常态表现为"结构负利"，但是从要素结构的配置角度看，劳动力配置的结构效应在推动全要素生产率提高方面则起着主导作用。[⑤]

虽然劳动力要素重新配置带来结构红利效应的大小未得到一致检验，但其通过促进全要素生产率的提高，进而促进经济增长的作用方式却得到了广泛认可。张辉和丁匡达利用美国的经验数据证明了劳动力由第一产业向第二

[①] 干春晖、郑若谷：《改革开放以来产业结构演进与生产率增长研究——对中国 1978~2007 年"结构红利假说"的检验》，《中国工业经济》2009 年第 2 期，第 55~65 页。

[②] 曾起艳、曾寅初、王振华：《全要素生产率提升中"结构红利假说"的非线性检验——基于 285 个城市面板数据的双门限回归分析》，《经济与管理研究》2018 年第 9 期，第 29~40 页。

[③] 赵春燕：《人口红利、结构红利与区域经济增长差异》，《西北人口》2018 年第 6 期，第 23~31 页。

[④] 张辽：《人口红利、结构红利与区域经济增长》，《中国人口·资源与环境》2012 年第 9 期，第 97~102 页。

[⑤] 胡亚茹、陈丹丹：《中国高技术产业的全要素生产率增长率分解——兼对"结构红利假说"再检验》，《中国工业经济》2019 年第 2 期，第 136~154 页。

产业流动，从而带来产业结构升级对经济增长的促进作用是巨大的。[1] 王鹏和尤济红从劳动力在不同产业间存在的边际产出率差异验证了"结构红利假说"的存在。[2] 1978~2013 年，资本和劳动要素的流动均存在结构红利效应，但其主要来源于劳动的结构红利效应。曾起艳等认为，劳动力要素在不同产业间流动促进产业升级，而产业升级对全要素生产率的提高是非线性的，其作用随着产业结构的不断升级呈"先递增、再递减"的变化规律。[3] 蔡跃洲和付一夫分时间段测量了要素结构变化对全要素生产率增长的影响。在 2005 年以前，各行业的技术进步是经济增长的主要动力，而在 2008 年金融危机后，要素配置结构效应取代技术进步成为推动全要素生产率进步的主要原因。[4]

（2）经验解释

利用三次产业从业人员占比的变动情况反映劳动力在不同行业之间的流动。其中，当劳动力从生产效率低的部门流入生产效率高的部门时，会带来要素结构配置效率的提高。结合我国产业结构转型的过程，劳动力从农业部门转移到工业部门继而转入第三产业部门的变动，对提高劳动力要素配置效率具有显著的促进作用。因此，为更清楚地反映劳动力在不同产业间流动带来的结构红利效应，本研究构建一个劳动力产业流动的经济增长模型。其中利用第二产业就业人口占比和第三产业就业人口占比两个自变量作为解释经济增长的主要变量。模型具体表述为：$lnPgdp_i = \alpha + \beta_1 \cdot lnPro2_i + \beta_2 \cdot lnPro3_i + \varepsilon_i$。其中 $Pro2$ 和 $Pro3$ 分别表示第二产业和第三产业就业人员占比，以 1997 年为基期，分年份进行截面回归，回归结果如图 4-13 所示。

---

[1] 张辉、丁匡达：《美国产业结构、全要素生产率与经济增长关系研究：1975~2011》，《经济学动态》2013 年第 7 期，第 140~148 页。

[2] 王鹏、尤济红：《产业结构调整中的要素配置效率——兼对"结构红利假说"的再检验》，《经济学动态》2015 年第 10 期，第 70~80 页。

[3] 曾起艳、曾寅初、王振华：《全要素生产率提升中"结构红利假说"的非线性检验——基于 285 个城市面板数据的双门限回归分析》，《经济与管理研究》2018 年第 9 期，第 29~40 页。

[4] 蔡跃洲、付一夫：《全要素生产率增长中的技术效应与结构效应——基于中国宏观和产业数据的测算及分解》，《经济研究》2017 年第 1 期，第 72~88 页。

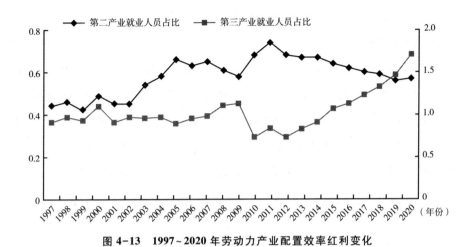

图 4-13　1997~2020 年劳动力产业配置效率红利变化

注：左轴为第二产业就业人员占比回归系数。

由图 4-13 可知，1997~2020 年，劳动力流入第二产业带来的结构红利对经济增长的边际贡献整体要高于劳动力流入第三产业的贡献。其中，在 2000 年前，劳动力流入第二产业和第三产业的边际贡献是相对持平的；2000 年后，两者之间的差距开始拉大，劳动力流入第二产业的边际贡献呈"先递增、再下降"的趋势，其中在 2011 年后，其边际贡献开始下降，同样劳动力流入第三产业带来的产业结构配置红利在 2012 年后呈上升趋势。这也与我国劳动力在不同产业之间流动的规律相符合。从趋势上看，未来劳动力流入第三产业的边际贡献将会超越第二产业。在未来我国面临人口长期负增长、劳动力总体数量下降的背景下，如何合理引导劳动力在产业之间的配置，是提升要素生产效率的关键，也是在劳动适龄人口占比下降的背景下实现人口红利转型的重要途径。

4.3.2　劳动力人口流动，劳动力配置效率与结构红利的实证检验

前文主要分析了劳动力要素在不同区域和产业之间的配置效率提高会促进结构红利的持续释放。本节重点从劳动力的区域流动和再配置视角出发，实证检验劳动力区域流动对提高劳动力配置效率，进而实现人口红利转型的

作用机制。因此，本节构建了劳动力区域流动的计量模型。

1. 计量模型构建

由前述分析可知，人口红利的实现很大程度上依赖于劳动力数量的优势，在劳动力绝对数量下降的同时，劳动力要素配置效率的提高同样能够实现人口红利效应。本小节将劳动适龄人口占总人口比重促进 GDP 的增长视为劳动力数量带来的人口红利，同时引入区域劳动力流动情况，检验劳动力区域间流动通过影响劳动力配置效率从而带来的结构红利效应，计量模型设定为：

$$lnPgdp_{it} = \alpha + \beta_1 \cdot lnWork_{it} + \beta_2 \cdot ln\,(Work \times LMob)_{it} + \beta \cdot X_{it} + d_i + \varepsilon_{it}$$

$$(4-33)$$

其中，$lnPgdp_{it}$ 表示人均实际 GDP，$Work_{it}$ 表示劳动适龄人口占总人口的比重，$LMob_{it}$ 为人口净迁入率，而流入人口是各地区总人口数减去调查小区且户口在本乡、镇、街道的人口数。X_{it} 为控制变量，参考王婷等的研究，本研究分别选用外商直接投资 FID_{it}（利用各地区外商直接投资占 GDP 的比重表示），产业结构 $Service_{it}$（用第三产业占 GDP 的比重表示），人口出生率 $Birth_{it}$（主要体现其对劳动力人口的影响）三个指标。[①] 通过控制以上变量，更有效地测算劳动力区域流动和再配置对人口红利的影响。d_i 为个体效应，表示个体当中不随时间变化的不可观测的外部冲击，ε_{it} 为随机扰动项。

2. 数据来源和变量说明

本节采用的数据主要是我国 31 个省（区、市）1990~2020 年的面板数据，其中人均实际 GDP、劳动适龄人口占比、人口净迁入率等均来自《中国统计年鉴》1991~2021 年数据。由于 1995 年之前缺少关于分地区户口登记信息，因而本研究基于流动人口计算的人口净迁入率采用移动平均值法进行估算。

因变量为人均实际 GDP，具体以 1990 年为基期，按照各地区 CPI 指数进行平减，求得各地区历年人均实际 GDP。主要解释变量为劳动适龄人口

---

① 王婷、程豪、王科斌：《区域间劳动力流动、人口红利与全要素生产率增长——兼论新时代中国人口红利转型》，《人口研究》2020 年第 2 期，第 18~32 页。

占比和人口净迁入率，其中人口净迁入率，由于缺少关于流动人口的精确统计，故使用各地区总人口数减去住本调查小区且户口在本乡、镇、街道的人口数来近似替代迁入人口。各变量的描述性统计分析如表4-8所示。

表4-8　各变量描述性统计分析

变量名称	变量描述/单位	最小值	最大值	平均值	标准差
人均实际 GDP	1990 年为基期计算的人均实际 GDP(亿元)	6.70	11.19	8.88	0.99
劳动适龄人口占比	15~64 岁以上人口占总人口比重(%)	4.09	4.43	4.25	0.06
人口净迁入率	各地区流入人口总人口比重(%)	-1.16	4.18	2.25	0.83
外商直接投资	外商直接投资占 GDP 比重(%)	-6.57	3.19	0.24	1.29
第三产业占比	第三产业占 GDP 比重(%)	3.15	4.43	3.71	0.21
人口出生率	年内出生人数/年内总人口数(‰)	1.32	3.28	2.51	0.34

注：本表为取对数值后的结果。

3. 面板数据单位根检验和模型回归结果

（1）面板数据单位根检验

考虑到面板数据非平稳可能造成的伪回归等结论，对面板数据各变量进行单位根检验。根据面板数据的同质性和异质性，单位根检验主要包括 LLC 检验、IPS 检验、Breitung 检验和 Fisher-ADF 检验。本书给出了多种检验方法的检验结果，如表4-9所示。其中，除了个别变量的个别指标，如第三产业占比、人口出生率等的 Breitung 检验未通过外，其他变量的各项单位根检验结果都支持数据是平稳的，可直接用于建模回归。

表4-9　面板数据单位根检验

变量名称	LLC 检验	IPS 检验	Breitung 检验	Fisher-ADF 检验
人均实际 GDP	-7.106(0.014)	-4.440(0.000)	-13.285(0.000)	191.870(0.000)
劳动适龄人口占比	-2.319(0.012)	-1.617(0.052)	-8.652(0.000)	149.350(0.000)
人口净迁入率	-7.079(0.000)	-7.922(0.000)	-1.578(0.057)	208.908(0.000)
外商直接投资	-4.232(0.000)	-4.092(0.000)	-0.020(0.491)	185.184(0.000)
第三产业占比	-2.855(0.002)	3.455(0.997)	1.973(0.975)	139.884(0.000)
人口出生率	-2.670(0.003)	-3.843(0.000)	-0.106(0.457)	183.760(0.000)

注：括号内为对应系数的 P 值。

（2）模型回归结果

借鉴王婷等的研究方法，在2006年由于劳动力区域流动和劳动力配置对人口红利的影响出现拐点，因此将样本按照2006年分为两个部分分别进行估计。[①] 本研究通过表4-10各模型F统计量的检验结果，拒绝了混合模型和个体固定效应模型，因此最终选定个体和时点双固定模型。其中，在模型2、模型4和模型6当中加入了人口净迁入率（表示区域劳动力人口流动）和劳动适龄人口占比的交互项，以更好地反映劳动力配置效率对人口红利的影响。各模型回归结果如表4-10所示。

表4-10　劳动力流动对劳动力配置效率红利影响的回归结果

项目	全样本		1990~2005年		2006~2020年	
	1	2	3	4	5	6
劳动适龄人口占比	7.896** (0.449)	3.298*** (0.344)	5.564*** (0.034)	4.246*** (0.247)	-3.143*** (0.611)	-3.149** (0.427)
交互项		0.181*** (0.005)		0.054*** (0.006)		0.012*** (0.005)
外商直接投资	-0.026*** (0.020)	0.001 (0.001)	0.053*** (0.010)	-0.041*** (0.009)	-0.240*** (0.027)	0.116*** (0.019)
人口出生率	-1.700*** (0.093)	-0.792*** (0.070)	-1.020** (0.059)	-0.849** (0.058)	-0.379** (0.141)	0.053** * (0.012)
第三产业占比	-0.694*** (0.104)	-0.344*** (0.073)	-0.418*** (0.075)	-0.463*** (0.070)	-0.783*** (0.121)	-0.252*** (0.008)
截距项	-17.871*** (2.133)	-3.633*** (1.547)	-11.134*** (1.606)	-6.250*** (1.582)	27.014*** (2.576)	22.600*** (1.813)
个体效应	是	是	是	是	是	是
组间R2	0.489	0.692	0.558	0.592	0.508	0.489
样本数	961	961	961	961	961	961

注：* 表示$p<0.1$，** 表示$p<0.05$，*** 表示$p<0.01$，（ ）内为回归系数对应标准误。

[①] 王婷、程豪、王科斌：《区域间劳动力流动、人口红利与全要素生产率增长——兼论新时代中国人口红利转型》，《人口研究》2020年第2期，第18~32页。

如表4-10所示,重点估计劳动适龄人口占比对劳动力配置效率红利带来的影响。从全样本回归结果看,在没引入劳动力区域流动的变量之前,劳动适龄人口占比对人口红利的贡献是显著为正的,其回归系数为7.896,在1%的水平下显著。同样,从分年份样本回归结果看,1990~2005年劳动适龄占比的系数显著为正,而2006~2020年劳动适龄人口占比的系数显著为负,这从一个侧面反映了我国劳动力数量优势在逐渐丧失,这正是我国劳动力面临刘易斯拐点的必然结果,其对经济增长的边际贡献也开始发生变化。

在引入劳动力区域流动之后,也就是加入劳动适龄人口占比和人口净迁入率的交互项后,可以看到,不论是全样本还是分年份样本,交互项的回归系数均显著为正,分别为0.181、0.054和0.012。这说明,不论劳动适龄人口占比带来的人口红利效应如何,劳动力区域流动带来的劳动力再配置使得要素生产效率得以提升,促进和实现了劳动力配置效率红利的释放。即使在2006~2020年,虽然劳动适龄人口占比的回归系数为负,但劳动力区域流动带来的劳动力配置仍可以有效缓解劳动力数量下降带来的不利影响。现实情况是,2008年后我国普遍面临大学生就业难和"民工荒"的局面,这与2008年前我国大规模人口流动促进沿海经济发展正好形成鲜明对比。这也恰恰说明,2008年前我国的劳动力配置效率要明显高于当前。因此,1990~2006年样本交互项的回归系数要高于2006~2020年样本交互项的回归系数。上述结论也论证了一个假设,即区域间劳动力流动性越强,尤其是劳动力迁入率越高,就越能促进劳动力配置效率红利提升,这与蔡昉提出的观点相吻合。[①]这是当前我国劳动力数量优势消失的背景下,通过劳动力的合理配置来释放劳动力结构红利效应从而促进人口红利转型的一个重要途径。

---

① 蔡昉:《农业劳动力转移潜力耗尽了吗?》,《中国农村经济》2018年第9期,第2~13页。

5

人口老龄化加剧与人口红利转型

　　后人口转变时期人口年龄结构的另一个重要特征是人口老龄化加剧。根据本书预测结果，我国 65 岁及以上老年人口将在 2035 年达到 3.26 亿，老年人口占比将高达 23.81%，到 2050 年，老年人口占比将持续上升，达到 31.36%，届时我国将全面进入重度老龄化社会。而关于人口老龄化与经济增长的关系，有大量的理论和实证研究对其进行了论证，其中人口老龄化对经济增长带来负面影响的观点基本上得到了学术界的认同。随着对人口老龄化与经济增长关系研究的不断深入，人口老龄化对经济增长的积极作用也开始被学术界逐渐关注。人口老龄化背后同样隐藏着推动经济增长、促进人口红利转型的内在机制。

　　人口老龄化对经济增长的负效应体现在以下几个方面。第一，人口老龄化将直接影响劳动力供给，对经济增长产生不利影响。林毅夫和李永军较早关注了人口老龄化对丰富劳动力资源供给带来的不利影响，会降低经济增长的比较优势。[1] 人口老龄化是导致劳动力资源收缩和劳动力内部年龄结构老化的直接原因，这将不利于劳动力供给和经济增长。[2] 劳动力内部年龄结构

---

[1]　林毅夫、李永军：《比较优势、竞争优势与发展中国家的经济发展》，《管理世界》2003 年第 7 期，第 21～28 页。

[2]　齐传钧：《人口老龄化对经济增长的影响分析》，《中国人口科学》2010 年增刊，第 54～65 页；徐达：《人口老龄化对经济影响的模型与实证》，《财经科学》2012 年第 4 期，第 100～107 页。

老化的直接后果是老年人口劳动参与率的下降，同时还会直接影响劳动生产率水平。[1] 俞会新等检验了人口老龄化通过就业率和劳动年龄人口比重对经济增长的中介效应，也支持了以上结论。[2] Maestas 等利用美国各州数据验证了人口老龄化对经济增长的负效应，老龄化水平每提高 10%，GDP 将下降 5.5% 个单位。第二，人口老龄化影响储蓄率，增加养老支付和社会负担，不利于资本积累，阻碍经济增长。李军通过将年龄结构因素引入索洛经济增长模型后发现，人口老龄化会通过降低社会储蓄率，从而对经济增长产生紧缩效益。[3] 而人口老龄化可以很好地解释国民储蓄率的下降，其解释力度为 2.05%。[4] 人口老龄化对储蓄率的影响主要是通过少儿抚养比，老年抚养比的影响并不显著。[5] 政府养老负担随着人口老龄化加剧，将不利于政府储蓄率的增加和资本积累，从而对经济产生负面影响。[6] 第三，人口老龄化阻碍技术进步、劳动生产率和全要素生产率提高，对经济增长带来负面效应。人口老龄化对经济增长的负面影响是多方面的。昌忠泽分析了人口老龄化对消费和劳动生产率的影响，认为人口老龄化主要是通过资本密集度影响劳动生产率。[7] 冯剑锋和陈卫民认为人口老龄化主要通过劳动生产率影响经济增长速度，人口老龄化会使劳动年龄结构本身趋于老化，降低劳动生产率。[8] 都阳和封永刚同样认为，人口老龄化对经济产生负面影响的两条重要

---

[1] 王莹莹、童玉芬:《中国人口老龄化对劳动参与率的影响》,《首都经济贸易大学学报》2015 年第 1 期, 第 61~67 页; 周浩、刘平:《中国人口老龄化对劳动力供给和劳动生产率的影响研究》,《理论学刊》2016 年第 3 期, 第 106~110 页。

[2] 俞会新、吕龙凤、卢童:《人口老龄化影响经济增长的作用机制分析——基于有效劳动投入视角》,《华东经济管理》2022 年第 5 期, 第 96~104 页。

[3] 李军:《人口老龄化经济效应分析》, 社会科学文献出版社, 2005。

[4] 游士兵、蔡远飞:《人口老龄化对经济增长影响的动态分析——基于面板 VAR 模型的实证分析》,《经济与管理》2017 年第 1 期, 第 23~29 页。

[5] 徐升艳:《中国人口老龄化对经济增长的影响研究》, 南京大学博士学位论文, 2011。

[6] Kim S., Lee J. W. Demographic changes, saving, and current account in East Asia [J]. Asian Economic Papers, 2007, 6 (2): 22-53.

[7] 昌忠泽:《人口老龄化的经济影响——对文献的研究和反思》,《财贸研究》2018 年第 2 期, 第 11~22 页。

[8] 冯剑锋、陈卫民:《我国人口老龄化影响经济增长的作用机制分析——基于中介效应视角的探讨》,《人口学刊》2017 年第 4 期, 第 93~101 页。

途径分别是减少劳动力供给和降低全要素生产率。① 此外，人口老龄化会影响劳动者的创新意愿、创新能力和企业的研发能力，从而阻碍技术进步，不利于经济增长。②

虽然人口老龄化对经济增长带来的负面影响被广泛证实，但人口老龄化同样会通过技术倒逼、产业升级、人力资本积累和劳动参与率替代等途径促进经济增长。第一，人口老龄化通过提高劳动成本，对企业进行技术倒逼，从而促进经济增长。人口老龄化能够推动技术进步的理论源于"干中学"。"干中学"之所以能够促进技术内生化，主要源于新一代劳动力教育人力资本积累的增强。③。同时，随着劳动力供给的减少，劳动力成本和工资上涨影响要素价格，越来越多的企业不得不做出调整，使用技术替代劳动力。④ 邓翔和张卫通过对中国 2000～2014 年经验数据分析和模型推导发现，人口老龄化会增加技术研发部门的利润，促进技术进步，且技术进步是由弱到强的。⑤ 而技术进步和知识生产效率的提高则是人口老龄化缓解经济不利影响的根本动力。⑥ 第二，人口老龄化将通过改变消费结构和推动产业

---

① 都阳、封永刚：《人口快速老龄化对经济增长的冲击》，《经济研究》2021 年第 2 期，第 71～88 页。

② Jones, B. F., Reedy, E. J., Weinberg, B. A., "Age and scientific genius", *The Wiley handbook ofgenius* 2014：422-450；郭凯明、余靖雯、龚六堂：《人口转变、企业家精神与经济增长》，《经济学》（季刊）2016 年第 2 期，第 989～1010 页。

③ Kalemli-Ozcan S., Ryder, H. E., Weil, D. N., "Mortality decline, human capital investment, andeconomic growth", *Journal of development economics* 62（1），2000：1-23；Zhang, J., Zhang, J., "The effect of life expectancy on fertility, saving, schooling and economic growth：theory and evidence", *Scandinavian Journal of Economics* 107（1），2005：45-66；王箫旭、冯波、王淑娟：《人口老龄化、技术创新与经济增长——基于中国省际面板数据的实证分析》，《华中科技大学学报》（社会科学版）2017 年第 5 期，第 116～126 页。

④ Acemoglu, D., "When does labor scarcity encourage innovation?" *Journal of Political Economy* 118（6），2010：1037-1078；Acemoglu, D., Restrepo, P., "Secular stagnation? The effect of aging on economic growth in the age of automation", *American Economic Review* 107（5），2017：174-179.

⑤ 邓翔、张卫：《人口老龄化会阻碍技术进步吗——来自中国 2000～2014 年的经验证据》，《华中科技大学学报》（社会科学版）2018 年第 3 期，第 28～38 页。

⑥ 穆怀中、韩之彬：《老年人口快速增长期中国的经济增长预期及其实现路径》，《人口与经济》2021 年第 6 期，第 1～21 页。

升级来促进经济增长。人口老龄化对产业结构升级的影响主要是通过供给和需求两个方面展开的，在人口老龄化加剧的背景下，会提高服务业比重、降低工业比重，从而推动产业高级化。① Siliverstov 等基于发达国家人口老龄化对产业结构异质化影响的研究发现，人口老龄化会减少第一产业人口，加速第一产业人口向第三产业流动。② 此外，人口老龄化会通过消费需求效应、人力资本积累效应和要素禀赋改变，迫使企业使用技术替代劳动等中介效应促进产业结构升级。③ 曾瑶从劳动力规模、劳动力质量、居民消费水平以及政府支出结构等四个方面探讨了人口老龄化对产业升级的传导机制。④ 而通过对产业高级化和人口老龄化交互项的研究发现，产业结构高级化可以通过间接效应有效缓解人口老龄化对经济增长带来的负面影响。⑤ 第三，人口老龄化除了直接影响劳动参与率，还会通过老年人口的替代性劳动，间接产生"影子红利"。李竞博和高瑷认为，人口老龄化会通过技术创新对劳动参与率产生间接效应，尤其是当老龄化水平突破门槛值时，会促进劳动参与率的提高。⑥ 刘达禹等研究发现，老年人口参与家务劳动、照顾孙子女可以有效提高其他社会群体的劳动参与率。⑦ 而这种隔代照料会间接提高女性的劳动参与率，从而增加劳动力供给，实现人口老龄化的"影子红利"效应。

---

① 张斌、李军：《人口老龄化对产业结构影响效应的数理分析》，《老龄科学研究》2013 年第 6 期，第 3~13 页。

② Siliverstovs, B., Kholodilin, K. A., Thiessen, U., "Does aging influence structural change? Evidence frompanel data", *Economic Systems* 35（2），2011：244–260.

③ 汪伟、刘玉飞、彭冬冬：《人口老龄化的产业结构升级效应》，《中国工业经济》2015 年第 11 期，第 47~61 页；张桂文、邓晶晶、张帆：《中国人口老龄化制造业转型升级的影响》，《中国人口科学》2021 年第 4 期，第 33~44 页。

④ 曾瑶：《人口老龄化对产业结构升级的作用机理及区域差异研究》，《上海大学学报》（社会科学版）2022 年第 3 期，第 128~140 页。

⑤ 张鹏、张磊：《老龄化、产业结构高级化与经济增长——兼论如何缩小地区收入差距》，《南京社会科学》2019 年第 5 期，第 18~26 页；徐瑾、潘俊宇：《产业结构优化视角下的人口老龄化与我国经济增长》，《经济问题》2020 年第 9 期，第 62~71 页。

⑥ 李竞博、高瑷：《人口老龄化视角下的技术创新与经济高质量发展》，《人口研究》2022 年第 2 期，第 102~116 页。

⑦ 刘达禹、赵恒园、徐斌：《理解中国适龄劳动人口劳动参与率下降之谜——源于"家庭老年照料"还是"啃老"行为？》，《人口研究》2022 年第 3 期，第 102~116 页。

5.1 人口老龄化的技术倒逼效应

人口老龄化的技术倒逼效应源于人口老龄化所引起的劳动力供给减少，从而导致经济增长过程中要素禀赋结构的改变。未来人口老龄化不断加剧的情况下，劳动力的供给将会持续减少，如何发掘人口老龄化潜在的优势，避免劳动力供给下降带来的不利影响，是后人口转变时期、高度老龄化社会特征下实现人口红利转型的关键所在。不少学者已经从理论和实证的角度论证了人口老龄化对经济增长的积极作用，分别从教育投资、人力资本积累、技术创新、产业结构升级、消费结构等视角进行了理论和实证检验。[①] 因此，本研究有必要就人口老龄化对经济增长的作用途径进行梳理，挖掘人口老龄化背后隐藏的促进经济增长、推动人口红利转型的可能路径。因此，本节就人口老龄化推动技术进步，进而促进经济增长的作用机制、内在逻辑以及实证结果进行分析。

5.1.1 人口老龄化推动技术进步的作用机制

人口年龄结构的变化会影响社会整体的要素禀赋结构，尤其是人口老龄化带来的劳动力供给减少会促使劳动力价格不断提升。相较技术研发，劳动力价格会变得更昂贵。因此，企业在劳动力供给减少的影响下，不得不改变传统生产方式，实现由"劳动力要素驱动型"向"技术进步驱动型"的转变，从而使人口老龄化倒逼技术进步，推动经济增长。这种技术驱动作用的

[①] Gradstein, M., Kaganovich, M., "Aging population and education finance", *Journal of publiceconomics* 88 (12), 2004: 2469~2485；汪伟、刘玉飞、彭冬冬：《人口老龄化的产业结构升级效应》，《中国工业经济》2015年第11期，第47~61页；潘俊宇、徐婷、宣烨：《老龄化、人力资本与经济增长》，《经济问题探索》2022年第7期，第74~89页；王笛旭、冯波、王淑娟：《人口老龄化、技术创新与经济增长——基于中国省际面板数据的实证分析》，《华中科技大学学报》（社会科学版）2017年第5期，第116~126页；张桂文、邓晶晶、张帆：《中国人口老龄化对制造业转型升级的影响》，《中国人口科学》2021年第4期，第33~44页；颜色、郭凯明、段雪琴：《老龄化、消费结构与服务业发展》，《金融研究》2021年第2期，第20~37页。

产生一是源于劳动力价格上涨，迫使企业为了节约劳动成本，从而寻求技术替代；二是源于技术进步会对劳动力产生挤出效应，同时要求劳动力不断提高自身人力资本水平和积累科学技术知识，反过来推动技术进步，最终实现良性循环。技术进步不仅是全要素生产率提高的关键所在，更是未来经济增长的主要动力。此外，技术进步还将通过影响产业结构升级、经济集聚等推动经济增长。具体而言，人口老龄化将会通过以下三个途径对技术进步形成倒逼效应。

1. 人口老龄化，创新能力提升与技术进步

（1）理论分析

多数研究认为，个体的认知能力和创新能力都会随着年龄的增长而不断减弱，同时随着个体的衰老，创新和学习的主观愿望也会下降。Mazzeo 等发现，个体的衰老不仅是身体机能上的，包括骨骼退化和肌肉萎缩等，而且还包括个体的灵活性。[1] 与此同时，在面对困难和问题时，由于学习能力和反应能力的下降，老年人的工作效率会大打折扣。[2] 而这种与生理机能伴随的思维、认识和创新能力的老化大约出现在 50 岁左右。[3] 有学者还发现，人口年龄和劳动生产率之间呈倒 U 型关系，通过对不同行业劳动生产率的调查发现，劳动适龄人口生产率最高的年龄是 30~49 岁。[4] 不仅如此，还有学者认为，随着年龄的增加，人们工作机会减少，工作激励刺激减弱，从而降低自身工作的积极性，继而降低继续学习和创新的动力。[5] 更不利的情况是高龄劳动力可能会考虑新技术应用对自身工

---

[1] Mazzeo, R. S., Tanaka, H., "Exercise prescription for the elderly: current recommendations", *Sportsmedicine* (31), 2011: 809-818.

[2] Skirbekk, V., "Age and individual productivity: A literature survey", *Vienna yearbook ofpopulation research* 2004: 133-153.

[3] Verhaeghen, P., Salthouse, T. A., "Meta-analyses of age-cognition relations in adulthood: Estimates of linear and nonlinear age effects and structural models", *Psychological bulletin* 122 (3), 1997: 231-249.

[4] Mahlberg, B., Skirbekk, V., Freund, I., *The impact of population ageing on innovation andproductivity growth in Europe* (Vienna: Vienna Institute of Demography, 2006).

[5] Kanfer, R., Ackerman, P., "Individual differences in work motivation: Further explorations of a trait framework", *Applied Psychology* 49 (3), 2000: 470-482.

作的排挤以及学习新技术花费的时间成本，产生对新技术推广和应用的抵触情绪。[①]

同样有学者认为，人口老龄化对创新和技术进步并非总产生负面效应。从个人层面来看，虽然个体的机能老化带来了流体智力的下降，但晶体智力会随着年龄的增加而不断提高，尤其是更有效率的工作和组织方式。[②] 同时，老年人通过分享经验参与年轻人的技术创新活动，可以减少不必要的工作失误，促进科技活动的创新，这也符合组织学习理论所强调的知识多样性的作用。[③] Jones 通过对 20 世纪诺贝尔奖得主和著名发明者年龄结构的研究发现，高龄员工的科技创新能力更强，而且获得诺贝尔奖的平均年龄提高了6 岁。[④]

更多关于人口老龄化会带来技术倒逼效应的研究集中在中观层面和宏观层面。对企业而言，人口老龄化会导致劳动力的短缺，从而提高企业用工成本。这对企业而言，既是一种压力，也是一种动力。企业为了节约成本，要么用资本替代劳动，要么用技术替代劳动。[⑤] 同时，基于偏向技术替代模型的研究发现，人口老龄化可以客观上促进机器和自动化技术的推广与应用，间接促进研发和技术进步。[⑥] 邓翔和张卫通过将人口老龄化引入技术变迁模型，发现人口老龄化会通过影响市场利率从而间接影响研发

---

① 田雪原：《人口老龄化与"中等收入陷阱"》，社会科学文献出版社，2013。

② Frosch, K., Tivig, T., "Age, human capital and the geography of innovation", *Labour Markets andDemographic Change* 2009：137 - 146；Ang, J. B., Madsen, J. B., "Imitation versus innovation in an aging society：international evidence since 1870", *Journal of Population Economics* 28, 2015：299-327.

③ Kuhn, M., Hetze, P., "Team composition and knowledge transfer within an ageing workforce Rostock". http：//www. rostockerzentrum. de/publikationen/rz_ diskussionpapier_ 14. pdf, 2007.

④ Jones, B. F., "Age and great invention", *The Review of Economics and Statistics* 92 (1), 2010：1-14.

⑤ 汪伟、姜振茂：《人口老龄化对技术进步的影响研究综述》，《中国人口科学》2016 年第 3 期，第 114~124 页；王笛旭、冯波、王淑娟：《人口老龄化、技术创新与经济增长——基于中国省际面板数据的实证分析》，《华中科技大学学报》2017 年第 5 期，第 116~126 页。

⑥ Acemoglu, D., Restrepo P., *Artificial intelligence, automation, and work* (The economics ofartificial intelligence：An agenda. University of Chicago Press, 2018).

部门的投资和收益率，能够显著地促进技术进步。① 翟振武等通过梳理技术创新主体变迁的历史脉络，认为人口老龄化既不影响研发人员的规模，也不影响研发人员的年龄结构和素质水平。② 一个国家的技术进步和研发水平并不必然取决于人口年龄结构，更重要的是劳动力的素质和研发的投入。而且，对于整个宏观经济而言，要想实现经济平稳增长和保持人均收入水平，知识生产效率的提高可以有效弥补和缓解人口老龄化带来的负面冲击。③

（2）经验解释

创新能力一方面取决于科研人员的数量，另一方面取决于科技创新的研发投入。由前述理论分析可知，人口老龄化并不必然会挤出企业对科研创新的投入，甚至人口老龄化还会倒逼企业使用技术替代劳动，加快企业创新研发，推动技术进步。本节将分别采用 R&D 人员占比（利用 R&D 人数与15~64 岁人口之比）和 R&D 投入强度（利用 R&D 经费内部支出占全国生产总值的比重）两个指标进行衡量，就人口老龄化和创新能力提升之间的关系进行经验解释。④ 数据来自《中国统计年鉴》和《中国科技统计年鉴》，使用 2000~2020 年的相关数据进行检验，结果如图 5-1 和图 5-2 所示。

如图 5-1 所示，人口老龄化并未使 R&D 人员规模降低。我国劳动适龄人口在 2010 年达到顶峰之后，其占比开始出现下降，尤其是在 2015 年后，15~64 岁人口的占比开始明显下降。这意味着受人口老龄化和少子化的影响，劳动适龄人口开始明显下降。但是，不同于劳动适龄人口

① 邓翔、张卫:《人口老龄化会阻碍技术进步吗——来自中国 2000~2014 年的经验证据》，《华中科技大学学报》2018 年第 3 期，第 28~38 页。

② 翟振武、金光照、张逸杨:《人口老龄化会阻碍技术创新吗?》，《东岳论丛》2021 年第 11 期，第 24~35 页。

③ 穆怀中、韩之彬:《老年人口快速增长期中国的经济增长预期及其实现路径》，《人口与经济》2021 年第 6 期，第 1~21 页。

④ 李廉水、张芊芊、王常凯:《中国制造业科技创新能力驱动因素研究》，《科研管理》2015 年第 10 期，第 169~176 页。

占比，R&D 人员在劳动适龄人口中的占比却明显上升，尤其是在 2015 年之后，上升速度明显加快。这意味着人口老龄化并不必然会导致 R&D 人员数量下降，特别是随着劳动力整体人力资本积累和素质的提高，R&D 人员的占比会随着新一批劳动力的进入可能会明显增加。如果随着人口老龄化和产业结构的调整，我国能够推动行业体系的不断完善，通过压缩其他行业的劳动力规模使其向研发行业转移，这样就能够保持足够的科研后备军来推动技术创新。根据本书预测结果，到 2035 年我国的劳动适龄人口规模仍有 8.38 亿。届时我国仍具有庞大的劳动力人口可以为研发人员队伍提供源源不断的补充。但是，从绝对量上看，R&D 人员的占比是相对较低的，2000~2020 年均低于 0.6%，说明 R&D 人员增加的潜力是无限大的。

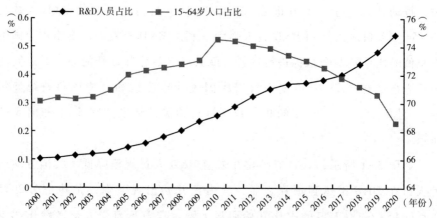

图 5-1　2000~2020 年我国 R&D 人员占比和 15~64 岁人口占比变化趋势

注：左轴为 R&D 人员占比。

如图 5-2 所示，人口老龄化并没有影响研究经费投入，从两者的变化规律来看，都呈快速增长的趋势。其中，R&D 经费内部支出占 GDP 的比重在 2009 年后出现较快增长，这与国家对科技创新的重视程度密不可分，与老龄化无必然联系。随着国内产业转型、科技进步和技术创新在国内和国际市场中的地位越来越重要，从政府到企业都十分重视技术创新和研发。当然这很大程度上与劳动力供给减少、劳动力资源优势丧失等因素有关。虽然从增长速度上看 R&D 经费内部支出占 GDP 比重逐渐增加，但是从绝对水平上看，尤其是和发达国家相比，这一比例还很低。如美国 2020 年 R&D 经费内部支出占 GDP 的比重为 32.95%①，日本为 23.68%，而我国仅为 2.5%②。

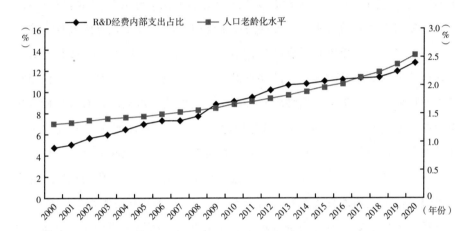

图 5-2 2000~2020 年我国 R&D 经费内部支出占比和人口老龄化水平变化趋势

注：左轴为人口老龄化水平。

2. 人口老龄化，人力资本积累与技术进步

（1）理论分析

人力资本既可以通过正规的教育获得，也可以通过"干中学"的职业技能培训获得。而人口老龄化会改变家庭的教育投资模式，不仅影响正规教育投资，影响人力资本积累，而且会影响个体在职业中的培训，进而影响专业技能的获得。对于人口老龄化与人力资本积累关系的研究，基本上存在三种观点。第一，人口老龄化不利于人力资本积累，会产生负效应。第二，人口老龄化有助于人力资本积累，会产生正效应。第三，人口老龄化与人力资

① 《中国、美国历年政府支出占 GDP 比重比较》，https：//www.kylc.com/stats/global/yearly_ per_ country/ g_ expense_ in_ gdp/chn-usa.html。
② 《日本历年政府支出占 GDP 比重》，https：//www.kylc.com/stats/global/yearly _ per _ country/g_ expense _ in_ gdp/jpn.html。

本积累之间存在倒 U 型关系。[①] 而人口老龄化促进教育投资和人力资本积累，进而推动技术进步，促进经济增长，是实现人口老龄化背景下人口红利转型的又一重要途径。

从正规教育投资角度看，由于人口老龄化加剧和工资水平上涨，人力资本的回报率也随之上涨，从而使整个社会更加关注对年轻一代的教育投资。当人们预期未来人力资本的投资回报率上涨时，就会改变现有的投资决策行为，将更多的资源投资到子女的教育中去。[②] Gradstein 和 Kaganovich 也对老龄化会挤占基础公共教育投资的观点提出疑问，他们认为，对未来工作年限延长的预期，会使年轻人增加教育投资，从而抵消人口老龄化对教育投资挤出效应的不利影响。[③] 这种由人口老龄化带来的教育投资增加，不仅体现在公共教育投资领域，也体现在家庭教育投资领域。对于家庭而言，生育率的下降虽然加速了人口老龄化，但其隐藏着孩子质量与数量替代的规律，这会促进家庭增加人均教育投资和人力资本积累。[④] 张秀武和赵昕东运用 OLG 模型分析了人口老龄化对人力资本积累的作用机制，结果表明，在其他参数不变的情况下，老年人口存活概率的提高会增加家庭人力资本积累。[⑤] 更具体地说，在引入养老储蓄、家庭教育投资和预期寿命的世代交叠模型中，理性经济人对子女教育的投入会大于其他消费品，从而提高家庭的教育投资率。[⑥] 总体而言，人口老龄化会通过公共教育投资和家庭教育投资影响人力资本积累，而且这种影响具有长期性。

[①] 赵春燕、吕昭河、李帆：《人口老龄化对人力资本积累的双边效应——基于双边随机前沿模型的测算》，《人口与发展》2021 年第 4 期，第 37~50 页。

[②] Fougere, M., Mérette, M., "Population ageing and economic growth in seven OECD countries", *Economic Modelling* 16 (3), 1996: 411-427.

[③] Gradstein, M., Kaganovich, M., "Aging population and education finance", *Journal of Public pconomics* 88 (12), 2004: 2469-2485.

[④] 瞿凌云：《人口政策的经济效应分析——基于人口数量与质量替代效应的视角》，《人口与经济》2013 年第 5 期，第 24~32 页。

[⑤] 张秀武、赵昕东：《人口年龄结构、人力资本与经济增长》，《宏观经济研究》2018 年第 4 期，第 5~18 页。

[⑥] 瞿凌云：《储蓄率居高不下的人口年龄结构影响分析——基于微观家庭的养老和子女教育储蓄动机的研究》，《金融发展研究》2016 年第 6 期，第 24~32 页。

从非正规教育"干中学"的角度看，非正规教育、职业技术培训和工作经验积累是老年人口人力资本积累的主要渠道，其可以有效地弥补老年人正规教育获得的不足。Asplund 和 Barth 研究了企业员工在职培训影响劳动效率的案例，发现对高龄员工的在职培训更能提高其工作能力。[①] 此外，年龄和学习能力之间也存在着一定的关系。20～40 岁往往是学习能力和创新能力最强的阶段，企业拥有这一年龄段的员工越多，其实现科技创新的可能性就越大。但这并不意味着员工年龄越高，越不利于创新和人力资本积累。高龄员工往往拥有丰富的知识储备和实践经验，高龄员工的大规模退休可能会使企业产生知识断层现象。[②]

（2）经验解释

技术进步虽然直接与科研人员的数量（即 R&D 人员）有关，但 R&D人员数量却取决于一个国家或地区整体劳动力素质和人力资本积累。随着劳动力整体素质水平的提高，R&D 人员数量也会随之增加。而且，从长期来看，人口老龄化对家庭教育投资和政府教育投资的改变，会改变社会整体劳动力结构，尤其是未来劳动力的质量结构。只要能够保证高等教育人口的稳定供给，那么 R&D 人员数量和水平就能够得到保障。为此，我们通过人口的平均受教育年限和15～64 岁人口中大专及以上学历人口占比两个指标进行分析。数据来自 2001～2021 年《中国统计年鉴》、《中国人口和就业统计年鉴》与历年人口普查数据。结果如图 5-3 和图 5-4 所示。

如图 5-3 所示，我国的人口平均受教育年限在逐年提高。从 2000 年的7.11 年增加到 2020 年的 9.52 年。人力资本积累水平并未受人口老龄化的影响而出现下降。截止到 2020 年，我国 16～59 岁人口的平均受教育年限为10.08 年。[③] 这说明，未来我国的人力资本积累水平将进一步提升，尤其是

---

① Asplund, R. , Barth, E. , "Education and Wage Inequality in Europe", *Edwin* 33（3），2005：2620-2628.

② 龚红、张小玲、彭姗：《知识型老年员工人力资本异质性对其再职业选择影响研究——来自研究型大学的经验证据》，《科技进步与对策》2017 年第 13 期，第 153～160 页。

③ 《提高劳动年龄人口平均受教育年限意义重大》，http：//sn. ifeng. com/c/855B1WNSYJR。

在低生育率背景下出生的人口在进入劳动年龄阶段后，劳动力的整体素质将会显著提高。

如图 5-4 所示，我国 15~64 岁人口中大专及以上学历人口占比呈现逐年递增趋势，并没有因为人口老龄化而出现下降。尤其是在 2010 年后，大专及以上学历的人口占比出现快速增长。这表明未来劳动力整体结构将会更为优化，高学历和高劳动技能人口的占比将会逐年增加，这为科技研发和技术创新提供了后备军。这也在客观上证明了人口老龄化并未影响研发队伍的整体素质，反而可能会因劳动力数量优势的丧失而不断提高劳动力质量。

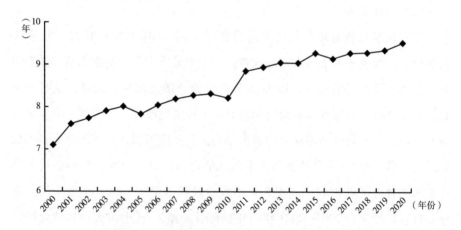

图 5-3　2000~2020 年我国人口平均受教育年限

注：人口平均受教育年限计算标准为 6 岁及以上人口。

3. 人口老龄化、要素禀赋结构转变与技术进步

（1）理论分析

人口老龄化除了改变人口年龄结构，还会引发教育投资的改变，从而影响技术进步。人口红利消失、人口老龄化加剧和劳动力短缺等一系列变化，都从宏观角度改变了生产要素的禀赋结构，从而影响技术进步。这种要素禀赋结构的改变表现为两种形式：一是劳动力和资本这两种要素之间相对数量

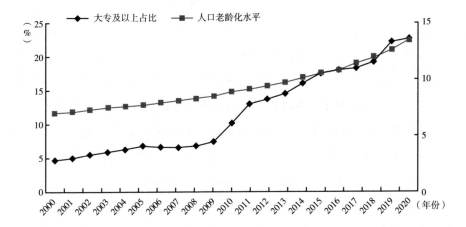

**图 5-4　2000～2020 年我国 15～64 岁人口中大专及以上学历人口占比
和人口老龄化水平变化趋势**

注：左轴为 15～64 岁人口中大专及以上学历人口占比。

和价格的变化；二是劳动力这一要素内部数量和质量（人力资本）结构的
变化。[1] 这种要素禀赋结构的改变会在客观上改变生产方式，推动经济增长
方式由"资本集约"向"创新驱动"转变。

　　从不同要素间的结构变化看，人口老龄化导致劳动力供给减少，间接改
变资本和劳动力的价格，迫使企业使用技术替代劳动力，从而推动技术创新
和经济增长。Acemoglu 认为，技术进步分为两种，即要素增强型和要素偏
向型技术进步。[2] 当技术进步使某种要素边际产出相对增加时，称为偏向该
要素的技术进步。价格反映了要素的相对稀缺性，当劳动力变得稀缺时，企
业为了节约成本，便会刺激技术创新。[3] 而当技术进步的偏向与要素结构相
匹配，且技术进步方向和要素积累相对速度一致时，则能够有效地提升全要

①　王笳旭、王淑娟：《人口老龄化、技术创新与经济增长——基于要素禀赋结构转变的视
角》，《西安交通大学学报》（社会科学版）2017 年第 6 期，第 27～38 页。

②　Acemoglu, D., "Directed technical change", *The review of economic studies* 69（4），2002：781-
809.

③　Acemoglu, D., "Equilibrium bias of technology", *Econometrica* 75（5），2007：1371-1409.

素生产率。[①] 国内的相关研究表明，1978～2005 年，我国技术进步的方向逐渐由偏向劳动向偏向技术转变，原因则是劳动力变得相对稀缺，企业倾向于创新和研发，应用偏向资本的技术。[②] 有学者分别从省级层面和产业结构层面对我国的技术进步方向进行研究，同样得出了我国技术进步呈现资本偏向性的特征，而且这种资本偏向还存在倒 U 型曲线的变化规律。[③]

从要素内部结构变化看，伴随劳动力要素的质量提高，人力资本积累是推动技术创新和经济增长的关键。首先，人口老龄化加剧和人口平均预期寿命延长，意味着人们在劳动力市场中的工作年限会延长，从而增加教育投资回报率。这一变化会改变人们对教育投资的预期，一方面家庭会增加对子女的教育投资，另一方面个体也会通过职业培训，提高自身的技能，从而提高竞争力。[④] 其次，随着人口老龄化和少子化时代的到来，生育率的下降隐藏着人口质量与数量替代的内在规律，当家庭将更多的资源投入到子女教育的时候，未来劳动力的整体质量将得到显著提高。这种劳动力整体质量的提高可以有效弥补劳动力总量不足，尤其是年轻劳动力数量下降带来的创新能力不足。[⑤] 而要素内部结构的变化隐含着劳动力质量的提升和数量的下降，其实质是人口质量红利对人口数量红利的替代。[⑥] 这种替代源于劳动力这一要素内部结构的变化，同时也是未来经济发展对要素结构的新要求。

---

① 孔宪丽、米美玲、高铁梅：《技术进步的适宜性与创新驱动工业结构调整——基于技术进步偏向性视角的实证研究》，《中国工业经济》2015 年第 11 期，第 62～77 页。

② 戴天仕、徐现祥：《中国的技术进步方向》，《世界经济》2010 年第 11 期，第 54～70 页。

③ 王林辉、袁礼：《要素结构变迁对要素生产率的影响——技术进步偏态的视角》，《财经研究》2012 年第 11 期，第 38～48 页；雷钦礼：《偏向性技术进步的测算与分析》，《统计研究》2013 年第 4 期，第 83～91 页；郝枫：《中国技术偏向的趋势变化、行业差异及总分关系》，《数量经济技术经济研究》2017 年第 4 期，第 20～38 页。

④ Gradstein, M., Kaganovich, M., "Aging population and education finance", *Journal of public economics* 88 (12), 2004: 2469-2485.

⑤ Strulik, H., Prettner, K., Prskawetz, A., "The past and future of knowledge-based growth", *Journal of Economic Growth* 18, 2003: 411-437.

⑥ 杨成钢、闫东东：《质量、数量双重视角下的中国人口红利经济效应变化趋势分析》，《人口学刊》2017 年第 5 期，第 25～35 页。

（2）经验解释

人口老龄化对技术进步最直接的影响是劳动力要素结构的变化。劳动力供给下降导致要素结构变化，从而促进企业偏向技术进步。能够反映劳动力在国民经济中分享程度的一个重要指标是劳动收入份额（劳动者的工资总额占 GDP 的比重）。劳动收入份额的核算方法为：劳动者报酬/增加值，公式看似简单，实则较为复杂，主要体现在这两个指标的核算上。[①] 考虑到数据的连贯性和可获得性，本研究将参照刘长庚和柏园杰对劳动收入份额的测算方法进行测算。[②] 数据来自 2002~2018 年《中国统计年鉴》，主要按收入法核算国内生产总值。计算公式为：

$$劳动收入份额 = \frac{劳动所得}{劳动者报酬 + 营业盈余 + 固定资产折旧}$$

由于生产税净额为政府税收，应为实际创造价值，故将其剔除，计算结果如图 5-5 所示。

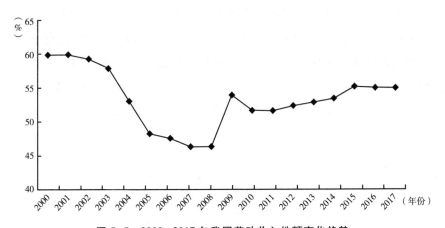

图 5-5　2000~2017 年我国劳动收入份额变化趋势

---

① 吕光明：《中国劳动收入份额的测算研究：1993~2008》，《统计研究》2011 年第 12 期，第 22~28 页。

② 刘长庚、柏园杰：《中国劳动收入居于主体地位吗——劳动收入份额再测算与国际比较》，《经济学动态》2022 年第 7 期，第 31~50 页。

如图 5-5 所示，我国劳动收入份额整体呈 U 型曲线的变化规律。2000~2009 年一直处于明显下降趋势，从 2009 年后又开始呈上升趋势。劳动收入份额的变化反映了劳动力这一要素在国民经济中作用的变化趋势，同时也有产业结构调整的原因。2000 年后，我国进入老龄化社会，虽然劳动力的供给依旧相对充裕，但随着第二产业中劳动密集型产业占比的减少，劳动收入份额也随之减少。而在 2009 年后，我国的劳动收入份额又出现了显著的上升，这很大程度上是由于资本提升型的技术进步快于劳动提升型的技术进步，从而产生了更多的劳动需求，促进劳动边际产出不断上升，劳动收入份额也就随之上升。另外，这也反映了我国的劳动力质量结构正在发生变化，劳动力质量优势正在取代劳动力数量优势成为推动经济增长的主要动力。

5.1.2 人口老龄化、技术进步与经济增长的理论模型

前文分析了人口老龄化通过企业创新能力提升、人力资本积累和要素禀赋结构改变等不同方式促进技术进步，进而推动经济增长的路径。本节在内生经济增长理论的基础上，以罗默和格罗斯曼的经济增长模型为依据，参考穆怀中等的研究，将人口老龄化系数和老年抚养比引入经济增长模型，从理论上分析人口老龄化与技术进步和经济增长的协同关系。[①] 进一步从经济增长理论视角分析人口老龄化促进技术进步，寻找推动经济发展的内在逻辑。

1. 基本设定

假定在一个封闭的社会中只有两个生产部门，分别为产品生产部门和知识生产部门，要素包括物质资本（用 K 表示）和劳动力（用 L 表示），可以在两个部门之间自由流动，且要素的分配系数外生给定。分别用 a_K 和 a_L 表示资本和劳动力在知识生产部门的比重，用 $1 - a_K$ 和 $1 - a_L$ 表示资本和劳动力在产品生产部门的比重。

---

① 穆怀中、韩之彬：《老年人口快速增长期中国的经济增长预期及其实现路径》，《人口与经济》2021 年第 6 期，第 1~21 页。

2. 生产函数

假定两个部门的生产函数均为规模报酬不变的柯布-道格拉斯生产函数，技术进步为哈罗德中性技术进步。所以可以分别给出产品生产部门和知识生产部门生产函数的具体形式：

$$Y(t) = [(1-a_K)K(t)]^{\alpha} [A(t)(1-a_L)L(t)]^{1-\alpha} \tag{5-1}$$

$$\dot{A}(t) = B(t)[a_K K(t)]^{\beta} [a_L L(t)]^{\gamma} [A(t)]^{\theta} \tag{5-2}$$

其中，$(1-a_K)K(t)$ 和 $(1-a_L)L(t)$ 分别表示用于产品生产资本要素和劳动要素的投入，同理 $a_K K$ 和 $a_L L$ 表示用于知识生产的资本要素和劳动要素投入。在（5-1）式中，$Y(t)$ 表示总产出，$A(t)$ 表示知识存量，反映了产品生产部门初始的技术水平，α 是资本的弹性系数，范围在 0~1。在（5-2）式中，系数 $B > 0$，代表知识生产部门的生产效率，在基准模型中其为外生常数，在知识增量方程中，其随时间的变化而变化。系数 β，γ，θ 则分别表示资本、劳动力和原有知识存量对知识生产的弹性系数。由于假定知识生产函数是规模报酬不变的，所以可知 $\beta + \gamma + \theta = 1$，且各系数都大于 0。

3. 引入人口老龄化的生产函数

为了简化分析，我们暂时不考虑劳动参与率的差异，假定全部劳动力都参与实际生产，即劳动参与率为 100%。我们用 $h(t)$ 表示老年人口占比，$N(t)$ 表示总人口，则实际参与生产的劳动人口（为了更直观地反映人口老龄化对经济增长的影响，我们假定社会只存在老龄人口和劳动适龄人口，暂时不考虑少儿人口）：

$$L(t) = [1 - h(t)]N(t) \tag{5-3}$$

将（5-3）式代入（5-2）式后可以得到包含人口年龄结构的产品生产函数：

$$Y(t) = [(1-a_K)K(t)]^{\alpha} [A(t)(1-a_L)(1-h(t))N(t)]^{1-\alpha} \tag{5-4}$$

同样可以得到包含人口年龄结构的知识生产函数：

$$\dot{A}(t) = B(t)[a_K K(t)]^{\beta} [a_L(1-h(t))N(t)]^{\gamma} [A(t)]^{\theta} \tag{5-5}$$

需要注意的是，知识生产率 B 是一个随时间变化的系数，不再是外生给定的常数。

4. 资本动态方程和知识动态方程

在分析中，暂时不考虑资本折旧率，假定为 0，储蓄率为 s，为外生常数。由此可以得到资本动态积累方程：

$$\dot{K}(t) = sY(t) \tag{5-6}$$

根据一般的假定，在总人口中，只有劳动力人口（劳动适龄人口）参与生产，老年人口只进行消费。假定总产品中用于赡养老年人口的比重为 f（养老支出比），用于积累的部分则为 $1-f$（也可以理解为总产出当中用于支付劳动适龄人口工资的比重）。因此，资本动态积累方程可以进一步写为：

$$\dot{K}(t) = s_L [1 - f(t)] Y(t) \tag{5-7}$$

其中 s_L 为劳动适龄人口的储蓄率（因为假定老年人口只消费）。此外，这里给出老年人口占比以及总人口的增长率分别为 $g_h = \dot{h}(t)/h(t)$，$g_N = \dot{N}/N$，养老支出比增长率为 $g_f = \dot{f}(t)/f(t)$，知识生产率的增长率为 $g_B = \dot{B}(t)/B(t)$。

5. 平衡增长路径下的资本和知识增长率

首先求解资本和知识的平衡增长路径，将包含人口年龄结构的生产函数（5-4）式代入资本动态积累方程（5-7）式可得如下方程：

$$\dot{K}(t) = s_L [1 - f(t)] [(1 - a_K)K(t)]^{\alpha} \{A(t)(1 - a_L)[1 - h(t)]N(t)\}^{1-\alpha} \tag{5-8}$$

对（5-8）式两边同时除以资本投入量 K，可以得到资本增量的增长率方程：

$$g_K(t) = s_L (1 - a_k)^{\alpha} (1 - a_L)^{1-\alpha} \cdot [1 - f(t)] \cdot \left\{ \frac{A(t)[1 - h(t)]N(t)}{K(t)} \right\}^{1-\alpha} \tag{5-9}$$

对（5-9）式两边同时取对数，并对时间求导便可得到资本增长率的变化方程：

$$\frac{\overset{\cdot}{g_K}(t)}{g_K(t)} = -\frac{\overset{\cdot}{f}(t)}{1-f(t)} + (1-\alpha)\left[\frac{-\overset{\cdot}{h}(t)}{1-h(t)}\right] + (1-\alpha)\left[\frac{\overset{\cdot}{A}(t)}{A(t)} + \frac{\overset{\cdot}{N}(t)}{N(t)} - \frac{\overset{\cdot}{K}(t)}{K(t)}\right]$$

$$(5-10)$$

对（5-10）式进行简化，其中对右边第一项分子分母同时除以 $f(t)$（即养老支出比）可得：

$$-\frac{\overset{\cdot}{f}(t)}{1-f(t)} = \frac{\overset{\cdot}{f}(t)/f(t)}{[1-f(t)]/f(t)} = \frac{\overset{\cdot}{f}(t)}{f(t)} \cdot \frac{f(t)}{1-f(t)} = -v_1 g_f \qquad (5-11)$$

其中，$v_1 = f(t)/[1-f(t)]$ 反映了财富（体现为社会生产总产值）在劳动适龄人口和老年人口之间的分配比例，即财富的代际分配比，假定 v_1 为外生常数。对（5-10）式右边第二项进行简化。假定劳动适龄人口的比重为 $p(t)$，则 $p(t) = 1 - h(t)$，此时对（5-10）右边第二项同时除以老年人口占比可得到：

$$-\frac{\overset{\cdot}{h}(t)}{1-h(t)} = -\frac{\overset{\cdot}{h}(t)/h(t)}{[1-h(t)]/h(t)} = -\frac{\overset{\cdot}{h}(t)}{h(t)} \cdot \frac{h(t)}{p(t)} = -\frac{h(t)}{p(t)}g_h \qquad (5-12)$$

在（5-12）式中，为了简化，没有考虑少儿人口，因此根据老年人口占比和劳动适龄人口占比的定义，假定总人口中老年人口和劳动适龄人口分别用 $N_h(t)$ 和 $N_p(t)$ 表示，则可将（5-12）式改写为：

$$-\frac{h(t)}{p(t)}g_h = -\frac{N_h(t)/N(t)}{N_p(t)/N(t)}g_h = -\frac{N_h(t)}{N_p(t)}g_h = -d_h g_h \qquad (5-13)$$

（5-13）式可以看成是反映人口老龄化的一个综合因子，其中包括老年人口占比的增长 g_h 和老年人口的负担系数率 d_h（可视为老年抚养比）为外生给定的常数，$0 < d_h < 1$。将（5-12）式、（5-13）式代入（5-10）式右边第二项可得：

$$(1-\alpha)\left[\frac{-\overset{\cdot}{h}(t)}{1-h(t)}\right] = -(1-\alpha)d_h g_h \qquad (5-14)$$

（1）资本增长率

结合（5-11）式和（5-14）式，则资本增长率的变化方程（5-10）式可进一步写为：

$$\frac{\dot{g_k}(t)}{g_k(t)} = -v_1 g_f + (1-\alpha)[-d_h g_h + g_N - g_K(t) + g_A] \tag{5-15}$$

根据达到平衡增长路径的要求，资本的增量 $\dot{g_k}(t) = 0$。此时，资本呈现稳态变化，所以求得在稳态水平下，（5-15）式可以进一步改写为：

$$g_k(t) = g_A - vg_f - u \tag{5-16}$$

其中，g_A 是技术进步率。$v = v_1/(1-\alpha)$ 是前文提到的财富在老年人口和劳动适龄人口之间的分配系数的倒数乘以 $\frac{1}{1-\alpha}$。$u = d_h g_h - g_N$ 可以看成是反映人口老龄化的一个综合因子，将其作为分析人口老龄化对经济增长影响的关键参数。由前述假设可得 v 和 u 均为外生常数。

（2）知识增长率

同（5-9）式求解方法类似，将（5-5）式两边同时除以现有知识存量 $A(t)$，便可得到知识存量的增长率方程为：

$$g_A(t) = a_K^\beta a_L^\gamma \cdot B(t) [K(t)]^\beta \cdot [1-h(t)]^\gamma \cdot [N(t)]^\gamma \cdot [A(t)]^{\theta-1} \tag{5-17}$$

对（5-17）式两边同时取对数并对时间 t 求导，可得到知识增长率变化方程：

$$\frac{\dot{g_A}(t)}{g_A(t)} = \beta g_K + g_B - \gamma u + (\theta-1)g_A \tag{5-18}$$

同理可得，达到平衡增长路径要求为知识的增量 $\dot{g_A}(t) = 0$。此时，资本呈现稳态变化，所以求得在稳态水平下，（5-18）式可以进一步改写为：

$$g_k(t) = \frac{1-\theta}{\beta}g_A + \frac{\gamma}{\beta}u - \frac{1}{\beta}g_B \tag{5-19}$$

通过（5-16）式和（5-19）式可以求解达到稳态水平下，资本增长率的平衡增长路径和知识存量增长率的平衡路径分别为 g_K^* 和 g_A^*：

$$g_A^* = \frac{1}{\gamma} g_B - \frac{\beta + \gamma}{\gamma} - \frac{\beta \cdot \upsilon}{\gamma} g_f \qquad (5-20)$$

$$g_K^* = \frac{1}{\gamma} g_B - \frac{2\gamma + \beta}{\gamma} u - \frac{(\beta + \gamma)\upsilon}{\gamma} g_f \qquad (5-21)$$

其中 $\beta + \theta + \gamma = 1$。

6. 平衡增长路径下的经济增长率

对产品生产函数（5-4）式两边同时除以 $N(t)$ 可以得到人均产出函数：

$$y(t) = (1 - a_K)^\alpha (1 - a_L)^{1-\alpha} \cdot [K(t)]^\alpha [A(t)]^{1-\alpha} [1 - h(t)]^{1-\alpha} [N(t)]^{-\alpha} \qquad (5-22)$$

对（5-22）式两边同时取对数，再对时间 t 求导，可得到人均产出增长率：

$$g_y(t) = \alpha g_k + (1 - \alpha) g_A - (1 - \alpha) u - g_N \qquad (5-23)$$

把（5-20）式和（5-21）式代入方程（5-23）式可以得到平衡增长路径下稳态经济增长率：

$$g_y^* = \alpha g_k^* + (1 - \alpha) g_A^* - (1 - \alpha) u - g_N \qquad (5-24)$$

人口老龄化对经济增长的影响可以将（5-20）式和（5-21）式带入（5-24）式，通过对平衡增长路径上的 g_y^* 关于老龄化水平（养老支出比）求偏导得出，可得：

$$\frac{\partial g_y^*}{\partial g_f} = \frac{\partial g_y^*}{\partial g_K^*} \times \frac{\partial g_K^*}{\partial g_f} + \frac{\partial g_y^*}{\partial g_A^*} \times \frac{\partial g_A^*}{\partial g_f} = -\frac{(\alpha\gamma - \beta)}{\gamma} \cdot \frac{\upsilon_1}{1 - \alpha} < 0 \qquad (5-25)$$

同理，可以求解知识生产效率对经济增长以及人口老龄化对技术进步率的影响。分别通过对（5-24）式平衡增长路径上的 g_y^*，关于知识生产效率的增长率 g_B 求偏导，以及对平衡增长路径上的技术进步增长率 g_A^* 关于养老水平 g_f 求偏导，可得：

$$\frac{\partial g_y^*}{\partial g_B} = \frac{\partial g_y^*}{\partial g_K^*} \times \frac{\partial g_K^*}{\partial g_B} + \frac{\partial g_y^*}{\partial g_A^*} \times \frac{\partial g_A^*}{\partial g_B} = \frac{1}{\gamma} > 0 \qquad (5-26)$$

$$\frac{\partial g_A^*}{\partial g_f} = -\frac{\beta}{\gamma} \times \frac{v_1}{1-\alpha} < 0 \qquad (5-27)$$

从（5-25）式看，人口老龄化加剧导致养老抚养支出增加，并通过影响资本积累和知识存量对经济带来负面影响。同时，知识生产效率的提高会通过技术进步对经济增长带来正面积极的效应。从人口老龄化和技术进步之间的关系（5-27）式可以看出，整体是负面的。也就是说，养老支出或者是老年抚养比上升同样会阻碍技术进步，但该阻碍是否为绝对的负效应还需要具体分析。进一步分析（5-27）式可以发现，养老支出比 v_1 越高，技术进步越会受阻，但技术对产出的贡献系数（$1-\alpha$）会产生调节作用（由于 $\beta/\gamma > 0$），当技术的产出弹性越大时，可以有效缓解人口老龄化对技术进步的负面效应。因此，在人口老龄化加剧的情况下，提高经济增长率的有效途径是提高技术水平和知识生产效率。也就是说，要想实现经济的持续增长，必须通过技术进步来抵消人口老龄化的负面影响，即人口老龄化会倒逼技术进步，从而实现经济可持续增长。人口老龄化、技术进步和经济增长的协同关系如图5-6所示。

7. 人口老龄化对技术进步的倒逼效应

如图5-6所示，横轴表示技术进步率 g_A，纵轴表示资本积累增长率 g_K，结合（5-16）式和（5-19）式反映人口老龄化和技术进步对经济增长的影响。同时，分析如何通过技术进步来抵消人口老龄化对经济增长的负面影响，即人口老龄化对技术进步的倒逼效应。

利用（5-16）式和（5-19）式分别构建资本和知识的初始稳态增长线

为 K_0 和 A_0（此时 $\dot{g_K}(t)=0$，$\dot{g_A}(t)=0$），则资本增长稳态线的斜率为 1，且在纵轴 g_K 上的截距为 $-vg_f-u$，是一个负数，可以用初始水平 x_K 来表示。同理，知识增长稳态线的斜率为 $(1-\theta)/\beta$，其在纵轴的截距项为 $(\gamma u/\beta)-(b/\beta)$，可以用初始水平 x_A 来表示，其中 b 为常数，用来表示知识生产效率的增长率 g_B。为了便于分析，假设 $x_A<0$，并且假设 $x_K=(-vg_f-u)<x_A=(\gamma u/\beta)-(b/\beta)$。同时由于生产函数规模报酬不变，所以知识增长稳态线的斜率 $(1-\theta)/\beta>1$，要更为陡峭，从而可以得到两条直线的唯一交点，即经济达到稳态水平时的知识和资本增长率 g_K^* 和 g_A^*，其共同决定了经济稳态时的增长率 g_{y0}^*。

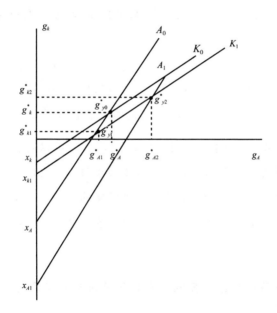

图 5-6 人口老龄化、技术进步与经济增长的协同关系

注：资本的是上下移动表示增减，技术是左右移动表示增减。

如图 5-6 所示，由前述假设可知，养老支出水平 g_f 会随着老龄化加速其值不断变大，同时资本增长稳态线会随着 g_f 的不断增加而不断下移，从而减弱社会的资本积累速度。现在假定初始水平下，也就是上面所讲资本和知识存量曲线相交的稳态增长点 g_{y0}^{*} 时的养老支出水平为 g_f。由于人口老龄化加剧，资本增长稳态线下移，由 x_K 下移到 x_{K_1}。此时的资本增长稳态线由 K_0 下移到 K_1，新的资本增长稳态线 K_1 与原有知识增长稳态线相交于新的稳态增长点 g_{y1}^{*}，很显然 $g_{y1}^{*} < g_{y0}^{*}$，此时经济水平出现下滑，经济增速放缓，人口老龄化对经济增长的负面效应凸显。

人口老龄化对经济增长的负面影响会逐渐蔓延到整个社会，会进一步影响居民整体收入水平和养老支出。如图 5-6 所示，在面对新的资本增长率稳态线 K_1 时，若要提高稳态水平下经济增长率，则需要通过提高知识增长率稳态线的水平、提高技术进步和知识生产效率、加速人力资本积累等方式，使技术进步对经济增长的影响可以完全抵消人口老龄化的负面影响。

在新的水平下，面对下移的资本增长率稳态线 K_1，此时社会的技术若取得较大进步，知识增长率稳态线由 A_0 右移到 A_1，在纵轴的截距由 x_A 下移到 x_{A1}。新的知识增长率稳态线 A_1 与资本增长稳态线 K_1 相交于新的交点 g_{y2}^{*}。对应新的知识和资本稳态增长率 g_{K2}^{*} 和 g_{A2}^{*}。可以明显看出 $g_{y2}^{*} > g_{y1}^{*}$，稳态经济增长水平得到提高，体现了技术进步对经济增长的贡献抵消了人口老龄化带来的不利影响。可见，在人口老龄化的背景下，提高知识生产效率和知识积累水平、促进技术进步不仅可以加速社会资本积累，还可以推动全要素生产率的增长。

5.1.3 人口老龄化、技术进步与经济增长的实证检验

前文分别从经验和理论视角分析了人口老龄化会通过"技术倒逼效应"推动技术进步，进而促进经济增长。本节将通过实证分析，对人口老龄化通过技术倒逼效应对经济增长的直接影响和间接影响进行实证分析。因此，本节将构建包含人口老龄化和技术进步交互项的面板数据模型，以及以技术进步作为中介变量的中介效应模型。

1. 计量模型设定

（1）面板回归模型

根据前述经验和理论分析，首先构建包含人口老龄化和技术进步交互项的面板数据模型。考虑到面板数据分析过程中会存在异质性和时间序列相关等问题导致的估计偏误，因此，初始计量模型设定为包括个体效应和时间效应的形式。在后续的分析过程中，再对模型进行进一步的识别，为消除异方差，模型取对数形式，具体为：

$$lnPgdp_{it} = \alpha + \beta_1 \cdot lnOld_{it} + \beta_2 \cdot lnCpat_{it} + \beta_3 \cdot lnOld_{it} \times Cpat_{it} + \beta \cdot lnX_{it} + d_i + g_i + \varepsilon_{it}$$

（交互模型 1）

其中，Old_{it}、$Cpat_{it}$ 以及 $Old_{it} \times Cpat_{it}$ 分别表示老龄化水平、技术进步以及两者的交互项。X_{it} 为控制变量，包括物质资本存量（$Invest_{it}$）、劳动力占比（$Work_{it}$）、受教育水平（Edu_{it}）、R&D 经费（$R\&D_{it}$）以及城镇化率（$Urban_{it}$）等；d_i 为个体效应，表示个体当中不随时间变化的、不可观测的外部冲击；g_i 为时间效应，表示不随个体变化的时间外部冲击；ε_{it} 为随机扰动项。

（2）中介效应模型

为进一步检验由人口老龄化带来的技术倒逼对经济增长的中介效应，参照 Hayes 和汪伟等的检验中介效应的方法，将面板数据的中介效应模型设定为个体时点双固定效应模型，构建如下递归方程。[1]

$$lnPgdp_{it} = \alpha_1 + \beta_1 \cdot lnOld_{it} + \beta \cdot lnX_i + d_i + \varepsilon_{it} \qquad (5-28)$$

$$lnCpat_{it} = \alpha_2 + \varphi_1 \cdot lnOld_{it} + \mu \cdot lnX_i + d_i + \varepsilon_{it} \qquad (5-29)$$

$$lnPgdp_{it} = \alpha_3 + \theta_1 \cdot ln \cdot Old_{it} + \delta_1 \cdot lnCpat_{it} + \gamma \cdot lnX_i + d_i + \varepsilon_i \qquad (5-30)$$

其中，方程（5-28）的系数 β_1 和 β 是自变量老龄化水平以及控制变量（包括 $Old_{it} \times Cpat_{it}$、劳动力占比、受教育水平、R&D 经费和城市化率）对人均实际 GDP（$Pgdp_{it}$）的总效应。方程（5-28）也是传统 OLS 回归方

---

[1] Hayes, A. F., "Beyond Baron and Kenny: Statistical mediation analysis in the new millennium", Communication monographs 76 (4), 2009: 408-420. 汪伟、刘玉飞、彭冬冬：《人口老龄化的产业结构升级效应研究》，《中国工业经济》2015 年第 11 期，第 47~61 页。

程。方程（5-29）的系数 φ_1 以及 μ 分别为自变量和控制变量对中介变量技术进步的效应。方程（5-30）的系数 δ_1 是控制了自变量（老龄化水平 Old_{it}）和控制变量的影响后，中介变量（技术进步，$Cpat_{it}$）对因变量（人均实际 GDP，$Pgdp_{it}$）的效应；系数 θ_1 和 γ 是在控制了中介变量（技术进步）的影响后，自变量和控制变量对因变量（人均实际 GDP）的直接效应。

直观理解为，自变量和控制变量变化 1 个单位，通过直接效应影响因变量 $\theta_1 \cdot lnPgdp_{it}$ 个单位；通过间接效应影响中介变量 $\varphi_1 \cdot lnCpat_{it}$ 个单位，进而通过中介变量（技术进步）影响因变量 $\varphi_1 \cdot \delta_1 \cdot lnPgdp_{it}$ 个单位。也就是说，自变量变化 1 个单位，对因变量的总效应是 $\theta_1 + \varphi_1 \cdot \delta_1$ 个单位。在模型拟合良好的基础上，将采用逐步回归法进行分析。

2. 数据来源和变量说明

（1）数据来源

本节采用的数据主要是中国 31 个省（区、市）1990~2020 年的面板数据，其中人均实际 GDP、物质资本存量、受教育水平、劳动力占比、城镇化率的数据来自 1991~2021 年《中国统计年鉴》，其中专利申请授权数和 R&D 经费数据来自 1997~2021 年《中国科技统计年鉴》。由于 1995 年前的 R&D 经费没有明确统计，本研究采用移动平均值法进行了估算。

（2）变量说明

因变量。因变量为经济增长，这里采用人均实际 GDP 表示，具体以 1990 年为基期，按照各地区 CPI 指数进行平减，求得各地区历年人均实际 GDP。

核心解释变量。在面板数据模型中，核心解释变量主要有老龄化水平、技术进步（关于技术进步的测量方法主要有支出法和投入法）和两者的交互项（引入交互项的主要目的是反映人口老龄化对经济增长的影响不仅体现在人口老龄化自身，还体现在人口老龄化对技术创新的影响，由此检验人口老龄化经由技术倒逼效应对经济增长的影响）。在中介效应模型中核心解释变量是老龄化水平。

中介变量。在中介效应模型中主要考虑技术进步，引入中介变量的目的是检验人口老龄化自身对经济增长的直接效应和通过技术进步对经济增长产生的间接效应。

控制变量。在实证分析中还考虑了物质资本存量、劳动力占比、R&D经费、受教育水平以及城镇化率等控制变量。在分析过程中为了降低异方差的影响，对各变量进行对数化处理。各变量的名称和含义以及描述性统计如表5-1所示。

表5-1　各变量描述性统计分析

变量名称	变量描述/单位	最小值	最大值	平均值	标准差
人均实际GDP	1990年为基期计算的人均实际GDP(亿元)	6.70	11.19	8.88	0.99
实际GDP	1990年为基期计算的实际GDP(元)	3.20	10.54	7.63	1.39
老龄化水平	65岁及以上人口占总人口比重(%)	1.21	2.89	2.10	0.32
技术进步	各地区专利申请授权数存量(件)	0.69	13.45	8.25	2.04
R&D经费	各地区历年科研经费内部支出(万元)	6.52	17.37	12.61	2.29
物质资本存量	永续盘存法测算的固定资产投资(万元)	2.14	10.97	7.75	1.68
劳动力占比	15~64岁人口占总人口比重(%)	4.09	4.43	4.25	0.06
受教育水平	6岁及以上人口平均受教育年限(年)	0.25	2.25	2.03	0.23
城镇化率	城镇人口占总人口比重(%)	2.63	4.50	3.69	0.45

注：本表为取对数后的结果。

3. 面板单位根检验和实证分析结果

（1）面板数据单位根检验

考虑到面板数据非平稳可能造成的伪回归等结论，本研究对面板数据各变量进行单位根检验。根据面板数据的同质性和异质性，单位根检验主要包括LLC检验、IPS检验、Breitung检验和Fisher-ADF检验。本研究给出了多种检验方法的检验结果，如表5-2所示。其中除了个别变量的个别指标（如城镇化率、受教育水平等的Breitung检验）未通过外，其他变量的各项单位根检验结果都支持数据是平稳的，可直接用于建模回归。

表 5-2　面板数据单位根检验

变量名称	LLC 检验	IPS 检验	Breitung 检验	Fisher-ADF 检验
人均实际 GDP	-7.106(0.014)	-4.440(0.000)	-13.285(0.000)	191.870(0.000)
老龄化水平	-3.653(0.000)	-2.133(0.011)	-4.729(1.000)	135.858(0.000)
物质资本存量	-2.006(0.022)	-2.126(0.016)	-3.183(0.001)	174.004(0.000)
受教育水平	-11.966(0.000)	-13.946(0.000)	1.619(0.991)	248.171(0.000)
技术进步	-7.121(0.000)	-8.274(0.000)	-5.523(0.000)	194.679(0.000)
R&D 经费	-1.757(0.0001)	1.884(0.463)	0.392(0.9213)	148.030(0.000)
交互项	-6.743(0.000)	-7.342(0.000)	-0.489(0.312)	176.207(0.000)
城镇化率	-1.956(0.025)	0.424(0.664)	1.237(0.892)	210.081(0.000)
产业升级系数	-7.130(0.000)	-6.714(0.000)	-0.237(0.460)	193.822(0.460)
劳动力占比	-2.319(0.012)	-1.617(0.052)	-8.652(0.000)	149.350(0.000)

注：（ ）内为对应系数 P 值。

（2）面板数据模型回归结果

Hausman 检验统计量的值为 5233.53（$p<0.001$）拒绝了随机效应模型，表明各地区的老龄化水平和技术进步等因素对经济增长的影响存在着明显的异质性。因此，本研究采用固定效应模型控制个体异质性。同时，考虑到各地区过去 30 多年受到共同经济政策的影响，加入时间趋势项。通过对模型 F 统计量的检验，分别拒绝了混合模型和个体固定效应模型，因此最终选定个体和时点双固定模型（模型 5），回归结果如表 5-3 所示。

表 5-3　人口老龄化、技术创新对经济增长影响的回归结果

变量名称	个体固定	个体固定	混合模型	个体固定	双固定
	模型 1	模型 2	模型 3	模型 4	模型 5
老龄化水平	2.707 *** (0.062)		-1.456 *** (0.137)	-0.624 *** (0.061)	-0.337 *** (0.050)
技术进步		0.536 ***	-0.511 *** (0.035)	-0.162 *** (0.017)	-0.123 *** (0.013)
交互项			0.223 *** (0.015)	0.112 *** (0.007)	0.072 *** (0.005)

续表

变量名称	个体固定	个体固定	混合模型	个体固定	双固定
	模型1	模型2	模型3	模型4	模型5
R&D经费			-0.068*** (0.011)	0.034*** (0.005)	0.028*** (0.008)
物质资本存量			0.402*** (0.014)	0.375*** (0.008)	0.237*** (0.012)
劳动力占比			2.078*** (0.245)	1.055*** (0.129)	0.670*** (0.133)
受教育水平			-0.137** (0.074)	0.194*** (0.036)	0.083*** (0.028)
城镇化率			0.910*** (0.041)	0.124*** (0.022)	0.109*** (0.018)
时间趋势项					
常数项	3.182*** (0.132)	4.548*** (0.050)	-1.994** (0.911)	0.840** (0.845)	3.256*** (0.557)
F统计量	21.52***	104.40***		219.51***	321.63***

注：* 表示 $p<0.1$，** 表示 $p<0.05$，*** 表示 $p<0.01$，( ) 内为对应标准误。

模型1和模型2的结果显示，在不考虑其他因素的影响时，老龄化水平和技术进步对人均实际GDP的影响均为显著的正效应，回归系数分别为2.707和0.536。但是在考虑了其他控制变量后，老龄化水平对经济增长的影响发生了明显的改变，虽然其系数依旧通过显著性检验，但是系数的方向发生了明显改变。这主要是因为加入了老龄化水平和技术进步的交互项，也说明人口老龄化对经济增长的影响路径是复杂的。模型5的结果显示，老龄化水平和技术进步交互项的系数为0.072，且在1%的水平下显著，说明人口老龄化确实会通过技术进步的调节对经济增长产生积极的影响，表明人口老龄化对经济增长的积极效应会随着技术进步的不断提高而越发明显。在综合考虑这两者交互项的情况下，可以测算人口老龄化对经济增长的总边际效应为0.257，具体算法为：老龄化水平回归系数

（−0.337）+交互项系数（0.072）×技术进步均值（8.25）。这说明人口老龄化对经济增长的总效应依旧是明显的，原因可能是人口老龄化会通过技术倒逼效应影响经济增长，随着人口老龄化加剧、劳动力供给水平下降和要素禀赋结构转变，技术进步效应对经济增长的影响就会越大，从而抵消人口老龄化带来的负效应。这也印证了人口老龄化、技术进步和经济增长的协同关系。

从其他控制变量对经济增长的影响可以看出，R&D经费、物质资本存量、劳动力占比、人均受教育水平和城镇化率对经济增长均具有显著的正效应。其中，劳动力占比和劳动密集型产业对经济增长的贡献是巨大的，人口红利的作用是十分明显的。物质资本存量和城镇化率对经济增长的贡献也较大，回归系数分别为0.237和0.109，其中资本和充裕的劳动力结合，显著地抵消了不断追加资本而造成的边际生产率递减。同时，大规模的城乡人口流动带来的城市化水平提高，为不同产业发展提供了劳动力，推动了经济的快速增长。人均受教育水平的回归系数为0.083，劳动力质量提升是未来实现人口红利转型的关键，也是推动整个产业转型升级的重要因素。在不同时期受教育水平的提高对经济增长的贡献是不同的，并且会不断提高。劳动力整体素质的提高不仅是劳动力质量提升的直接体现，同时也是整体科研创新能力提升的关键，对推动未来技术进步具有显著影响。未来随着要素结构的改变和技术水平的提高，人口老龄化对经济增长的负面影响也会逐渐减弱，如何从人口老龄化不断加剧的现实中挖掘人口红利是实现人口红利转型的突破口。

（3）中介效应模型回归结果

为了进一步分析人口老龄化通过技术倒逼效应对经济增长的作用机制，本研究构建了包含技术进步的中介效应模型。将模型设定为固定效应模型，通过对面板数据进行递归回归分析，得到包含技术进步的中介效应模型，回归结果如表5-4所示。

表 5-4　人口老龄化、技术创新对经济增长影响的中介效应

变量名称	不加入控制变量			加入控制变量		
	模型 1	模型 2	模型 3	模型 4	模型 5	模型 6
截距	3.182 ***	0.528 **	2.968 ***	1.441 ***	−3.693 ***	0.840 **
	(0.132)	(0.275)	(0.071)	(0.502)	(0.903)	(0.485)
自变量						
老龄化水平	2.707 ***	3.670 ***	1.217 ***	−0.109 ***	−3.160 ***	−0.624 ***
	(0.062)	(0.129)	(0.045)	(0.027)	(0.049)	(0.061)
中介变量						
技术进步			0.406 ***			−0.163 ***
			(0.008)			(0.017)
控制变量						
交互项				0.049 ***	0.385 ***	0.112 ***
				(0.002)	(0.004)	(0.007)
R&D 经费				0.042 ***	−0.05 ***	0.034 ***
				(0.005)	(0.009)	(0.005)
物质资本存量				0.352 ***	0.142 ***	0.375 ***
				(0.008)	(0.015)	(0.008)
劳动力占比				0.641 ***	2.542 **	1.055 ***
				(0.127)	(0.230)	(0.128)
受教育水平				0.166 ***	0.175 ***	0.194 ***
				(0.038)	(0.069)	(0.036)
城镇化率				0.120 ***	0.020 ***	0.124 ***
				(0.023)	(0.043)	(0.022)
调整 R^2	0.562	0.346	0.766	0.799	0.978	0.820
F 值	21.52 ***	42.49 ***	27.04 ***	246.80 ***	26.23 ***	219.51 ***

注：* 表示 $p<0.1$，** 表示 $p<0.05$，*** 表示 $p<0.01$，( ) 内为对应标准误。

模型 1、模型 2 和模型 3 是没有考虑控制变量的回归结果。模型 2 结果显示，人口老龄化对技术进步具有显著的正效应，回归系数为 3.670。模型 3 结果显示，技术进步对经济增长的直接效应回归系数为 0.406，在 1% 的水平下显著。人口老龄化通过推动技术进步，进而促进经济增长的间接效应为 1.490（3.670×0.406 ＝1.490）。在考虑控制变量后人口老龄化通过技术倒逼对经济增长的间接效应依旧存在，系数为 0.515（−3.160×−0.163）。同面板数据模型回归结论相似，在考虑其他控制变量后，人口老龄化对经济增

长的影响为负，且十分显著。模型 6 结果显示，其他各变量对经济增长的影响同面板数据模型的回归结果基本一致。模型 6 引入中介效应后老龄化水平回归系数 θ_1（-0.163）明显低于基准模型 4 的老龄化水平回归系数 β_1（-0.109），这说明技术倒逼效应确实是人口老龄化促进经济增长的一个重要渠道，这也与理论预期和前述实证结论相一致。人口老龄化确实会通过企业技术创新、人力资本积累和要素结构改变等影响技术进步，进而推动经济增长。正如前文所述，人口老龄化对科研经费支出的挤压、对科研人员队伍数量的影响等并非起直接和决定性作用，这些因素更多地取决于国家对科研创新和技术进步的重视程度。

5.2　人口老龄化的产业升级效应

一个国家或地区的产业结构通常与消费结构、要素禀赋结构以及技术进步等要素密切相关，而这些要素又受人口年龄结构的影响。人口老龄化会影响一个社会的消费模式、人力资本、技术进步、劳动供给等，人口老龄化加剧势必会对产业结构升级带来影响。[1] 具体而言，劳动力作为生产要素，具有既是消费者又是生产者的双重属性，通过年龄结构的变化对产业结构升级带来不同影响。[2] 而关于人口老龄化对产业结构升级效应的研究，学界形成了三种观点。一是人口老龄化有助于实现产业升级。主要是人口老龄化通过消费效应、技术倒逼效应、人力资本积累效应、劳动生产率效应推动产业结构升级。[3] 二是人口老龄化不利于产业结构升级。人口老龄化会降低劳动生

---

[1]　汪伟、刘玉飞、彭冬冬：《人口老龄化的产业结构升级效应研究》，《中国工业经济》2015年第 11 期，第 47~61 页。

[2]　马子红、胡洪斌、郑丽楠：《人口老龄化与产业结构升级——基于 2002~2015 年省级面板数据的分析》，《广西社会科学》2017 年第 10 期，第 120~125 页。

[3]　张桂文、邓晶晶、张帆：《中国人口老龄化对制造业转型升级的影响》，《中国人口科学》2021 年第 4 期，第 33~44 页；刘玉飞、彭冬冬：《人口老龄化会阻碍产业结构升级吗——基于中国省级面板数据的空间计量研究》，《山西财经大学学报》2016 年第 3 期，第 12~21 页。

产效率，削弱劳动力成本优势，不利于产业结构升级。[①] 三是人口老龄化对产业升级的影响是双向的。主要强调人口老龄化对不同地区的产业结构升级作用是不同的。[②] 因此，本节有必要就人口老龄化对产业升级的作用机制进行梳理，挖掘人口老龄化推动产业升级、促进经济增长、实现人口红利转型的内在机制。

5.2.1　人口老龄化推动产业升级的作用机制

驱动产业升级的动力一是来自消费结构的转变，二是来自企业技术的进步。消费的恩格尔定律和产业结构的配第-克拉克定理使人们在收入不断增加的情况下，减少对农产品和基本生存型物品的消费，而与服务业相关的产品消费会随之增加。[③] 与此同时，在面对劳动力资源相对稀缺的背景下，企业会采取资本和技术进行替代，从而实现不同的偏向型技术进步，引发产业结构的变动。[④] 因此，人口老龄化对产业结构升级的影响可以从需求和供给两个方面进行研究。

1. 人口老龄化、消费需求转变与产业升级

（1）理论分析

消费需求的变化是引起产业结构变化的动因。不同年龄阶段的个体对产品的数量、结构和规模需求均有所不同。当老年人口数量日益庞大后，其消费习惯就会在整个社会经济体中日益显现，进而影响社会的产业结构。消费

---

① 蔡昉、王美艳：《中国人力资本现状管窥——人口红利消失后如何开发增长新源泉》，《人民论坛学术前沿》2012 年第 4 期，第 56~65 页；陈彦斌：《人口老龄化对中国宏观经济的影响》，科学出版社，2014。

② 聂高辉、黄明清：《人口老龄化对产业结构升级的动态效应与区域差异——基于省际动态面板数据模型的实证分析》，《科学决策》2015 年第 11 期，第 1~17 页。

③ Kongsamut, P., Rebelo, S., Xie, D., "Beyond balanced growth", *The Review of Economic Studies* 68 (4), 2001: 869–882; Foellmi, R., Zweimüller, J., "Structural change, Engel's consumptioncycles and Kaldor's facts of economic growth", *Journal of monetary Economics* 55 (7), 2008: 1317–1328.

④ 刘玉飞、彭冬冬：《人口老龄化会阻碍产业结构升级吗——基于中国省级面板数据的空间计量研究》，《山西财经大学学报》2016 年第 3 期，第 12~21 页。

者年龄是决定消费结构的关键因素。人口结构的变迁必然会引起消费结构的变化，人口老龄化不断加剧，内需的改变会对产业结构产生重要的影响。① 当一个社会的人口老龄化达到一定水平后，会通过消费路径推动服务业发展，并且人口老龄化程度越高，服务业的需求效应就越明显，而这种消费需求效应的变化正是人口老龄化推动产业升级的重要机制。② 杜修立和郑鑫将人口年龄结构和产业结构同时引入索洛模型，分析了人口老龄化影响产业结构转型和升级，进而推动经济增长的过程。③ 于泽等从人口年龄结构变化引起的需求和供给两个方面改变，分析了中国产业升级的内生动力，认为人口老龄化导致的储蓄率提高和消费结构改变会通过资本深化效应和恩格尔效应促进产业结构转型和升级。④

人口老龄化引起的需求效应不仅体现在消费结构和消费方式上，同样会引起投资需求的改变。人口老龄化对劳动力供给带来的不利影响会使劳动力用工成本上升，使资本密集型和技术密集型企业的投资相对增多，有利于吸引外商投资。⑤ 从长期来看，人口老龄化会使经常账户差额的优势逐渐丧失，也就是老年抚养比的上升会使经常账户的差额具有反向作用，从而间接推动外资投资消费的流入。⑥ 李小光和邓贵川将人口老龄化和外商直接投资（FDI）引入经济增长模型后发现，人口老龄化提高了劳动力工资水平，促进经济向资本密集型产业转型，从而提高了资本回报率，这

---

① 茅锐、徐建炜：《人口转型、消费结构差异和产业发展》，《人口研究》2014年第3期，第89~103页。

② 陈卫民、施美程：《人口老龄化促进服务业发展的需求效应》，《人口研究》2014年第5期，第3~16页。

③ 杜修立、郑鑫：《人口结构、产业结构与中国经济潜在增长率》，《统计与信息论坛》2017年第3期，第56~61页。

④ 于泽、章潇萌、刘凤良：《中国产业结构升级内生动力：需求还是供给》，《经济理论与经济管理》2014年第3期，第25~35页；于泽、章潇萌、刘凤良：《储蓄倾向差异、要素收入分配和我国产业结构升级》，《经济理论与经济管理》2015年第7期，第36~47页。

⑤ 马子红、胡洪斌、郑丽楠：《人口老龄化与产业结构升级——基于2002~2015年省级面板数据的分析》，《广西社会科学》2017年第10期，第120~125页。

⑥ 钟水映、李魁：《人口年龄结构转变对经常项目差额的影响机制与实证分析》，《世界经济研究》2009年第9期，第34~39页。

有助于外商投资的流入，促进经济增长。① 然而人口老龄化对外商投资的影响是双边的，而且与人口老龄化程度和城市的规模有关，在关注人口老龄化对外商投资溢出效应的同时，还要关注其可能带来的挤出效应。②

人口老龄化除通过消费需求和投资需求影响产业结构，老年群体自身对养老、医疗服务等第三产业需求的增加，还会通过改变消费结构影响产业升级。老年人消费结构的改变会对各个行业造成冲击，尤其是与老龄化相关的养老医疗、公共保健以及其他服务业，这些行业大多属于第三产业中的消费性服务业。③ 当老龄化水平比较低的时候，社会对老年型服务业的需求相对不高，难以形成推动产业结构升级的动力，随着人口老龄化加剧，这种需求结构变化对产业结构的作用便会凸显出来。④ 但是，同样需要注意到，老年人口消费结构的改变对房地产行业、汽车和电子通信等加工制造业带来的不利影响，可能会抑制这些行业的转型与升级。⑤

（2）经验解释

人口老龄化通过消费需求转变对产业升级产生影响。同老年人相关的消费需求主要集中在第三产业，在第三产业中消费性服务业比重能够反映第三产业内部结构的变化。其中，产业结构升级系数可以综合反映三次产业之间的升级系数，其数值越大，表明产业结构升级系数越高，反之越低。同时，第三产业在 GDP 当中的比重可以反映第三产业的发展速度，一些学者将其作为产业结构升级的评价指标。⑥ 在第三产业中，生产性服务业的占比也反映了

① 李小光、邓贵川：《人口老龄化、外商直接投资与经济增长——基于 FDI 的经济增长模型的分析》，《云南社会科学》2018 年第 4 期，第 65~71 页。

② 杨茜、王学义：《人口老龄化影响外商直接投资的双边效应：溢出还是挤出？》，《人口研究》2020 年第 1 期，第 99~112 页。

③ 刘玉飞、彭冬冬：《人口老龄化会阻碍产业结构升级吗——基于中国省级面板数据的空间计量研究》，《山西财经大学学报》2016 年第 3 期，第 12~21 页。

④ 张斌、李军：《人口老龄化对产业结构影响效应的数理分析》，《老龄科学研究》2013 年第 6 期，第 3~13 页。

⑤ 郭熙保、李通屏、袁蓓：《人口老龄化对中国经济的持久性影响及其对策建议》，《经济理论与经济管理》2013 年第 2 期，第 43~50 页。

⑥ 王屿、梁平、刘肇军：《人口老龄化对我国产业结构升级的影响效应分析》，《华东经济管理》2018 年第 10 期，第 99~106 页。

第三产业内部的结构升级。[①] 因此，本节将利用三个指标来反映人口老龄化对产业结构升级的影响，分别是产业结构升级系数、第三产业占比、生产性服务业在第三产业中的占比。其中，产业结构升级系数计算公式参考陶良虎和石逸飞的研究，产业结构升级系数 $= \sum_{i=1}^{3} x_i \times i = x_1 + 2x_2 + 3x_3$，其中 x_i 表示第 i 产业的比重，这一指标取值为 $1 \sim 3$。而生产性服务业按照何德旭等的标准，将第三产业划分为生产、消费和公共服务业三类。[②] 其中，生产性服务业具体包括：金融业；房地产业；交通运输、仓储和邮政业；信息传输、计算机服务和软件业；租赁和商务服务业；科学研究、技术服务以及其他非生产性服务业。数据主要来自《中国统计年鉴》，计算结果如图 5-7 和图 5-8 所示。

如图 5-7 所示，我国的产业结构升级系数呈上升趋势，产业升级进程并未因人口老龄化而出现减缓。从变化趋势上看，2014 年后，产业结构升级系数出现了较快增长，截至 2019 年，这一指数值为 2.47。产业结构升级系数揭示了三次产业变动的规律。产业结构升级除了产业发展的配第－克拉克定理外，人口老龄化的影响也是多方面的，其中与老年人口增加相关的服务业增加是老龄化消费效应带来的直接影响。京东大数据研究院发布《聚焦银发经济——2019 中老年线上消费趋势报告》显示，在互联网向中高年龄人群持续渗透的大背景下，中老年线上消费市场面临发展重大机遇。2017~2019 年，老年适用商品数量以年均 39% 的增速增长。[③] 同样，全国老龄工作委员会发布的《中国老龄产业发展报告》预测，到 2050 年我国老龄人口的消费潜力将增长到 106 万亿元人民币左右，占 GDP 的比重将增长至 33%。[④] 这势必对未来我国的产业结构产生深远影响。

---

① 陶良虎、石逸飞：《人口老龄化对产业结构升级的中介效应影响研究》，《北京邮电大学学报》（社会科学版）2018 年第 4 期，第 44~54 页。

② 何德旭、姚战琪、王朝阳：《生产性服务业与消费性服务业：一个比较分析框架》，社会科学文献出版社，2008。

③ 《养老行业市场调查：中国老龄人口的消费潜力将增长到 106 万亿元人民币左右，占 GDP 的比例将增长至 33%》，http：//www. cniir. com/cysj/30. html。

④ 《万亿老年人市场消费的 6 个趋势｜ 2019 中老年线上消费趋势报告》，https：//zhuanlan. zhihu. com/p/164858281。

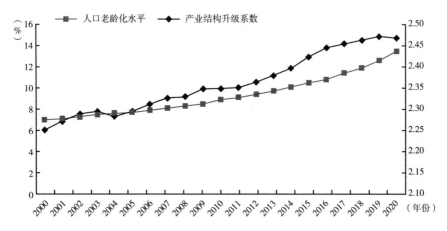

图 5-7 2000~2020 年产业结构升级系数和人口老龄化水平

注：左轴为人口老龄化水平。

产业结构升级系数从总体上反映了产业结构的高级化程度，而第三产业占比可以更直观地反映第三产业的变化趋势。如图 5-8 所示，我国第三产业占比呈持续上升趋势，其中分别在 2009 年和 2015 年后出现了两个快速增长的阶段。截至 2020 年，我国第三产业比重达到 54.5%，占整个GDP 的一半以上。而生产性服务业在第三产业当中的比重也呈现递增趋势，截至 2020 年，这一比重为 52.38%，同样超过了一半。从第三产业内部结构看，生产性服务业的占比也在逐年增加，表明第三产业内部结构也在不断升级。虽然我们从变化趋势上能够看到人口老龄化和产业升级的规律，但人口老龄化对产业升级的影响还需要经过进一步的理论推演和实证检验。

2. 人口老龄化，劳动供给转变与产业升级

（1）理论解释

人口老龄化不仅会通过消费影响产业升级，而且劳动力作为生产要素还会通过劳动力供给直接影响产业升级。一是"刘易斯拐点"效应，即劳动力数量影响产业升级。人口老龄化加剧和劳动力供给"刘易斯拐点"的到来使我国依靠廉价劳动力的时代结束，这也意味着"两头小、中间大"的

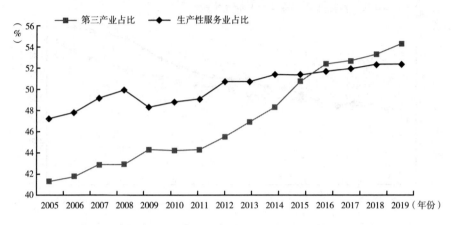

图 5-8　2005~2019 年第三产业占比和生产性服务业占比变化趋势

人口年龄结构带来的人口红利的消失。[①] 沈于和朱少非通过建立包含中间商品的两部门模型，研究人口老龄化对产业升级的影响，认为人口老龄化对劳动力供给的影响为产业升级带来了契机。[②] 只有当劳动力供给下降、资本相对充裕的情况下，才有可能真正实现产业升级。但如果此时劳动力质量和技术进步难以提升，那么一个国家或地区的产业结构将很难实现优化升级。劳动力减少、工资成本上升，将会引起劳动力资源在不同行业和产业之间的再配置和流动，影响劳动力市场的技能结构。[③] 而劳动力供给减少、抚养比的增加，对不同行业的结构优化产生不同的影响，尤其是不利于制造业的合理化和高度化。[④] 对服务业而言，其与工业部门对劳动和资本需求的差异，会促使更多的劳动力流入服务业部门，增加服务业部门就业人口数量和产值。二是劳动力禀赋效应。一个国家的要素禀赋结构会决定其产业结构，通过对

① 蔡昉：《人口转变、人口红利与刘易斯转折点》，《经济研究》2010 年第 4 期，第 4~13 页。
② 沈于、朱少非：《刘易斯拐点、劳动力供求与产业结构升级》，《财经问题研究》2014 年第 1 期，第 42~47 页。
③ 张卫：《人口老龄化、产业结构与劳动力技能结构》，《西北人口》2021 年第 5 期，第 67~79 页。
④ 阳立高、龚世豪、韩峰：《劳动力供给变化对制造业结构优化的影响研究》，《财经研究》2017 年第 2 期，第 121~133 页。

要素禀赋结构的调整和优化可以实现产业结构的升级。[1] 劳动力素质和技能结构深刻地影响着就业人口在不同产业之间的分布。以劳动密集型为主的产业部门，往往需要大量低技能的劳动力，而资本和知识密集型的产业部门，往往需要较多高技能的劳动力。[2] 随着劳动力供给的减少，依靠传统劳动密集型产业的优势已经消失，制造业部门为了维持生产和获得利润不得不向资本密集型和技术密集型领域转型，这推动了偏向型技术进步和产业结构的高级化。[3] 但需要注意的是，当劳动力数量减少、人力资本积累不断增强时，可能会因为知识和技术密集型行业对高技能劳动力需求的不足，导致高技能劳动力流入其他行业，从而出现"人力资本错配"现象，这也不利于产业升级和优化。[4] 三是人力资本积累效应。人口老龄化除了通过改变家庭和公共教育投资，影响劳动力人力资本积累和技能结构，继而影响技术进步，还能通过劳动力技能提高和人力资本积累推动产业升级。人口老龄化带来的人力资本积累对劳动力技能的影响是长期的，这源于人们对子女教育投入的增加和"干中学"对劳动力职业技能的提升，而人力资本积累会通过技术提升和工资传导对资本和技术密集型行业升级产生积极影响。[5] 此外，异质型人力资本对不同地区产业结构升级的效应各不相同，高级人力资本对产业升级的边际贡献是递增的，而初级人力资本会抑制产业升级。[6] 按照不同的分类方法，李斌等认为，基础型和知识型人力资本在产业升级当中的作用远不

① Lin, J. Y. , "Development strategy, viability, and economic convergence", *Economic Developmentand Cultural Change* 51 (2), 2003: 277~308.

② 汪伟、刘玉飞、彭冬冬:《人口老龄化的产业结构升级效应研究》,《中国工业经济》2015年第11期, 第47~61页。

③ 陶良虎、石逸飞:《人口老龄化对产业结构升级的中介效应影响研究》,《北京邮电大学学报》(社会科学版) 2018年第4期, 第44~54页。

④ 李静、楠玉、刘霞辉:《中国经济稳增长难题: 人力资本错配及其解决途径》,《经济研究》2017年第3期, 第18~31页。

⑤ 袁冬梅、唐石迅、周妍:《人力资本结构高级化推动中国制造业结构升级了吗》,《商学研究》2021年第2期, 第20~31页。

⑥ 李敏、张婷婷、雷育胜:《人力资本异质性对产业结构升级影响的研究——"人才大战"引发的思考》,《工业技术经济》2019年第11期, 第107~114页。

及技能型和制度型人力资本。① 还有学者研究了人力资本积累对不同制造业产业结构的影响，认为人力资本积累会制约劳动密集型制造业结构升级，但是会推动技术密集型制造业结构升级。②

（2）经验解释

人口老龄化除了通过影响消费结构推动产业升级，还体现在对劳动力的供给上。人口老龄化加剧使劳动力供给相对减少，部分劳动密集型行业可能会出现劳动力短缺的现象，从而无法再发挥劳动力数量优势。劳动力短缺不仅表现为社会各个产业部门整体劳动力供给减少，还会使劳动力在不同产业之间流动。劳动力供给减少迫使企业利用资本或技术进行替代，从而推动偏向型技术进步，这不仅是人口老龄化推动技术进步的重要途径，同时也会对产业结构的高集约化、高技术化和高加工化产生重要影响。而在劳动力供给减少的过程中，随着老年人口对第三产业消费需求的增加，劳动力会更加倾向于流入第三产业。因此，本节结合我国三次产业就业人口占比的变化趋势进行分析，数据来自 2001～2021 年《中国统计年鉴》，计算结果如图 5-9所示。

如图 5-9 所示，第三产业就业人口占比自 2000 年以来持续上升，2020 年达到 47.70%。而第一产业就业人口占比从 2000 年的 50%下降到2020 年的 23.6%，第二产业就业人口经历了先升后降的变化趋势。第三产业就业人口占比持续增加，其中除了产业变动规律的内在作用机制，人口老龄化对产业结构变化同样有重要影响，人口老龄化促进了就业人口向第三产业流动，尤其是向消费性服务业的流动，同时还抑制了就业人口向第二产业中的劳动密集型行业流动。③ 随着劳动力供给减少，除了就业人口数量影响产业升级，从长期看劳动力质量水平变化即人力资本

① 李斌、张瑶：《异质性人力资本与产业结构变动——基于省级动态面板的系统 GMM 估计》，《商业研究》2015 年第 5 期，第 11～16 页。
② 唐国华、王梦茹：《高等教育发展与中国制造结构升级》，《审计与经济研究》2022 年第2 期，第 107～115 页。
③ 蔡兴、李琪、张洁：《人口老龄化对产业结构的影响——基于细分行业就业结构的实证研究》，《区域金融研究》2020 年第 12 期，第 77～85 页。

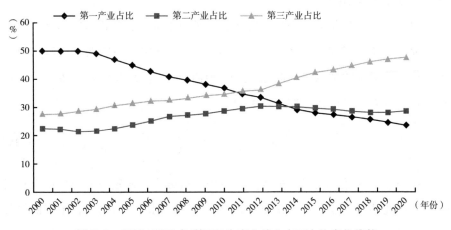

图 5-9 2000~2020 年我国三次产业就业人口占比变化趋势

积累效应也同样会加速产业升级。尤其是高素质高技能劳动力增加，有助于产业升级。但同时需要注意的是，在劳动适龄人口中，高龄劳动力（大于 45 周岁）会存在恋旧心理、依恋特征和特定专业技能限制等，这些因素可能对劳动力在产业部门之间的流动产生限制，不利于产业结构调整和升级。[①]

5.2.2 人口老龄化、产业升级与经济增长的理论模型

前文分别从需求和供给两个方面分析了人口老龄化对产业升级的推动作用。为进一步从理论视角分析人口老龄化对产业升级进而对经济增长的影响，本节将参考张斌和李军的研究，构建一个包含劳动要素的产业三部门模型，并将人口老龄化引入模型中，从供给和需求两个方面分析人口老龄化对产业结构演化升级，继而对经济增长的影响。[②]

---

① 任栋、李新运：《劳动力年龄结构与产业转型升级——基于省际面板数据的检验》，《人口与经济》2014 年第 5 期，第 95~103 页。

② 张斌、李军：《人口老龄化对产业结构影响效应的数理分析》，《老龄科学研究》2013 年第 6 期，第 3~13 页。

1. 人口年龄结构分解

对社会的人口年龄结构进行定义：为了便于分析，我们假定社会总人口中只存在老年人口和劳动适龄人口（劳动力）。其中，假定老年人口只消费不生产，而劳动适龄人口同时进行生产和消费。N 表示总人口，L 表示劳动适龄人口，则人口老龄化程度可表示为：

$$\theta = \frac{N - L}{N} = 1 - \frac{L}{N} \qquad (5 - 31)$$

我们将劳动适龄人口在三次产业当中进行分配，假定每一个劳动力只能在一个产业部门就业，不存在交叉就业的情况，同时，劳动力在不同部门之间可以自由流动。分别用 L_1，L_2 和 L_3 表示劳动力在农业、工业和服务业之间的就业状况，那么全社会的劳动力可以表示为：

$$L = (1 - \theta)N = L_1 + L_2 + L_3 \qquad (5 - 32)$$

从（5-32）式可以看出，当人口老龄化加剧时，全社会劳动力的供给会减少，而人口老龄化加剧同样会带来新的需求，尤其是会推动与人口老龄化相关的产业和服务业的发展。

2. 需求效应分析

人口老龄化改变人口年龄结构，导致社会需求结构发生变化，尤其会促进与人口老龄化相关的产业和服务的发展。因此，这里将社会的总需求分解为农业、工业和服务业需求三个方面，分别用 Y_1^D，Y_2^D，Y_3^D 表示，而与每个产业部门对应的产品价格分别用 P_1，P_2，P_3 表示。所以，可以得到均衡条件下社会的总需求：

$$Y = P_1 Y_1^D + P_2 Y_2^D + P_3 P_3^D \qquad (5 - 33)$$

（1）农业部门的需求

对社会总需求变化进行假设：随着社会发展水平的提高，人们用于食品消费的支出不断下降，恩格尔系数下降，因此农产品（农业）的需求弹性是小于 1 的。进一步，假定当社会发展水平达到一定程度时，人们对农产品的需求不再发生变化而达到稳定状态（不再增长），能够满足生活的需要，所以进一步假定农产品（农业）需求弹性为 0。此时，社会的农产品（农业）需求将不再受人口年龄结构（老龄化）的影响，只与人口总量相关。所以农业部门的需求函数可写为：

$$Y_1^D = bN = \frac{bL}{(1-\theta)} \tag{5-34}$$

Y_1^D 表示整个经济体对农业的总需求，其中 b 表示人均农产品需求水平，是一个常数。从（5-34）式可以看出，整个社会的农产品（农业）需求只受人口总数变化的影响，与人口老龄化程度没有关系，而劳动适龄人口 L 和人口老龄化程度（$1-\theta$）是同比例变动的。

（2）工业和服务业部门的需求

工业和服务业部门的需求可以根据库兹涅兹发展规律以及全球发展经验事实进行假定，随着经济的发展，人们对服务业和工业的需求会逐渐增加，因此可假定服务业需求弹性是大于 1 的。为体现随着经济增长，人们对服务业的需求随之增加，可以构建一个非齐次的效用函数。

这里参考 Kongsamut 等的研究，构建包含人口老龄化在内的非齐次效用函数，为了便于分析，将其设定为柯布-道格拉斯效用函数的形式。[1] 具体表达式如下：

$$U(Y_2^D, Y_3^D) = (Y_2^D)^\alpha (Y_3^D + S)^\beta \tag{5-35}$$

$$S(\theta) = C_1 + C_2(\theta) \tag{5-36}$$

其中，（5-35）式中 $0 < \alpha < 1$，$0 < \beta < 1$ 分别表示工业和服务业带来的边际效用，$S(\theta)$ 表示家庭总体的消费品，其中（5-36）式中的 C_1 是家庭中非老年人口对消费品的需求，而 $C_2(\theta)$ 是家庭中老年人口对消费品的需求，这部分消费需求受人口老龄化水平的影响，随着人口老龄化的加剧，家庭的这部分消费品支出也会随之增大。但随着社会发展和进

① Kongsamut, P., Rebelo, S., Xie, D., "Beyond balanced growth", *The Review of Economic Studies* 68 (4), 2001: 869-882.

步，当人口老龄化进一步加剧时，社会养老取代家庭养老，从而降低家庭养老的消费支出，所以我们假定人口老龄化对家庭养老消费支出具有负效应。

在收入水平不变的前提下，我们可以给出工业和服务业两个部门的需求决策和预算约束条件：

$$\max U(Y_2^D, Y_3^D) = (Y_2^D)^\alpha [Y_3^D + S(\theta)]^\beta \tag{5-37}$$

$$s.t. \ P_2 Y_2^D + Y_3 P_3^D = I - P_1 Y_1^D \tag{5-38}$$

其中 I 为社会的总产出，可以看成是经济总收入，通过拉格朗日函数法可以求得工业部门和服务业部门的需求满足：

$$Y_3^D = \frac{\beta}{\alpha} \cdot \frac{P_2}{P_3} \cdot Y_2^D - S(\theta) \tag{5-39}$$

从而可以进一步求解出需求最大化情况下工业部门和服务业部门的需求函数：

$$Y_2^D = \frac{I - bNP_1 + P_3 S(\theta)}{(1 + \beta/\alpha)P_2} \tag{5-40}$$

$$Y_3^D = \frac{I - bNP_1 - P_2 S(\theta)}{(1 + \alpha/\beta)P_3} \tag{5-41}$$

从（5-40）式和（5-41）式可以看出，人口老龄化水平 θ 通过家庭总的消费 $S(\theta)$ 产生影响。由前述可知，当人口老龄化程度不断上升时，$S(\theta)$ 会不断下降。所以，人口老龄化会降低人们对工业品的需求，Y_2^D 会随着 $S(\theta)$ 的上升而下降；同时会增加社会对服务业的需求，Y_3^D 会随着 $S(\theta)$ 的上升而上升。人口老龄化会有利于推动产业实现高级化，这一现象可以进一步从工业和服务业的需求收入弹性中体现。

3. 供给效应分析

由于本研究假定在三次产业当中仅存在劳动力（劳动适龄人口）这一唯一的生产要素，如果假定在任意静止时刻，劳动生产率为外生给定，可分别用 y_1，y_2 和 y_3 表示，那么三次产业部门的总产出可以表示为劳动生产率和各产业就业人口的函数。具体表示为：

$$Y_1^s = L_1 y_1, \ Y_2^s = L_2 y_2, \ Y_3^s = L_3 y_3 \tag{5-42}$$

同时，三个产业部门在现有的生产成本和技术水平下实现利润最大化，同需求函数一样，假定生产函数同样为规模报酬不变函数，那么可以直接得出其利润最大化的条件是三个产业部门的单位劳动成本相等：

$$w = P_1 y_1 = P_2 y_2 = P_3 y_3 \tag{5-43}$$

其中，w 表示单位劳动力成本，同时以农业部门的农产品价格作为经济体的基准价格，将其设定为长期固定不变值，工业部门和服务业部门的产品价格可表示为：

$$w = P_1 y_1, \ P_2 = \frac{y_1}{y_2} P_1, \ P_3 = \frac{y_1}{y_3} P_1 \tag{5-44}$$

从上述价格关系的表述中可以看出，农业劳动生产率的提高将带动农业劳动力工资水平的提高。而按照三次产业发展的一般规律，工业和服务业的劳动生产率要高于农业，在农产品价格不变的情况下，工业和服务业产品的价格将下降。同时，由于工业部门和服务业部门技术进步要快于农业，因此工业部门和服务业部门产品的相对价格也会下降。

（1）农业部门的供给

由于将农业部门的农产品价格假定为外生常数，前述假定了人们对农产品的需求是不变的，农业需求与人口老龄化无关，只与人口总量相关，可以将农业部门视为一个外生部门。所以，只需要考虑劳动力在其他两个生产部门的配置，我们假定各部门劳动生产率为外生给定常数。因此，当各部门的产品价格水平固定时，经济总产出可以表示为：

$$Y = w(1 - \theta)N = P_1 y_1 \left(\frac{bN}{y_1} + \frac{Y_2^s}{y_2} + \frac{Y_3^s}{y_3} \right) \tag{5-45}$$

（2）工业和服务业的供给

从（5-45）式可以直接看出，人口老龄化对经济整体产出的影响是通过劳动力总量发挥作用，为了更清楚地分析劳动力总量下降时劳动力在各部门之间的分配情况，可以将上述等式进一步改写为：

$$\frac{Y_2^s}{y_2} + \frac{Y_3^s}{y_3} = (1 - \theta)N - \frac{bN}{y_1} \tag{5-46}$$

（5-46）式可以进一步分析人口老龄化对工业和服务业的影响。从短期看，人口老龄化加剧，在其他如技术进步、人口总量不变的情况下，工业和服务业部门的就业总量将同时出现下降。但从长期看，随着农业部门的技术进步，农业部门的劳动生产率会提升，从而使工业和服务业部门的产值增加。但由于工业部门一般为资本密集型产业，且工业部门的技术进步率快于服务业部门，因此工业产值的增长快于服务业。

4. 均衡效应分析

人口老龄化对产业结构的影响取决于供求两个方面，在进行分析之前，需要对前述分析再做一定的假设：①各个部门之间必须实现产品或服务的供需均衡；②产品生产部门不存在超额利润，此时总产出就等于各部门的工资收入总和；③社会总体的劳动力供给正好能够满足三个产业部门的需求。在这三个假设条件下，可以进行均衡解。

由于前述假定农业部门可以作为外生部门，其价格和农业劳动生产率均假定为外生给定。所以农业部门的生产和就业可以表示为：

$$Y_1 = bN, L_1 = \frac{bN}{y_1} \tag{5-47}$$

工业和服务业部门的生产和就业可以将各自产品部门的价格 $P_2 = \frac{y_1}{y_2}P_1$，

$P_3 = \frac{y_1}{y_3}P_1$ 代入到各自的需求函数（5-40）式和（5-41）式得到：

$$Y_2 = \frac{(1 - \theta)N - \frac{bN}{y_1} + \frac{S(\theta)}{y_3}}{\left(1 + \frac{\beta}{\alpha}\right) \cdot \frac{1}{y_2}} \tag{5-48}$$

$$Y_3 = \frac{(1-\theta)N - \dfrac{bN}{y_1} - \dfrac{S(\theta)\alpha}{y_3\beta}}{\left(1 + \dfrac{\alpha}{\beta}\right) \cdot \dfrac{1}{y_3}} \qquad (5-49)$$

（1）人口老龄化对各部门产出的影响

在不考虑农业部门的情况下，工业部门和服务业部门之间的产出均衡可以用图5-10表示。其中，基于（5-39）式的关系，用 DD 线反映工业部门和服务业部门的需求关系，两者之间存在正相关关系，斜率是服务业产品和工业产品的价格替代率；基于（5-46）式的关系，用 SS 线反映工业部门和服务业部门的供给关系，斜率是服务业产品和工业产品之间的技术替代率。其中，横轴表示工业产品数量，纵轴表示服务业产品数量，初始的供给曲线为 SS ，需求曲线为 DD ，均衡点为 E ，如图5-10所示。

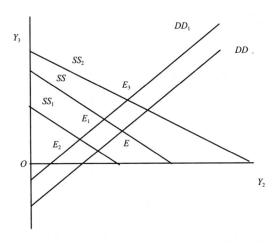

图5-10　人口老龄化对工业部门和服务业部门产出水平的均衡分析

如图5-10所示，随着人口老龄化加剧，人们对消费品的需求会不断增加，从而使需求曲线向左上方移动，由 DD 移到 DD_1 ，此时形成新的均衡点 E_1 。对于供给曲线而言，由于人口老龄化最初会影响就业人口数量，从而会缩减工业产品和服务业产品的产量，因此 SS 移到 SS_1 ，此时形成新的均

衡点 E_2。在短期的变动过程中，人口老龄化对工业部门的产出即供给的影响是负面的，人口老龄化在需求和供给方面都给工业部门带来了负面影响，但是对服务业部门的影响是不确定的，因为其在需求方面促进了服务业的发展，在供给方面对服务业带来负面影响。

从长期来看，在技术进步的作用下，随着人口老龄化加剧，需求曲线将进一步扩张，但如果工业部门和服务业部门的劳动生产率进步较快，那么供给曲线将可能向外扩张，由 SS_1 移到 SS_2，此时 SS_2 与 DD_1 会形成新的均衡点 E_3，且 $E_3 > E_2$，整个社会的生产水平提高。但由于工业部门的技术进步率往往快于服务业部门，因此 SS_2 曲线的斜率会变小。从分析结果看，各部门劳动生产率的提高和技术进步是促进产出不断增加的主要原因。

（2）人口老龄化对就业结构的影响

将（5-48）式和（5-49）式经过简单变形便可得到工业部门和服务业部门劳动力的就业状况：

$$L_2 = \frac{Y_2}{y_2} = \frac{(1-\theta)N - \dfrac{bN}{y_1} + \dfrac{S(\theta)}{y_3}}{\left(1 + \dfrac{\beta}{\alpha}\right)} \qquad (5-50)$$

$$L_3 = \frac{Y_3}{y_3} = \frac{(1-\theta)N - \dfrac{bN}{y_1} - \dfrac{S(\theta)\partial}{y_3\beta}}{\left(1 + \dfrac{\alpha}{\beta}\right)} \qquad (5-51)$$

由（5-50）式和（5-51）式可看出，人口老龄化会直接导致社会总就业人口数下降，当各部门的劳动生产率不变时，通过比较静态分析，$\dfrac{\partial L_2}{\partial \theta} = -N + \dfrac{dS(\theta)}{d\theta} \cdot \dfrac{1}{y_3} < 0$（其中 $\dfrac{dS(\theta)}{d\theta} < 0$），人口老龄化会导致第二产业即工业部门的就业人口下降，而人口老龄化对第三产业即服务业就业人口数量的影响是不确定的。

通过进一步利用就业人口总量的函数解释人口老龄化对三次产业就业人

口的影响。其中，农业部门、工业部门和服务业部门的就业人口占比可以分别表示为：

$$Emp_1 = \frac{L_1}{L} = \frac{b}{(1-\theta)L_1} \qquad (5-52)$$

$$Emp_2 = \frac{L_2}{L} = \frac{1}{1+\beta/\alpha} - \frac{b}{(1-\theta)(1+\beta/\alpha)y_1} + \frac{S(\theta)}{(1-\theta)N(1+\beta/\alpha)y_3} \qquad (5-53)$$

$$Emp_3 = \frac{L_3}{L} = \frac{1}{1+\alpha/\beta} - \frac{b}{(1-\theta)(1+\alpha/\beta)y_1} + \frac{S(\theta)}{(1-\theta)N(1+\beta/\alpha)y_3} \qquad (5-54)$$

由（5-52）式可以看出，人口老龄化对农业部门就业人口占比的影响是正向的，人口老龄化加剧会增加农业就业人口占比。但其对工业部门和服务业部门就业人口占比的影响不能直观反映。可将（5-53）式和（5-54）式中等式右边的第二项，表示工业部门和服务业部门对农业部门劳动力变化的影响。等式右边第三项表示人口老龄化对产业结构的需求效应，由前述分析可知，人口老龄化会导致总就业人口和由家庭提供的养老消费支出下降，使等式右边第三项的分子和分母都变小，但结合需求效应分析，服务业部门将会加速发展。因此，在生产效率不变的情况下，工业部门的就业人口比重将下降，而服务业部门的就业人口比重将上升。综合以上均衡分析结果，人口老龄化将减少工业部门的就业人口而增加服务业部门的就业人口。

5.2.3 人口老龄化、产业升级与经济增长的实证检验

前两节分别从经验和理论上分析了人口老龄化通过产业升级效应推动经济增长。本节将通过实证分析，对人口老龄化通过产业升级效应对经济增长的影响进行分析。

1. 计量模型设定

（1）面板回归模型

根据前述经验和理论分析，首先构建包含人口老龄化和产业升级交互项的面板数据模型。考虑由于各地区异质性和时间趋势因素造成的面板数据估计偏误等问题，本研究将初始面板模型设定为包括个体效应和时间效应。在

后续的分析过程中，再对模型进行进一步的识别，为消除异方差，对模型取对数，具体为：

$$lnPgdp_{it} = \alpha + \beta_1 \cdot lnOld_{it} + \beta_2 \cdot lnIndi_{it} + \beta_3 \cdot lnOld_{it} \times Indi_{it} + \beta \cdot lnX_{it} + d_i + g_i + \varepsilon_{it}$$

（交互模型2）

其中，Old_{it}、$Indi_{it}$ 以及 $Old_{it} \times Indi_{it}$ 分别表示老龄化水平、产业升级以及两者的交互项。X_{it} 为控制变量，包括物质资本存量（$Invest_{it}$）、劳动力占比（$Work_{it}$）、受教育水平（Edu_{it}）、技术进步（$Cpat_{it}$）、R&D 经费（$R\&D_{it}$）以及城镇化率（$Urban_{it}$）等。d_i 为个体效应，表示个体当中不随时间变化的、不可观测的外部冲击；g_i 为时间效应，表示不随个体变化的时间外部冲击；ε_{it} 为随机扰动项。

（2）中介效应模型

为了进一步分析由人口老龄化带来的产业升级对经济增长的中介效应，参照 Hayes 和汪伟等检验中介效应的方法，将面板数据的中介效应模型设定为个体固定效应模型，构建递归方程：[①]

$$lnPgdp_{it} = \alpha_1 + \beta_1 \cdot lnOld_{it} + \beta \cdot lnX_i + d_i + \varepsilon_{it} \qquad (5-55)$$

$$lnIndi_{it} = \alpha_2 + \varphi_1 \cdot lnOld_{it} + \mu \cdot lnX_i + d_i + \varepsilon_{it} \qquad (5-56)$$

$$lnPgdp_{it} = \alpha_3 + \theta_1 \cdot ln \cdot Old_{it} + \delta_1 \cdot lnIndi_{it} + \gamma \cdot lnX_i + d_i + \varepsilon_i \qquad (5-57)$$

其中，（5-55）式的系数 β_1 和 β 代表自变量老龄化水平以及控制变量（包括交互项、劳动力占比、受教育水平、技术进步、R&D 经费和城镇化率）对人均实际 GDP（$Pgdp_{it}$）产生的总效应。（5-55）式也是传统的 OLS 回归方程。（5-56）式的系数 φ_1 以及 μ 分别为自变量和控制变量对中介变量产业升级产生的效应。（5-57）式的系数 δ_1 是控制了自变量（老龄化水平 Old_{it}）和控制变量的影响后，中介变量（产业升级，$Indi_{it}$）对因变量（人均实际 GDP，$Pgdp_{it}$）产生的效应；系数 θ_1 和 γ 是在控制了中介变量

[①] Hayes, A. F., "Beyond Baron and Kenny: Statistical mediation analysis in the new millennium", *Communication monographs* 76 (4), 2009: 408-420；汪伟、刘玉飞、彭冬冬：《人口老龄化的产业结构升级效应研究》，《中国工业经济》2015 年第 11 期，第 47~61 页。

（产业升级）的影响后，自变量和控制变量对因变量（人均实际GDP）产生的直接效应。

直观理解为，自变量和控制变量变化1个单位，通过直接效应影响因变量 $\theta_1 \cdot lnPgdp_{it}$ 个单位；通过间接效应影响中介变量 $\varphi_1 \cdot lnIndi_{it}$ 个单位，进而通过中介变量（产业升级）影响因变量 $\varphi_1 \cdot \delta_1 \cdot lnPgdp_{it}$ 个单位。也就是说，自变量变化1个单位，对因变量的总效应是 $\theta + \varphi_1 \cdot \delta_1$ 个单位。在模型拟合良好的基础上，将采用逐步回归法进行分析。

2. 数据来源和变量说明

（1）数据来源

本节采用的数据主要来自中国31个省（区、市）1990～2020年的面板数据，其中人均实际GDP、物质资本存量、受教育水平、劳动力占比和城镇化率的数据来自1991～2021年《中国统计年鉴》，其中专利申请授权数（技术进步）和R&D经费数据来自1997～2021年《中国科技统计年鉴》。由于1995年之前的R&D经费数据没有明确统计，本研究采用移动平均值法进行了估算。

（2）变量说明

因变量。因变量为经济增长，这里采用人均实际GDP表示，具体以1990年为基期，按照各地区CPI指数进行平减，求得各地区历年人均实际GDP。

核心解释变量。在面板数据模型中，主要有老龄化水平、技术进步（关于技术进步的测量方法主要有支出法和投入法）和两者的交互项（引入交互项的主要目的是检验人口老龄化经由产业升级效应对经济增长的影响）。在中介效应模型中核心解释变量是老龄化水平。

中介变量。主要的中介变量是产业升级，产业升级利用产业升级指数表示，依据三次产业在GDP中的比重，按照 $Indi = \sum_{i=1}^{3} x_i \times i = x_1 + 2x_2 + 3x_3$ 计算产业升级指数，其中 x_i 表示第 i 产业在GDP中的比重。引入中介变量的目的是检验人口老龄化对经济增长的直接作用和通过产业升级对经济增长产生的中介效应。

控制变量。在实证分析中还考虑了物质资本存量、劳动力占比、技术进步、R&D 经费、受教育水平以及城镇化率等控制变量。在分析过程中为了降低异方差的影响，对各变量进行对数化处理，各变量的名称和含义以及描述性统计如表 5-5 所示。

表 5-5　各变量描述性统计分析

变量名称	变量描述/单位	最小值	最大值	平均值	标准差
人均实际 GDP	1990 年为基期计算的人均实际 GDP(亿元)	6.70	11.19	8.88	0.99
实际 GDP	1990 年为基期计算的实际 GDP(元)	3.20	10.54	7.63	1.39
老龄化水平	65 岁及以上人口占总人口比重(%)	1.21	2.89	2.10	0.32
产业升级指数	根据各产业占 GDP 比重计算	5.21	5.82	5.42	0.07
技术进步	各地区专利申请授权数存量(件)	0.69	13.45	8.25	2.04
R&D 经费	各地区历年科研经费内部支出(万元)	6.52	17.37	12.61	2.29
物质资本存量	永续盘存法测算的固定资产投资(万元)	2.14	10.97	7.75	1.68
劳动力占比	15~64 岁人口占总人口比重(%)	4.09	4.43	4.25	0.06
受教育水平	6 岁及以上人口平均受教育年限(年)	0.25	2.25	2.03	0.23
城镇化率	城镇人口占总人口比重(%)	2.63	4.50	3.69	0.45

注：这里的产业升级指数是三次产业占比乘以 100% 计算后并取对数的结果，其值大于 3，但不影响最终结论。

3. 面板单位根检验和实证结果分析

（1）面板数据单位根检验

考虑面板数据非平稳可能造成的伪回归等结论，本书对面板数据各变量进行单位根检验。根据面板数据的同质性和异质性，单位根检验主要包括 LLC 检验、IPS 检验、Breitung 检验和 Fisher-ADF 检验。多种检验方法的检验结果如表 5-6 所示。其中，除了个别变量的个别指标，如城镇化率、受教育水平等的 Breitung 检验未通过外，其他变量的各项单位根检验结果都支持数据是平稳的，可直接用于建模回归。

表 5-6　面板数据单位根检验

变量名称	LLC 检验	IPS 检验	Breitung 检验	Fisher-ADF 检验
人均实际 GDP	-7.106(0.014)	-4.440(0.000)	-13.285(0.000)	191.870(0.000)
老龄化水平	-3.653(0.000)	-2.133(0.011)	-4.729(1.000)	135.858(0.000)
物质资本存量	-2.006(0.022)	-2.126(0.016)	-3.183(0.001)	174.004(0.000)
受教育水平	-11.966(0.000)	-13.946(0.000)	1.619(0.991)	248.171(0.000)
技术进步	-7.121(0.000)	-8.274(0.000)	-5.523(0.000)	194.679(0.000)
R&D 经费	-1.757(0.0001)	1.884(0.463)	0.392(0.9213)	148.030(0.000)
交互项	-6.743(0.000)	-7.342(0.000)	-0.489(0.312)	176.207(0.000)
城镇化率	-1.956(0.025)	0.424(0.664)	1.237(0.892)	210.081(0.000)
产业升级指数	-7.130(0.000)	-6.714(0.000)	-0.237(0.460)	193.822(0.460)
劳动力占比	-2.319(0.012)	-1.617(0.052)	-8.652(0.000)	149.350(0.000)

注：（）内为对应系数的 P 值。

（2）面板数据模型回归结果

Hausman 检验统计量的值为 4827.13（$p < 0.001$），拒绝了随机效应模型，表明各地区的老龄化水平和产业升级等因素对经济增长的影响存在着明显的异质性，因此采用固定效应模型以控制个体异质性。同上一节模型设定一样，为避免各地区在相同时间段受到共同经济政策的影响，在模型设定中同时加入了时间趋势项。由表 5-7 各模型 F 统计量的检验结果可知，应当拒绝混合模型和个体固定效应模型，选择个体和时点双固定模型（模型 5）。回归结果如表 5-7 所示。

表 5-7　人口老龄化、产业升级对经济增长影响的回归结果

变量名称	个体固定	个体固定	混合模型	个体固定	双固定
	模型 1	模型 2	模型 3	模型 4	模型 5
老龄化水平	2.707 *** （0.062）		-13.323 *** （2.439）	-11.195 *** （1.150）	-4.203 *** （0.919）
产业升级指数		13.596 *** （0.236）	-1.713 *** （0.944）	-3.788 *** （0.444）	-1.176 ** （0.356）
交互项			2.500 *** （0.448）	2.112 *** （0.212）	0.819 *** （0.170）

续表

变量名称	个体固定	个体固定	混合模型	个体固定	双固定
	模型1	模型2	模型3	模型4	模型5
技术进步			-0.036 ***	0.077 ***	0.032 ***
			(0.011)	(0.006)	(0.005)
R&D 经费			-0.068 ***	0.042 ***	0.051 ***
			(0.011)	(0.005)	(0.008)
物质资本存量			0.391 ***	0.356 ***	0.198 ***
			(0.015)	(0.009)	(0.013)
劳动力占比			1.184 ***	0.617 ***	0.272 ***
			(0.225)	(0.132)	(0.138)
受教育水平			-0.482 **	0.159 ***	0.052 *
			(0.068)	(0.039)	(0.030)
城镇化率			0.753 **	0.135 ***	0.103 ***
			(0.418)	(0.024)	(0.019)
时间趋势项					
常数项	3.182 ***	-64.834 ***	-8.869 **	21.388 **	10.177 ***
	(0.132)	(1.281)	(5.000)	(2.292)	(1.963)
F 统计量	21.52 ***	31.79 ***		163.37 ***	223.30 ***

注：* 表示 $p<0.1$，** 表示 $p<0.05$，*** 表示 $p<0.01$，（）内为对应标准误。

  同上一节的分析结果类似，在不考虑其他因素的影响时，模型1和模型2的回归结果显示，人口老龄化和产业升级对人均实际 GDP 的影响均为显著的正效应，回归系数分别为 2.707 和 13.596，尤其是产业升级指数的影响是十分明显的，这也与我国 30 多年产业结构的快速转型有着密切关系。但是在考虑了其他控制变量后，老龄化水平对经济增长的影响发生了明显的改变，虽然其系数依旧通过显著性检验，但是系数的方向发生了改变。这主要是因为加入了老龄化水平和产业升级的交互项导致的，也说明了人口老龄化对经济增长的影响路径是复杂的。模型5的回归结果显示，老龄化水平和产业升级交互项的系数为 0.819，且在 1% 的水平下显著，说明人口老龄化确实会通过产业升级的调节对经济增长产生积极的影响，表明人口老龄化对经济增长的积极效应会随着产业升级的不断提高而越发明显，且这一影响相较于技术进步更加突出。在综合考虑交互项的情况下，可以测算人口老龄化对经济增长的总边际效应为0.235，具体算法为：老龄化水平回归系数（-4.203）+交互项系数（0.819）×产业升级指数均值（5.42）。这说明人口老龄化对经济增长的影响依旧是积极的，因人口老龄化而改变的消费需求结构、劳动力资源供给和要素禀赋结构在不断推动产业结构的转型与升级。产业升级效应对经济增长的影响越大，就越能抵消人口老龄化带来的负面效应。

从其他控制变量对经济增长的影响可以看出，技术进步、R&D经费、物质资本存量、劳动力占比、受教育水平和城镇化率对经济增长均具有显著的正向影响。其中，影响最大的依旧是劳动力占比和物质资本存量，回归系数分别为0.272和0.198。这说明劳动力和资本投资作为推动经济增长的主要投入要素，在过去30多年对我国经济增长的贡献不可忽视。城镇化率回归系数为0.103，城乡劳动力的自由流动实现了劳动力要素在市场的优化配置。从反映技术进步的两个指标看，专利授权存量和R&D经费的作用似乎要低于其他要素。这很大程度上与数据的跨度有关，技术进步对经济增长的影响在1990~2000年并不明显，在2010年后呈加快趋势。后续可以通过分时间段回归来论证这一点。受教育水平的回归系数为0.052，劳动力整体素质的提高对经济增长的贡献同技术进步的影响相似，在最近几年才作用明显。劳动力整体素质的提高不仅是劳动力质量提升的直接体现，同时也是提升整体科研创新能力的关键，对推动未来技术进步具有显著的影响。未来，随着要素结构的改变和消费需求结构的改变，产业升级对经济的影响会随着人口老龄化的加剧而变得更为明显。

（3）中介效应模型回归结果

为了进一步分析人口老龄化通过产业升级对经济增长的影响机制，本节构建了包含产业升级的中介效应模型。将模型设定为个体固定效应模型，通过对面板数据递归方程回归，得到包含产业升级的中介效应模型，结果如表5-8所示。

表 5-8　人口老龄化、产业升级对经济增长影响的中介效应

变量名称	不加入控制变量			加入控制变量		
	模型 1	模型 2	模型 3	模型 4	模型 5	模型 6
截距	3.182***	5.088**	-44.98***	3.562***	5.018***	17.363***
	(0.132)	(0.010)	(1.511)	(0.535)	(0.035)	(2.831)
自变量						
老龄化水平	2.707***	0.158***	1.208***	-2.606***	-2.419***	-9.260***
	(0.062)	(0.004)	(0.063)	(0.405)	(0.025)	(1.339)
中介变量						
产业升级指数			9.464***			-2.749***
			(0.296)			(0.554)
控制变量						
交互项				0.515***	0.445***	1.740***
				(0.073)	(0.004)	(0.257)
技术进步				0.074***	-0.002***	0.067***
				(0.006)	(0.000)	(0.006)
R&D 经费				0.035***	-0.001***	0.030***
				(0.005)	(0.001)	(0.005)
物质资本存量				0.396***	0.003***	0.404***
				(0.011)	(0.001)	(0.011)
劳动力占比				-0.049	0.092***	0.204
				(0.137)	(0.009)	(0.144)
受教育水平				0.347***	0.001	0.349***
				(0.091)	(0.006)	(0.090)
城镇化率				0.076**	0.007***	0.096**
				(0.030)	(0.001)	(0.030)
调整 R^2	0.562	0.346	0.766	0.748	0.979	0.754
F 值	21.52***	42.49***	27.04***	164.95***	11.74***	169.80***

注：* 表示 $p<0.1$，** 表示 $p<0.05$，*** 表示 $p<0.01$，（）内为对应标准误。

在不考虑其他控制变量的情况下，模型 2 的回归结果显示，人口老龄化对产业升级具有显著的正效应，回归系数为 0.158。结合模型 2 和模型 3 的回归结果，人口老龄化通过对产业升级的影响进而对经济增长的中介效应为

1.495（0.158×9.464＝1.495），可见人口老龄化确实通过产业升级效应推动了经济增长。在考虑了其他控制变量后，模型 5 和模型 6 的回归结果显示，人口老龄化对经济增长的影响为负，且十分显著。同时，人口老龄化通过产业升级对经济增长的中介效应依旧存在，系数为 6.649（－2.419×－2.749），人口老龄化通过产业升级这一中介效应对经济增长的影响十分明显。模型 6 引入中介效应后老龄化水平回归系数 θ_1（－9.260）明显低于基准模型 4 的老龄化水平回归系数 β_1（－2.606），这说明产业升级效应确实是人口老龄化促进经济增长的一个重要渠道，且这一中介效应的作用程度远高于技术进步，这与前述理论预期的实证结论相一致。人口老龄化最主要是通过消费需求结构改变和劳动力供给结构变化影响产业的转型升级。正如前文所述，人口老龄化对产业升级的影响是多渠道和多方面的，挖掘人口老龄化的产业升级效应，是探究人口红利转型的重要突破口。

5.3 人口老龄化的"影子红利"效应

5.3.1 人口老龄化、劳动参与率与"影子红利"的理论解释

人口老龄化的直接影响是劳动力供给减少和劳动参与率降低，在就业人口统计中，60 岁及以上人口被视为消费人口，不参与社会生产。关于人口老龄化会显著降低劳动参与率的相关研究较为丰富，人口老龄化不仅与劳动参与率的关系为负相关，而且人口老龄化对劳动参与率的影响还表现为空间效应，如果本地老年人对劳动参与率的影响为负，则其对相邻地区的影响则为正。[①] 虽然人口老龄化不利于劳动参与率提高的观点得到了广泛认可，但老年人口的增加是否必然会降低劳动参与率，或者是由于对劳动适龄人口的统计而忽略了老年人口对整个社会劳动参与率的潜在贡献。现实情况是，在

---

① 冯剑锋、岳经纶、范昕：《空间关联视野下人口老龄化对劳动参与率的影响分析》，《江淮论坛》2018 年第 6 期，第 142～147 页；张瑞红、朱俊生：《人口老龄化对我国劳动参与率影响研究》，《价格理论与实践》2021 年第 2 期，第 36～41 页。

整个国民经济生产过程中，60 岁及以上人口参与实际生产的占比并不低。一是老年人并未直接退出生产领域，甚至老年人还在积极地参与社会生产；二是老年人帮助成年子女承担家务劳动和照料孙子女，从而有效释放了劳动适龄人口的劳动参与率，间接提高了劳动生产率。[1] 正是由于老年人提供隔代照料，从而使那些因生育和家务可能会退出劳动力市场的年轻人可以继续工作，这种老年人对年轻人的责任替代导致劳动参与率的提高便是老年人口"影子红利"。[2]

1. 人口老龄化影响劳动参与率的直接效应及经验解释

人口老龄化对劳动参与率的负面影响几乎得到了学界的广泛认同，我国的劳动参与率从 1999 年的 77.62% 已经下降至 2020 年的 68.3%，而老年抚养比则从 1999 年的 10.2% 上升到 2020 年的 19.5%。[3] 人口老龄化不仅会直接影响劳动力供给，劳动适龄人口内部年龄结构的老化还会给年龄别劳动参与率带来负面影响，显著降低整个社会的劳动参与率。[4] 其中"家庭老年照料"和"啃老"行为是人口老龄化影响劳动参与率的两条重要途径，但两者的影响各不相同。"啃老"行为会显著降低劳动参与率，影响劳动力供给，而"家庭老年照料"则会明显提高劳动参与率。[5] 此外，人口老龄化对劳动参与率的影响与性别、养老保险改革等因素可能存在关联。庹思伟和周铭山从女性劳动文化视角出发，认为女性劳动文化会放大其对人口年龄结构的影响，而积极的女性劳动文化有助于缓解人口老龄化对劳动参与率的不利

---

① 刘达禹、赵恒园、徐斌：《理解中国适龄劳动人口劳动参与率下降之谜——源于"家庭老年照料"还是"啃老"行为?》，《人口研究》2022 年第 3 期，第 102~116 页。

② 杨成钢、孙晓海：《老年人口影子红利与中国经济增长》，《人口学刊》2020 年第 4 期，第 30~41 页。

③ 郭东杰、唐教成：《人口老龄化、养老保险改革与劳动参与率研究》，《财经论丛》2020 年第 6 期，第 12~20 页。

④ 王莹莹、童玉芬：《中国人口老龄化对劳动参与率的影响》，《首都经济贸易大学学报》2015 年第 1 期，第 61~67 页。

⑤ 刘达禹、赵恒园、徐斌：《理解中国适龄劳动人口劳动参与率下降之谜——源于"家庭老年照料"还是"啃老"行为?》，《人口研究》2022 年第 3 期，第 102~116 页。

影响。① 郭东杰和唐教成将养老保险制度和人口老龄化引入世代交叠模型，认为养老保险对劳动参与率的积极效应会被人口老龄化抵消，从而产生负面影响。②

虽然人口老龄化确实会给劳动参与率带来直接的负面影响，但仍有不少学者认为，人口老龄化对劳动参与率以及劳动力供给的影响不能仅局限在对劳动适龄人口的分析上，老年人口依旧活跃在社会生产领域。所以，通过延长退休年龄可以有效地提高劳动参与率和增加劳动力供给，从而释放"夕阳红利"，实现由"第一次人口红利"向"第二次人口红利"的转变，推动经济持续增长。③ 耿志祥和孙祁祥通过数值模拟测算了延迟退休年龄对开发第二次人口红利的积极作用，其中延迟退休年龄5年，产生第二次人口红利的平均预期寿命不超过5.5岁。④ 但延迟退休年龄，开发老年人劳动资源还取决于其他因素。例如，父母对子女质量和数量的重视程度不同，延迟退休年龄提高劳动力供给对经济增长的贡献就不同，如果父母对子女的质量重视程度不够，那么延迟退休年龄只会降低劳动力增加对经济增长的贡献。⑤ 同样，在延迟退休年龄的情况下，女性照顾孙辈的需求会在客观上对劳动力供给产生挤出效应，如果女性的收入越低，其提前退休的可能性就越大，反而不利于劳动参与率的提高。⑥

虽然关于劳动适龄人口下限的界定为59岁（或64岁），60岁及以上（或65及以上）人口被视为老年人口，他们不再参与社会生产。但随着人

---

① 庹思伟、周铭山：《人口结构、劳动参与率与长期实际利率演变——基于女性劳动文化视角的研究》，《中国工业经济》2020年第12期，第47~63页。

② 郭东杰、唐教成：《人口老龄化、养老保险改革与劳动参与率研究》，《财经论丛》2020年第6期，第12~20页。

③ 刘晓光、刘元春：《延迟退休对我国劳动力供给和经济增长的影响估算》，《中国人民大学学报》2017年第5期，第68~79页。

④ 耿志祥、孙祁祥：《人口老龄化、延迟退休与二次人口红利》，《金融研究》2017年第1期，第52~68页。

⑤ 郭凯明、颜色：《延迟退休年龄、代际收入转移与劳动力供给增长》，《经济研究》2016年第6期，第128~142页。

⑥ 诸艳霞、朱红兵：《延迟退休年龄下隔代抚育与劳动参与的抉择——基于工资收入随机性假定的研究》，《经济理论与经济管理》2018年第6期，第15~27页。

口老龄化加剧，老年人口占比不断提高，很多老年人在步入老年阶段之后并未退出劳动力市场，而是依旧从事生产劳动。并且，为了开发第二次人口红利和老年人力资源，关于延迟退休年龄和提高老年人劳动参与率的相关研究也层出不穷。[①] 可见，人口老龄化并不必然会降低实际参与生产的劳动力数量，尤其是随着老年人口的经验积累和人力资本积累，老年人未来的劳动参与率还将进一步提升。因此，我们利用城镇就业人口当中 60 岁及以上人口占比（占全部就业人口之比）和城乡 60 岁及以上就业人口占比两个指标进行经验解释。数据分别来自 2007~2021 年《中国统计年鉴》和 2012~2018年 CFPS 数据库。具体计算结果如图 5-11 和表 5-9 所示。

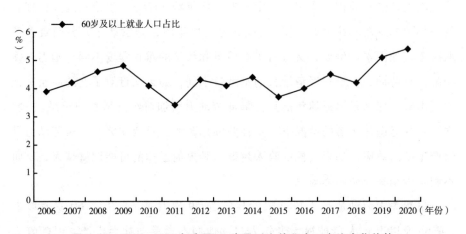

图 5-11　2006~2020 年我国 60 岁及以上就业人口占比变化趋势

如图 5-11 所示，我国 60 岁及以上就业人口的占比在波动中上升，截至2020 年，60 岁及以上就业人口占比已经超过 5%。可见，我国人口老龄化水平在快速提升的过程中，老年人口实际参与生产的占比也在逐年提高，更多的老年人并没有退出劳动力市场。在农村地区，老年人的劳动参与率可能更高。由此可见，人口老龄化会通过劳动参与率对劳动力供给带来直接影

---

① 耿志祥、孙祁祥：《人口老龄化、延迟退休与二次人口红利》，《金融研究》2017 年第 1 期，第 52~68 页；李竞博、原新：《如何再度激活人口红利——从劳动参与率到劳动生产率：人口红利转型的实现路径》，《探索与争鸣》2020 年第 2 期，第 131~139 页。

响，虽然从人口年龄结构的相对变化看，15～64 岁的劳动适龄人口占比下降，但老年人口的增加和高龄组劳动参与率的提高，会对劳动力供给下降的状况有所缓解。

表 5-9 2012～2018 年我国城乡 60 岁及以上就业人口占比

单位：%

项目	2012 年	2014 年	2016 年	2018 年
乡村	30.35	31.88	34.35	34.55
城镇	12.94	14.24	16.38	16.38
合计	43.29	46.12	50.73	50.93

注：本表由作者根据 2012～2018 年 CFPS 数据测算，CFPS 数据为间隔年分数据，在 2013 年、2015 年、2017 年并无调查数据。

同样，利用 CFPS 微观调查数据的分析表明，2012～2018 年，我国 60 岁及以上人口中就业人口的比重同样在持续增加，占比从 43.29% 上升到 50.93%。可以看出，城乡差异十分明显，农村老年人在业的比例远高于城镇，也就是说，农村老年人实际参与生产的人数要更多。其中，有人口老龄化导致的老年人口绝对数量增加的原因，同时也有老年人口劳动参与率不断提高的影响，尤其是随着人口平均预期寿命的不断提高，更多的老年人依旧从事生产活动，在劳动适龄人口和劳动力供给的相关统计中，往往忽略了这一部分劳动力。

2. 人口老龄化影响劳动参与率的间接效应及经验解释

人口老龄化除了直接影响劳动参与率外，还间接影响劳动参与率。最主要的途径是退休的老年人通过为其子女提供家务帮助和照顾孙辈的隔代照料，使年轻劳动力可以重返劳动力市场，从而提高劳动参与率和劳动力供给。杨成钢和孙晓海将这一现象称为"影子红利"效应。① 对于影子红利的相关研究虽然不多，但也有学者进行了讨论。郭凯明等将具有中国特色的家

① 杨成钢、孙晓海：《老年人口影子红利与中国经济增长》，《人口学刊》2020 年第 4 期，第 30～41 页。

庭隔代照料文化引入经济增长模型，分析了隔代照料文化对延长退休年龄，继而对劳动参与率和劳动力供给产生的影响。[①]

人口老龄化对劳动参与率的间接影响主要是通过隔代照料和养老保险这两条途径实现。例如，老年人在照顾孙辈的时候，会考虑其子女的收入和其自身的收入，其子女的收入越高，老年人退休后再次参与劳动的可能性就越低。[②] 郭东杰和唐教成认为，人均养老保险可以显著提高劳动参与率，同时可以缓解人口老龄化对劳动参与率的不利影响，而且养老保险会通过"替代效应"增加劳动者的工作时间。[③] 但也有学者对这种观点持怀疑态度，程杰和李冉从我国的养老保障制度设计、劳动力供给和需求结构、家庭文化等方面解释了我国老年人劳动参与率普遍较低的原因。[④] 但可以肯定的是，发达国家的经验数据表明，退休的老年人重返劳动力市场是未来发展的一个趋势。[⑤] 截至 2018 年，OECD 国家老年人的劳动参与率已经平均达到 15%，其中，美国这一比例已经高达 20%，日本则高达 25%，韩国更是超过 30%。[⑥]

人口老龄化不仅通过劳动参与率的提高对劳动力供给产生直接影响，还体现在老年人通过帮助成年子女，为其提供家务帮助和隔代照料，使原本需要回归家庭的年轻劳动力能够参与社会生产，间接提高了劳动参与率。而人口老龄化对劳动力供给带来的间接效应存在明显的性别差异，其中对女性劳动力供给的影响要远高于男性。本研究以杨成钢和孙晓海的计算结果为分析

---

① 郭凯明、余靖雯、龚六堂：《家庭隔代抚养文化、延迟退休年龄与劳动力供给》，《经济研究》2021 年第 6 期，第 127~141 页。

② 诸艳霞、朱红兵：《延迟退休年龄下隔代抚育与劳动参与的抉择——基于工资收入随机性假定的研究》，《经济理论与经济管理》2018 年第 6 期，第 15~27 页。

③ 郭东杰、唐教成：《人口老龄化、养老保险改革与劳动参与率研究》，《财经论丛》2020 年第 6 期，第 12~20 页。

④ 程杰、李冉：《中国退休人口劳动参与率为何如此之低？——兼论中老年人力资源开发的挑战与方向》，《北京师范大学学报》（社会科学版）2022 年第 2 期，第 143~155 页。

⑤ Schirle, T., "Why have the labor force participation rates of older men increased since the mid-1990s?", *Journal of labor economics* 26 (4), 2008: 549-594.

⑥ 程杰、李冉：《中国退休人口劳动参与率为何如此之低？——兼论中老年人力资源开发的挑战与方向》，《北京师范大学学报》（社会科学版）2022 年第 2 期，第 143~155 页。

依据，将家务帮助和隔代照料统一为代际支持（这里指老年人对成年子女的代际支持）。[①] 2010 年第六次全国人口普查数据显示，16~50 岁人口的就业率是 78.3%，利用 2016 年 CFPS 数据的测算，在 16~50 岁人口全部获得父母的代际支持后，就业率可提升到 88.8%，增加了 10.5 个百分点，而在没有获得任何父母代际支持时，就业率就会下降 3.3 个百分点，就业率从 78.3% 下降到 75%。所以，老年人对成年子女提供代际支持，可以给就业率带来 13.8 个百分点的贡献。

现有实际的就业人口（其就业率是 78.3%）中已经包含了由父母对成年子女提供代际支持所引起的 3.3 个百分点的就业率，所以用 3.3 个百分点乘以现有的 16~50 岁人口数，即可以得到由老年人为成年子女提供代际支持后，劳动力人口间接增加的人数。如表 5-10 所示，2001~2020 年，老年人为成年子女提供代际支持，使成年子女的劳动参与率得到了提高，增加了实际的劳动力供给，且这一人数均在 2000 万以上，最高的年份可达到 2583 万人，可见人口老龄化对劳动参与率的间接效应是十分明显的。但可以看到，老年人提供代际支持对劳动力供给的影响在 2011 年后开始出现下降。这是因为老年人提供代际支持对就业率的贡献是以 2016 年 CFPS 数据进行的估算，因此这一比值是固定的，且与我国劳动适龄人口占比在 2010 年前后出现拐点后开始下降有关。

表 5-10 2001~2020 年由老年人提供代际支持所增加的劳动力人口数

单位：万人

年份	2001	2002	2003	2004	2005	2006	2007	2008	2009	2010
劳动力	2423.12	2427.08	2429.91	2423.62	2365.45	2381.98	2378.52	2378.80	2404.50	2569.15
年份	2011	2012	2013	2014	2015	2016	2017	2018	2019	2020
劳动力	2583.71	25630.4	2521.80	2488.46	2455.92	2422.01	2394.55	2334.15	2210.38	2299.01

注：本表数据来自杨成钢、孙晓海：《老年人口影子红利与中国经济增长》；《人口学刊》2020 年第 4 期，第 30-41 页。其中 2019 年和 2020 年数据为作者补充。

---

① 杨成钢、孙晓海：《老年人口影子红利与中国经济增长》，《人口学刊》2020 年第 4 期，第 30~41 页。

5.3.2 人口老龄化、劳动参与率与影子红利的实证检验

人口老龄化通过对劳动参与率的直接效应和间接效应，影响劳动力供给和实际参与生产的就业人口数，从而影响经济增长。60 岁及以上的老年人口虽然被划定为非劳动力人口，但有很大部分低龄老年人依旧活跃在生产领域。即使是不直接参与劳动生产，很多老年人对成年子女提供家务帮助和隔代照料，使那些原本不得不因家务劳动和照料子女而准备退出劳动力市场的年轻人又重新回到工作岗位。

1. 老年人对劳动参与率的贡献

老年人对子女的劳动力替代主要是通过两个方面来体现，一是帮助子女进行日常家务劳动，二是照料孙辈。这会使得原本无法参与劳动的子女拥有更多的劳动时间，增加劳动力供给。而老年人对成年子女劳动参与率的影响，无法用宏观数据进行测算，因此只能借助微观数据。本研究借鉴杨成钢和孙晓海的研究成果，利用 2016 年 CFPS 调查数据，通过构建关于劳动就业率和家务劳动与照料孙辈的回归方程，将 16~50 岁人口视为受影子红利影响的人口。[1] 本研究通过微观数据的模型估计得到了老年人对成年子女劳动参与率的影响程度为 3.3%。利用这一近似估计我们可以得到由老年人提供代际支持所增加的实际劳动力的数量，如表 5-10 所示。

2. 模型设定

以上测算的是由老年人提供代际支持所增加的劳动力供给，即影子红利对 GDP 的影响。为了进一步测算影子红利对经济增长的具体贡献，本节构建了包括剔除影子红利劳动力供给的实证模型，模型具体表达式为：

$$lnGDP_{it} = \alpha + \beta_1 lnOld_{it} + \beta_2 \cdot lnInvest_{it} + \beta_3 \cdot lnWork_{it} + \beta_4 \cdot lnEdu_{it} + d_i + \varepsilon_{it}$$

其中，被解释变量为实际 GDP（GDP_{it}），解释变量主要为影响经济增

---

[1] 杨成钢、孙晓海：《老年人口影子红利与中国经济增长》，《人口学刊》2020 年第 4 期，第 30~41 页。

长的核心要素，包括物质资本存量（$Invest_{it}$）、劳动力供给（$Work_{it}$）和受教育水平（Edu_{it}）等要素。模型设定为个体固定效应模型。

3. 数据来源和变量说明

实际 GDP、物质资本存量和受教育水平数据主要来自 2001~2021 年《中国统计年鉴》。而劳动力供给数据主要涉及年龄别就业人口，数据主要来自 1990~2020 年人口普查数据和 1%抽样调查数据。其中，对于非普查年份的年龄别就业人口数据，主要利用平均插值法对缺失年份进行估算。

因变量。实际 GDP，同样以 1990 年为基期，利用各地区历年 CPI 指数进行平减，求各地区历年的实际 GDP。

自变量。物质资本存量和受教育水平的内涵和处理方法与前文一致，劳动力供给与前文略有不同，这里的劳动力供给采用的是剔除影子红利劳动力就业人口数量。具体计算方法是：（1−3.3%）×各地区历年就业人口数。这样处理的目的是不考虑影子红利增加的就业人口数量，便于后续代入实际劳动力供给，测算其对 GDP 的影响，从而求得影子红利对经济增长的具体贡献。各变量的描述统计分析如表 5-11 所示。

表 5-11 各变量描述性统计分析

变量名称	变量描述/单位	最小值	最大值	平均值	标准差
实际 GDP	1990 年为基期计算的实际 GDP(元)	3.20	10.54	7.63	1.39
老龄化水平	65 岁及以上人口占总人口比重(%)	1.21	2.89	2.10	0.32
物质资本存量	永续盘存法测算的固定资产投资(万元)	2.14	10.97	7.75	1.68
劳动力供给	15~54 岁就业人口数(万人)	4.65	8.83	7.37	0.92
受教育水平	各地区专利申请授权数存量(件)	0.25	2.55	2.03	0.23

注：本表为取对数后的结果。

4. 实证分析结果

通过对面板数据的单位根检验，各指标显示模型中各个变量均为零阶平稳数据，因此可以利用面板数据进行实证分析。本节对 F 统计量和豪斯曼检验结果进行对比，模型拒绝了随机效应和混合模型，最终选择固定效应模型。模型具体回归结果如表 5-12 所示，并给出了个体固定效应下广义最小二乘法（FGLS，模型 2）和极大似然估计（MLE，模型 3）的结果。

表 5-12　影子红利下就业人口对经济增长影响的回归结果

变量	混合模型	固定效应	固定效应
	模型 1	模型 2	模型 3
截距项	-2.232^{***}（0.105）	-0.874^{**}（0.391）	-1.434^{***}（0.262）
老龄化水平	0.550^{***}（0.039）	0.257^{***}（0.035）	0.284^{***}（0.034）
物质资本存量	0.484^{***}（0.009）	0.524^{***}（0.009）	0.515^{***}（0.008）
劳动力供给	0.541^{***}（0.101）	0.432^{***}（0.055）	0.509^{***}（0.035）
受教育水平	0.469^{***}（0.052）	0.350^{***}（0.056）	0.353^{***}（0.054）
F 统计量	—	43.78^{***}	—
LR chi2(2)	—	—	3360.70

注："***"、"**"、"*"分别表示 $p<0.01$、$p<0.5$、$p<0.1$，（　）内为对应标准误。

从模型 2 的回归结果看，人口老龄化对经济增长的影响并未直接呈现负效应。人口老龄化通过技术倒逼效应和产业升级效应对经济增长带来的间接影响正在随着要素结构的改变和产业结构的调整逐步显现。从其他要素对经济增长的影响来看，回归结果和前文分析的结果基本一致，劳动力供给、物资资本存量和受教育水平对经济增长产生显著积极的正效应。

5. 老年人口影子红利的估算

为了更加明确影子红利对 GDP 的贡献，本研究利用模型 2 的回归结果进行分析。第一步，利用模型 2 的回归方程，估算没有考虑影子红利（即使用剔除影子红利对劳动生产率影响后的劳动力供给数据）情况下的 GDP 预测值（用 $GDP_{预测1}$ 表示）。第二步，考虑影子红利（实际就业人口数）情况下的 GDP 预测值（用 $GDP_{预测2}$ 表示）。第三步，将考虑影子红利的 GDP 预测值 $GDP_{预测2}$ 减去没有考虑影子红利的 GDP 预测值 $GDP_{预测1}$ 得到的差值定义为影子红利对 GDP 的实际贡献（用 $GDP_{差}$ 表示）。第四步，用影子红利的贡献 $GDP_{差}$ 除以实际 GDP 便可得到全国历年老年人口影子红利对实际 GDP 的贡献率，计算结果如表 5-13 所示。

表 5-13　1990~2020 年老年人口影子红利贡献

年份	实际 GDP（亿元）	$GDP_差$（亿元）	影子红利贡献（%）	年份	实际 GDP（亿元）	$GDP_差$（亿元）	影子红利贡献（%）
2020	1253212.60	5198.88	0.41	2004	205129.72	1630.73	0.79
2019	1164097.15	4894.83	0.42	2003	182639.99	1517.82	0.83
2018	1075642.50	4623.99	0.43	2002	165992.72	1418.47	0.85
2017	990226.34	4385.79	0.44	2001	150746.06	1326.86	0.88
2016	925145.47	4175.63	0.45	2000	136534.92	1221.32	0.89
2015	853262.93	3972.67	0.47	1999	127000.95	1170.33	0.92
2014	783776.54	3741.70	0.48	1998	118924.93	1112.01	0.94
2013	717142.35	3534.89	0.49	1997	108706.10	1043.19	0.96
2012	651106.57	3318.55	0.51	1996	95587.19	955.53	1.00
2011	565253.50	3043.18	0.54	1995	79627.42	852.87	1.07
2010	488565.97	2729.34	0.56	1994	62184.96	753.52	1.21
2009	440582.29	2561.44	0.58	1993	48806.49	646.03	1.32
2008	380249.11	2349.23	0.62	1992	43269.94	596.98	1.38
2007	323885.41	2135.49	0.66	1991	21895.50	412.12	1.88
2006	275312.36	1932.41	0.70	1990	18774.30	367.86	1.96
2005	238270.61	1759.87	0.74	—	—	—	—

如表 5-13 所示，从 1990~2020 年，影子红利对经济增长的贡献从 1990 年的 367.86 亿元增加到 2020 年的 5198.88 亿元。我国 60 岁及以上人口占比由 1990 年的 5.57% 上升到 2020 年的 13.5%。老龄化水平的提高、老年人口绝对规模的增大使影子红利的作用在增加。而这部分因老年人为成年子女提供家务帮助和隔代照料释放的劳动力供给效应往往在实际研究中被忽视。影子红利对实际 GDP 的贡献率呈逐年下降的趋势，从 1990 年的 1.96% 下降到 2020 年的 0.41%。虽然影子红利贡献额的绝对值在增加，但影子红利贡献率却在逐年下降。这并不难解释，人口老龄化带来的是劳动适龄人口占比的下降和劳动力绝对数量的下降，随着廉价劳动力优势的丧失，劳动力要素对经济增长的贡献和作用会逐渐减弱，取而代之的是资本和技术要素对经济增长的贡献率增加。这也与我国经济发展的规律相一致，我国正在实现由劳动密集型产业向技术与创新密集型产业转型。

6

人口长期负增长与人口红利转型

后人口转变时期的特征除了劳动适龄人口占比下降和人口老龄化加剧，还有一个最主要的特征便是人口长期负增长。根据国家统计局数据，我国在 2021 年出生人口为 1062 万，死亡人口为 1014 万，人口净增长 48 万。2022 年全国总人口为 14.1157 亿，比 2021 年减少了 85 万，这意味着我国首次出现了人口负增长。随着未来生育率的持续走低，人们生育意愿的改变，国家虽然出台了诸多鼓励生育的政策，但人口负增长的趋势依旧不可避免。可见，人口长期负增长或将成为未来我国面临的人口新常态。

面对未来可能长期持续的人口负增长趋势，一些学者对未来经济的增长情况表示担忧。因为人口长期负增长背景下持续的低生育率会直接导致劳动力供给不足、社会抚养负担加重、人口老龄化加剧、经济活力降低和全要素生产率下降等，这些因素将直接阻碍经济增长。[①] 人口负增长背景下，研究者从劳动力规模和占比下降导致的资本积累和劳动力资源减少；人口老龄化导致的消费结构和规模的改变，人口老龄化导致的外部经济环境改变等多重视角分析了人口负增长给传统经济增长可能带来的约束。[②] 在此基础上，钟

---

① 王金营、刘艳华：《经济发展中的人口回旋空间：存在性和理论架构——基于人口负增长背景下对经济增长理论的反思和借鉴》，《人口研究》2020 年第 1 期，第 3~18 页。

② 钟水映、汪世琦：《人口负增长趋势下的经济高质量发展》，《广西社会科学》2022 年第 5 期，第 130~137 页。

水映和汪世琦还从人口负增长对劳动力投入、物质资本积累、人均产出等方面的影响进行了数理模型的推导。① 总之，人口负增长更多地被视为影响经济增长的一个不利因素。

然而，也有一些学者持较为乐观的态度。刘厚莲和原新就对人口负增长一定会阻碍经济增长提出了质疑，通过对比发达国家人口负增长与经济增长的事实发现，人口负增长并非是经济衰退的决定因素，其同样具有推动经济增长的可能性。② 对此，王金营和刘艳华论证了人口负增长背景下人口回旋空间对未来经济增长蕴含的无限可能性。③ 同样，厉克奥博等学者认为，影响经济增长更为重要的因素是人力资源总量而非劳动力总量。④ 在这一前提下，即使在人口负增长的背景下，未来我国的人力资源总量依旧是相当丰富的，若其能够得到重复利用，未来 30 年我国的经济增长依旧能够保持高位水平。陶涛等也利用德国和俄罗斯等典型人口负增长国家的经验数据，实证检验了人口负增长并不必然会带来经济的衰退，其对经济增长的影响是多维度的。⑤

由此可见，人口长期负增长作为后人口转变时期的一个重要人口特征，虽然可能是未来我国长期面临的人口问题，但并不是一个完全悲观的信号。挖掘人口长期负增长背景下存在的推动经济增长的潜在可能，是实现人口红利转型的又一关键出路。因此，本章将重点探讨人口长期负增长与经济增长的关系，寻求人口红利转型的新路径。

---

① 钟水映、汪世琦：《如何认识人口负增长对经济增长的影响？——基于供给端的基本理论框架和初步分析》，《武汉科技大学学报》（社会科学版）2021 年第 4 期，第 421~429 页。

② 刘厚莲、原新：《人口负增长时代还能实现经济持续增长吗？》，《人口研究》2020 年第 4 期，第 62~73 页。

③ 王金营、刘艳华：《经济发展中的人口回旋空间：存在性和理论架构——基于人口负增长背景下对经济增长理论的反思和借鉴》，《人口研究》2020 年第 1 期，第 3~18 页。

④ 厉克奥博、李稻葵、吴舒钰：《人口数量下降会导致经济增长放缓吗？——中国人力资源总量和经济长期增长潜力研究》，《人口研究》2022 年第 6 期，第 23~40 页。

⑤ 陶涛、郭亚隆、金光照：《内生性人口负增长经济影响的国际比较》，《人口学刊》2022 年第 1 期，第 32~45 页。

6.1 人口长期负增长与经济增长的事实

6.1.1 全球背景下的人口负增长

人口负增长是在经历长期的人口增长后，随着生育率持续下降，人口转变所带来的必然结果。纵观全球人口转变的发展历史，很多国家或在 20 世纪末就出现了持续的人口负增长。在人口总量开始进入人口负增长的背景下，随之而来的是劳动力人口也开始出现下降，进入人口长期负增长阶段。那么在人口长期负增长的背景下，这些国家或地区是会实现经济的持续增长，还是深受人口长期负增长的影响而经济长期低迷？本节将进行人口长期负增长与经济增长的经验事实的检验，从而揭示两者之间的真实关系。

1. 部分国家（地区）的人口负增长

欧洲是最早完成人口转变的地区。在 20 世纪 40 年代，西欧和北欧一些国家的生育率已经下降至接近死亡率的水平。其中，德国是最早进入人口负增长的国家，大约在 20 世纪 50 年代就开始出现人口负增长，匈牙利是经历人口负增长时间最长的国家。根据联合国人口司的数据，截至 2021 年，全球已经有 37 个国家或地区处于人口负增长的行列当中，其中绝大多数在欧洲，有 26 个国家或地区，包括如匈牙利、德国和俄罗斯等；亚洲有 5 个，包括日本和韩国等；北美洲有 6 个。[①]

如表 6-1 所示，从人口增长率水平看，欧洲部分国家，例如德国、匈牙利、克罗地亚等国，早在 21 世纪初甚至 20 世纪末，人口就开始进入人口负增长状态，持续时间达 20 年以上，并且有部分国家已经呈现持续负增长的态势。而作为亚洲发达国家的日本和韩国，日本在 2010 年后开始出现人口负增长，且人口负增长的趋势越来越明显；韩国在 2020 年后也开始出现人

---

① 《国外如何应对人口负增长？鼓励生育移民、增加女性和老年人就业》，https://baijiahao. baidu. com/s？ id=1755356228797095615&wfr=spider&for=pc。

口负增长。北美洲的国家如加拿大和美国，虽然没有出现人口负增长的情况，但是从历年人口自然增长率的趋势看，2000 年后，这两国的人口自然增长率也开始持续下降。但值得注意的是，2015 年后，德国人口自然增长率逐步回升。

表 6-1 世界部分国家 2000~2021 年人口自然增长率

单位：%

国家	2000~2004 年	2005~2009 年	2010~2014 年	2015~2019 年	2020~2021 年
德国	0.101	-0.149	-0.226	0.515	0.062
匈牙利	-0.256	-0.168	-0.314	-0.194	-0.314
亚美尼亚	-0.895	-0.673	-0.508	-0.486	-0.528
罗马尼亚	-0.929	-1.037	-0.455	-0.547	-0.654
克罗地亚	-0.944	0.003	-0.313	-0.834	-2.088
俄罗斯	-0.432	-0.179	0.144	0.081	-0.332
日本	0.178	0.045	-0.121	-0.101	-0.377
韩国	0.619	0.503	0.575	0.397	-0.019
加拿大	0.988	1.030	1.048	1.185	0.850
美国	0.963	0.932	0.734	0.651	0.540

资料来源：世界银行在线数据库关于人口预测的相关资料。http://dataexplorer. wittgensteincentre.org/wcde-v2/。

关于人口负增长的原因，陶涛等将其定义为外生性人口负增长和内生性人口负增长两种模式。[①] 外生性人口负增长强调外部事件，包括战争、灾难、社会动荡等外力因素导致的人口负增长。内生性人口负增长强调在没有明显外部因素干扰下，人口由于持续的低生育率而导致的负增长。

2. 中国的人口负增长

自新中国成立以来，在生育政策的影响下，我国的人口增长经历了由高位快速增长到持续走低的趋势。截至 2022 年，我国人口总数首次出现下降，意味着我国开始出现人口负增长。

---

① 陶涛、金光照、郭亚隆：《两种人口负增长的比较：内涵界定、人口学意义和经济影响》，《人口研究》2021 年第 6 期，第 14~28 页。

如图 6-1 所示，我国人口自然增长率虽然呈持续下降趋势，但其变化可以分为三个阶段。第一阶段 1963~1974 年。这一阶段人口自然增长率虽然有下降趋势，但整体水平保持在高位，人口自然增长率保持在 2.0‰ 以上的水平。第二阶段 1975~1998 年。这一阶段我国人口自然增长率呈现持续快速下降趋势，在生育政策的影响下，人口自然增长率快速走低，从 2.0‰ 以上的水平迅速下降到 1.0‰ 的水平。第三阶段 1999~2021 年。这一阶段持续受生育政策和人们生育观念的影响，人口自然增长率在 1.0‰ 以下的低位徘徊。虽然国家分别在 2013 年、2015 年对生育政策进行了调整，在 2020 年后又相继出台了更多刺激生育的激励政策，但依旧难以改变生育率持续低迷的状态。我国总和生育率自 2010 年后就常年保持在 1.5~1.6 的低水平，2020 年更是低至 1.1，这也决定了我国未来将不可避免地面临人口长期负增长的情况。

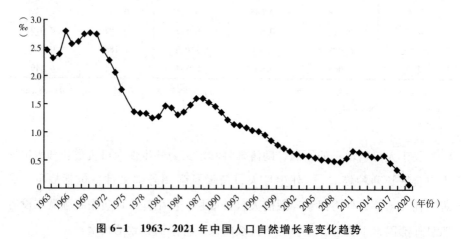

图 6-1　1963~2021 年中国人口自然增长率变化趋势

联合国《世界人口展望 2022》对中国未来人口预测的数据（中方案）显示，截至 2030 年，我国人口规模将达到 14.19 亿，会达到峰值。[①] 根据我国人口实际数据，截至 2021 年，我国总人口数为 14.13 亿。相较于 2021 年，2022 年我国人口减少 85 万人，人口自然增长率为 -0.6‰。如果生育率

——————————

① 联合国《世界人口展望 2022》结果摘要，https：//population. un. org/wpp/Publications/。

持续下降，那么 2021 年将达到我国人口的峰值。假设在各类鼓励生育政策
的刺激下，生育率有所反弹，按照联合国《世界人口展望 2022》的人口预
测数据，我国人口峰值也将在 2030 年前后出现。也就是说，不论是哪种情
况下，我国人口将在未来 10 年出现负增长，并且这一趋势将不可避免。

如表 6-2 所示，未来 40 年，我国的总和生育率将维持在 1.4 左右的低
水平，这与日本目前的总和生育率水平相似，并且这一总和生育率很难得到
提升。到 2060 年，随着人口平均预期寿命的不断提高，人口老龄化将不断
加剧。根据预测结果，2060 年我国老龄化水平将高达 34.4%，将进入重度
老龄化社会，总人口数则会下降到 12 亿左右。也就是说，在后人口转变时
期，人口长期负增长和人口重度老龄化将是我国人口最为显著的两个特征，
也是我国人口面临的巨大挑战。

表 6-2 联合国《世界人口展望 2022》对中国人口数据的预测结果（中方案）

项目	2015 年	2020 年	2030 年	2040 年	2050 年	2060 年
总人口（百万人）	1397.06	1416.58	1419.59	1374.32	1301.74	1202.73
65 岁及以上人口（%）	9.7	12.3	17.4	25.0	28.5	34.4
20 岁以下人口（%）	23.5	22.5	19.8	16.5	15.4	15.1
项目	2015~2020 年	2020~2025 年	2030~2035 年	2040~2045 年	2050~2055 年	2055~2060 年
总和生育率	1.44	1.40	1.36	1.38	1.41	1.42
男性出生时预期寿命（年）	75.0	75.9	77.7	79.5	81.3	82.2
女性出生时预期寿命（年）	78.1	79.0	80.9	82.8	84.7	86.6
五年净移民数（千人）	-918.5	-922.7	-902.9	-847.9	-778.0	-696.0

6.1.2 人口负增长与经济增长的事实

人口负增长一定带来经济的衰退？人口负增长和经济增长之间是否
能够并存？关于此类猜想，目前学界还尚无统一的定论。虽然有少数经
验研究显示，像日本、韩国和欧洲一些国家在人口达到稳定状态的情况

下，经济依旧能够保持平稳增长。① 但更多的研究表明，人口长期负增长背景下，劳动力供给减少和劳动力结构老化会对经济增长带来双重影响。② 人口长期负增长引发的人口结构改变是未来不得不关注的客观事实，其与经济增长的关系更是研究的重点。本节尝试利用现有人口负增长与经济增长的事实和经验数据，初步探讨两者之间的关系。同时参考相关学者的研究，讨论人口长期负增长背景下，中国未来经济增长的趋势和潜力。

1. 部分国家（地区）人口负增长与经济增长的事实

前文分析了世界部分国家或地区人口负增长的事实，这些国家或地区面临人口负增长时，其经济增长水平是否也出现了衰退呢？图 6-2 为 2000～2019 年 8 国人均 GDP 增长率和人口负增长率关系的散点图。从两者之间的关系可以看出，在大部分年份，大部分国家都集中在第二象限，也就是说，在大多数国家的不同年份，虽然面临着人口负增长，但其人均 GDP 水平是呈现持续增长的态势。也就是说，在人口长期负增长背景下，经济发展水平依旧可以保持稳定的增长态势。

如图 6-2 所示，处于第一现象的国家居多。这也同时说明了，对于人口保持正增长的国家，如美国、加拿大，其在不同的年份，经济发展也依旧保持了稳定增长的态势。那么，是否会存在这样一个悖论，人口增长与经济增长之间是没有规律的。纵观世界人口发展史，人口快速增长的历史阶段，往往也是经济繁荣发展的阶段，而在人口下降的阶段，往往也是经济萧条衰退的阶段。人口与经济之间有着密切的关系，但人口对经济系统的影响是复杂的，经济增长除了受人口数量和结构的影响，也更多地受到技术、创新、产业结构、贸易发展程度等多种因素的影响。因此，在人口长期负增长的背景下，随着经济增长方式的改变，同样可以实现经济稳定增长。

---

① 林宝：《人口负增长与劳动就业的关系》，《人口研究》2020 年第 3 期，第 21～37 页。
② 陶涛、郭亚隆、金光照：《内生性人口负增长经济影响的国际比较》，《人口学刊》2022 年第 1 期，第 32～45 页。

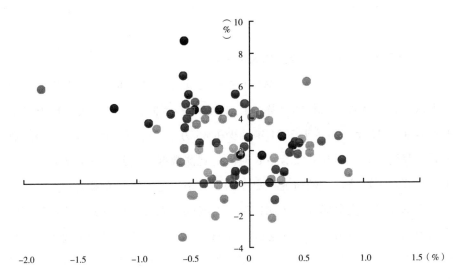

图 6-2　2010~2019 年 8 国人口自然增长率和人均 GDP 增长情况

资料来源：世界银行官网在线数据（https：//data. worldbank. org. cn/），其中国家包括表
6-1 中除美国和加拿大外的其他 8 国。年份没有涉及 2020 年，是因为受新冠疫情的影响，在
2020 年全球经济均出现了大衰退。其中，横轴为人口增长率，纵轴为人居 GDP 增长率。

　　除了各国人口负增长与经济增长之间关系的经验事实，也有一些学者就
人口数量下降仍然可能存在对经济增长的有利影响进行了理论和实证分析。
Dalgaard 和 Kreiner 认为，即使在人口负增长的背景下，当考虑人力资本以
及由人力资本投入带来的技术创新时，人口增长率对经济增长的作用将变得
没那么必要，即人口负增长仍旧会有利于经济增长。[①] 同样，Sasaki 和
Hoshida 研究发现，在人口负增长的情况下，技术进步会趋于零，而此时的
人均产出水平却会趋近于一个正值。[②] 在人口负增长背景下，劳动力数量下
降，继而可能会促进一国经济实现由劳动密集型向技术密集型转变，这种因

[①]　Dalgaard，C. J.，Kreiner C T，"Is declining productivity inevitable"，*Journal of Economic Growth*
6，2001：187-203.

[②]　Sasaki，H.，Hoshida，K.，"The effects of negative population growth：an analysis using a
semiendogenousR&D growth model"，*Macroeconomic Dynamics* 21（7），2007：1545-1560.

人口数量下降导致的经济增长方式的改变会促进经济产生新的活力而持续增长。[①]

2. 中国人口负增长与经济增长的事实

虽然中国的人口自然增长率呈现持续走低的趋势，但在 2021 年前，我国人口一直保持着正增长的趋势。在过去 60 多年间，我国首次出现人口负增长是在 2022 年，相较于 2021 年减少了 85 万人，降幅为 0.6‰。从经验数据看，我国人口负增长并没有更长时间的观测数据。因此，对未来人口长期负增长背景下经济增长的研究，更多的学者是通过预测的方式进行。

本书参考厉克奥博等的预测结果，对我国未来人口长期负增长背景下经济增长的趋势进行分析。[②] 厉克奥博等通过扩展人力资源总量概念的内涵，取代劳动力人口在经济增长中的作用，将人力资源总量作为要素投入进行了预测。其中所谓人力资源总量，从狭义上讲，主要是指具有知识和技能，且能够从事劳动生产活动的个体。这里的知识和技能重点强调了劳动力的健康水平和教育水平。在这一概念基础上，其对人力资源总量进行量化测度，具体表示为：人力资源总量＝人口数量×健康指数×教育指数（具体测算过程参见原文）。经过测算，最终得出未来 30 年我国人力资源总量，如图 6-3 所示。

如图 6-3 所示，我国人口总量虽然在 2020 年前后达到了峰值，大约为 14.25 亿，但是我国人力资源总量的峰值大约出现在 2040 年，也就是说，在未来 20 年我国的人力资源总量还会持续增加，且在 2040~2050 年也依旧保持较高水平增长。同样，若按照 2020 年为基期折算的当量，未来 30 年我国人力资源总量依旧呈现增长的趋势，这一转折大约出现在 2045 年。这说明，如果单纯看人口数量，我国在不久的将来必然进入全面人口负增长的时代，但如果考虑劳动力健康水平和教育水平提升带来

---

① Elgin. C., Tumen, S., "Can sustained economic growth and declining population coexist?", *Economic Modelling* 29 (5), 2012: 1899-1908.

② 厉克奥博、李稻葵、吴舒钰：《人口数量下降会导致经济增长放缓吗？——中国人力资源总量和经济长期增长潜力研究》，《人口研究》2022 年第 6 期，第 23~40 页。

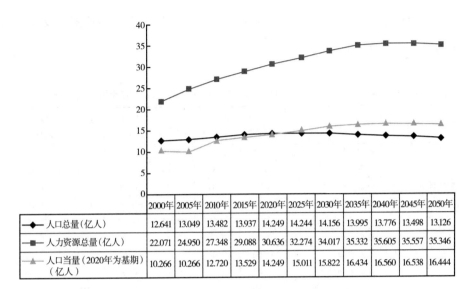

	2000年	2005年	2010年	2015年	2020年	2025年	2030年	2035年	2040年	2045年	2050年
◆—人口总量（亿人）	12.641	13.049	13.482	13.937	14.249	14.244	14.156	13.995	13.776	13.498	13.126
■—人力资源总量（亿人）	22.071	24.950	27.348	29.088	30.636	32.274	34.017	35.332	35.605	35.557	35.346
▲—人口当量（2020年为基期）（亿人）	10.266	10.266	12.720	13.529	14.249	15.011	15.822	16.434	16.560	16.538	16.444

图 6-3　2000～2050 年我国人力资源总量

资料来源：厉克奥博、李稻葵、吴舒钰．人口数量下降会导致经济增长放缓吗？——中国人力资源总量和经济长期增长潜力研究》，《人口研究》2022 年第 6 期，第 23～40 页。

的变化，即人力资源总量的话，那么未来我国的劳动力资源的潜力还是巨大的。

　　基于对人力资源总量的测算，同时考虑物质资本存量和人力资源增长速度等因素，本研究利用生产函数法估算未来我国经济增长的潜力。厉克奥博等给出四种情景下未来经济增长潜力的估算结果。情景一（基准维度）：主要以第六次全国人口普查的分性别、年龄劳动人口数据以及劳动参与率数据为基础，未来趋势不发生改变。受教育年限增长参考了维特根斯坦人口与全球人力资本中心提供的中方案预测结果，健康指数采用 2010～2019 年的平均增长速度。情景二（中高年龄组劳动力参与率提高）：其他情况不变，将 50 岁及以上年龄组劳动力参与率提高，从而依据人力资源总量预测实际参与生产的人力资源数。情景三（受教育年限延长）：在其他条件不变的情况下，受教育年限采用维特根斯坦人口与全球人力资本中心提供的高方案预测结果。情景四：综合情景二和情景三，预测实际参与生产的人力资源总量。

综合四种情景，本书给出 2021～2050 年我国经济增长潜力的预测以及各要素的贡献，结果如表 6-3 所示。

表 6-3　考虑人力资源总量情况下 2021～2050 年我国经济增长潜力的预测

预测情景	指标	2001～2025 年	2026～2030 年	2031～2035 年	2036～2040 年	2041～2045 年	2046～2050 年
情景一：基准维度	潜在 GDP 增速	5.81	5.54	4.98	4.26	3.88	3.67
	教育贡献	0.3	0.31	0.29	0.3	0.27	0.26
	健康贡献	0.00	0.01	0.01	0.00	0.01	0.01
	劳动力贡献	-0.06	-0.08	-0.26	-0.52	-0.52	-0.53
情景二：中高年龄组劳动力参与率提高	潜在 GDP 增速	5.91	5.68	5.14	4.44	4.08	3.9
	教育贡献	0.29	0.29	0.27	0.28	0.26	0.25
	健康贡献	0.00	0.00	0.00	0.00	0.00	0.00
	劳动力贡献	0.04	0.04	-0.13	-0.38	-0.39	-0.37
情景三：受教育年限延长	潜在 GDP 增速	5.88	5.62	5.07	4.36	3.97	3.75
	教育贡献	0.36	0.37	0.35	0.36	0.33	0.31
	健康贡献	0.00	0.00	0.00	0.00	0.00	0.00
	劳动力贡献	-0.06	-0.08	-0.26	-0.52	-0.52	-0.53
情景四：预测实际参与生产的人力资源总量	潜在 GDP 增速	5.97	5.75	5.23	4.55	4.18	4.00
	教育贡献	0.34	0.35	0.33	0.34	0.32	0.30
	健康贡献	0.00	0.00	0.00	0.00	0.00	0.00
	劳动力贡献	0.04	0.04	-0.13	-0.38	-0.39	-0.37

资料来源：厉克奥博、李稻葵、吴舒钰：《人口数量下降会导致经济增长放缓吗？——中国人力资源总量和经济长期增长潜力研究》，《人口研究》2022 年第 6 期，第 23～40 页。

如表 6-3 所示，情景一至情景四均显示，在未来我国人口长期负增长的背景下，劳动力对经济增长的贡献或早或晚最终都会为负值。而在考虑人力资源总量的情况下，趋势则发生了改变。在情景二中，如果考虑健康水平改善的因素，中高年龄组劳动参与率提高，那么劳动力贡献将会延续到2030 年，从 2031 年开始由正值变为负值。情景二和情景三的预测结果显示，同教育水平提高相比，健康水平提高带来的贡献是相对较弱的。情景三结果显示，如果教育水平提高，那么到 2050 年，我国的经济增速依旧能够保持在 3.5% 以上。情景四综合了劳动参与率（健康水平提高）和教育水平提高的效应。在这种情况下，未来我国人力资源总量将得到较大释放，到

2031~3035 年，我国的经济增速依旧能够保持在 5.0% 以上，即使到 2050
年，经济增长潜力也能够达到 4.0% 左右的水平。由此可见，在人口长期负
增长背景下，我国如能够更好地开发利用人力资源总量，则可以有效地降低
劳动力数量下降和人口老龄化对经济增长带来的不利影响。

6.2　人口长期负增长背景下人口红利转型的可能性分析

　　上一节分析了世界部分国家（地区）人口负增长与经济增长的事实，
截至 2022 年，全球已经有 30 多个国家出现了人口负增长。然而，部分国家
在人口负增长背景下经济增长的经验事实表明，人口负增长并不必然带来经
济的衰退，反而有部分国家依旧实现了经济的平稳持续增长。已有研究对我
国未来人口增长潜力的预测同样表明，虽然不可否认未来我国人口长期负增
长对经济带来的负面影响，但就目前来看，人口负增长并不必然会阻碍经济
发展。因此，本节将探讨人口长期负增长背景下如何发掘有利于经济增长的
人口因素，促进人口红利转型。

6.2.1　人口回旋空间与人口红利转型

1. 人口回旋空间的理论渊源与基本事实

　　人口回旋空间是王金营和刘艳华基于人口负增长背景，提出的人口与经
济之间关系的概念。[①] 人口回旋空间是指：较大人口规模在技术创新与应
用、产业升级与转型、劳动分工与深化、人口集聚、城市化以及人力资本提
升等多方面具有充足的回旋空间，即使在人口负增长的背景下，仍旧能够促
进一国的经济发展。但人口回旋空间的前提和基础是具有较大人口规模，多
国的经验事实证明了在较大人口规模背景下，人口回旋空间存在的可能性。

---

① 王金营、刘艳华：《经济发展中的人口回旋空间：存在性和理论架构——基于人口负增长
背景下对经济增长理论的反思和借鉴》，《人口研究》2020 年第 1 期，第 3~18 页；王金营：
《中国人口回旋空间在构建新发展格局中的优势和作用》，《河北大学学报》（哲学社会科学
版）2021 年第 5 期，第 106~121 页。

制造业发展过程中人口回旋空间的可能性。虽然全球经济发展的经验表明，在各国经济发展过程中都经历了三次产业的变革，学界称其为配第-克拉克定理，但对于工业化和后工业化国家而言，制造业依旧是经济增长的核心动力，而非服务业。与发展中国家不同的是，发达国家的制造业是以较高人力资本作为支撑的，这反而会加大制造业对其经济的贡献。[①] 虽然很多发达国家在工业化发展后期经历了"去工业化"的过程，同时这些国家服务业的比重也开始超越制造业，但从全球数据看，制造业对经济的贡献依旧没有下降。这说明，发达国家在去工业化的过程中，将制造业向发展中国家进行了转移。

根据反映制造业集中度的赫芬达尔指数，世界发展中国家的制造业赫芬达尔指数如图6-4所示。1990~2017年，发展中国家的制造业集中程度呈快速上升趋势。在2017年，全球制造业占比最多的10个国家中，就有3个发展中国家，分别为中国、印度和印度尼西亚，而这3个国家都属于人口大国。同样，大多数发展中国家基本都处于人口正增长期，都具备较大人口规模的特点。从这一点可以判断，较大人口规模有利于制造业集聚，也反映了较大人口规模对制造业存在空间回旋的可能性，但是这一空间回旋的机制还有待进一步的分析与说明。

除了较大人口规模与制造业之间存在人口回旋空间的可能性，全球经济发展过程中，较大人口规模与国际贸易之间也存在着人口回旋空间的可能性。王金营和刘艳华通过计算全球186个国家的国际贸易、人口规模与经济增长的相关系数发现，经济增长与人口规模的相关系数为0.072，与国际贸易的相关系数为0.152，而人口规模与国际贸易的相关系数为-0.652。[②] 从这一关系看，较大人口规模和国际贸易的发展均会对经济增长产生积极影响，而国际贸易和人口规模的负相关关系显示，一个国家或地区的人口规模

---

① Szirmai, A., Verspagen. B., "Manufacturing and economic growth in developing countries, 1950-2005", *Structural change and economic dynamics* 34, 2005: 46-59.

② 王金营、刘艳华：《经济发展中的人口回旋空间：存在性和理论架构——基于人口负增长背景下对经济增长理论的反思和借鉴》，《人口研究》2020年第1期，第3~18页。

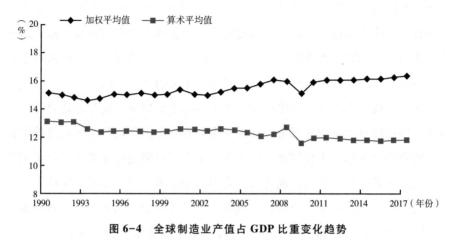

图6-4　全球制造业产值占GDP比重变化趋势

资料来源：王金营、刘艳华：《经济发展中的人口回旋空间：存在性和理论架构——基于人口负增长背景下对经济增长理论的反思和借鉴》，《人口研究》2020年第1期，第3～18页。

越大，其对国际贸易的依赖程度就越低。具有较大人口规模的国家或地区可以更多地依赖国内产业的发展和市场需求，降低对外部经济的依赖，可降低国际经济形势波动带来的不利影响，从而使得较大人口规模在产业发展和国际贸易依赖程度上具有更大的回旋空间。

2. 人口回旋空间促进人口红利转型的机制

人口回旋空间的基础在于较大人口规模，较大人口规模为人口回旋空间提供了基础。而人口红利转型正是源于人口回旋空间带来的劳动力的稳定供给、人力资本效率的提升、专业化社会分工以及区域产业结构转移。

（1）较大人口规模可以保障劳动力的稳定供给，提高人力资本效率

虽然人口长期负增长的趋势不可避免，但在人口长期负增长的背景下，并不意味着人口总量尤其是劳动适龄人口已经处于绝对低水平。根据梁建章等发布的《中国人口预测报告2023版》预测结果（中方案），截至2030年，我国总人口数为13.73亿，其中劳动适龄人口占比为60.17%，劳动适龄人口总量为8.26亿。截至2050年，我国总人口数为12.30亿，届时劳动适龄人口占比为58.34%，劳动适龄人口总量为7.17亿。从劳动力的绝对总

量看，我国仍然有庞大的劳动适龄人口。与美国和日本 2022 年劳动适龄人口占总人口比重相比，我国的劳动适龄人口总量具有绝对的优势。而美国和日本在 2022 年的 GDP 增长率分别为 2.1% 和 1.1%，其在劳动适龄人口绝对量和相对占比均不及我国的情况下，仍保持了 GDP 的正增长。[①]

此外，较大人口规模还能放大人力资本的乘数效应。正如前述分析，即使在人口长期负增长的背景下，如果国家具有较大人口规模，依旧能够提供稳定的劳动力供给。不仅如此，较大人口规模还会通过技术扩散、市场规模和空间差序效应等多种途径促进人力资本效率的提升。[②] 根据梁建章等的人口预测数据，未来我国将仍有较大规模的劳动力供给，同时随着退休年龄延迟，劳动力教育水平和健康水平的提高，实际的劳动力数量远远高于预测结果。

（2）较大人口规模下的人口回旋空间可以促进社会分工

贝克尔-墨菲在分析人口规模、社会分工与经济增长的关系时就指出，社会分工的精细程度会在很大程度上成为影响经济增长的重要因素，而人口规模的大小又制约着社会分工的精细程度。[③] 人口规模会直接作用于社会分工的专业化程度，同时还会影响市场的规模，所以较大人口规模是大国经济发展的天然优势，通过人口回旋空间，在不同行业分工和市场规模的转换中，能够促进不同行业和区域企业的竞争力，从而成为推动经济增长的重要助力。

较大人口规模会通过多条路径促进社会分工。第一，较大人口规模对社会需求量和需求结构的影响。较大人口规模会不断产生新的需求，从而使整个社会产生新的行业来满足人口需求，企业的生产规模扩大，行业分工不断被细化。第二，从人口回旋空间的基本事实看，较大人口规模和国际贸易之

---

① 梁建章、任泽平、黄文政、何亚福：《中国人口预测报告 2023 版》，https：//baijiahao. baidu. com/s？ id＝1758047408808016074&wfr＝spider&for＝pc。

② 王金营、李庄园、王冬梅：《中国人口长期发展目标研究——基于增强经济实力的认识》，《人口研究》2022 年第 4 期，第 40~54 页。

③ Romer, P. M., "Endogenous Technological Change", *Journal of Political Economy* 98 (5), 1990：S71-S102.

间还存在密切联系。较大人口规模促进国际贸易的合作和往来,这不仅可以扩大本国市场规模,同样可以细化国际分工与协作,促进本国经济的发展。第三,较大人口规模和社会分工之间存在着相互影响的关系,亚当·斯密对此早有论述。在较大人口规模的情况下,人口回旋空间为劳动力在行业和地区之间的流动提供了可能性。当某一地区的社会分工高度发达时,就会吸引人口向该地区集聚,同样人口集聚的地区也会内在地产生对专业分工的客观需求。

(3)较大人口规模下人口回旋空间可以推动产业转移与集聚

产业结构在不同国家或地区的转移与人口回旋空间的相互促进是未来经济增长的新出路。关于产业结构在时间和地区之间的转移,有诸多理论进行了解释,例如产品生命周期理论、梯度转移理论、雁阵转移模式等,而产业转移的过程也是区域间社会分工相对深化的过程。对于一个地域空间和人口规模都较大的国家而言,充分利用区域之间产业结构的发展差异和人口在区域间流动的空间回旋效应,可以很好地利用产业结构的梯度转移来实现区域间格局的优化,这与人口空间流动带来的结构红利有相似之处。具体而言,大国国内"雁形分工"使具有不同资源禀赋的区域得以开展经济合作,使各地得以发挥比较优势,互通技术、拓宽市场形成规模效应并释放经济增长的潜力。①

我国目前处于产业结构在不同区域间转移的关键时期。改革开放后,东部沿海地区、东北老工业基地、长三角、珠三角和渤海湾经济区等,依托和承接了发达国家资源和劳动密集型产业。加上我国当时充裕的劳动力资源和大规模的人口流动,带来了东部沿海地区经济的快速增长。2008年后,随着国家经济发展战略转型,加之劳动力要素价格提高,东部沿海地区的传统产业优势再难维持,开始向中西部地区转移。而此时,我国也出现了东部沿海地区用工荒和劳动力人口回流等现象。同时,西部大开发和中部崛起,也

① 王波:《国内市场一体化对产业结构升级影响的实证研究》,《科技与管理》2017年第4期,第34~44页。

为中西部地区的发展带来了新契机。但是中西部地区由产业梯度转移所引起的"就业移民"效应并不显著，人口回旋空间和产业空间回旋的耦合程度不高，仅仅依靠产业转移来实现人口均衡分布的理想较难。因此，这也是未来从人口回旋空间视角探究人口红利转型的一个突破口。

6.2.2　人力资源总量与人口红利转型

1. 人力资源总量的概念与理论渊源

在传统的经济学研究过程中，人口因素更多地被视为一种要素投入。随着人口红利理论研究的逐步深入，人口结构同样会通过储蓄、投资、抚养比等影响经济增长，从而也被给予更多关注。但不论是劳动适龄人口数量还是人口年龄结构，都表现为人口这一经济增长要素在量上的变化，而在人力资本理论的推动下，人口质量即人力资本也成为影响经济增长的因素。因此，围绕人口的量与质的讨论引发了学界关于人口数量红利和人口质量红利（人才红利、人力资本红利、教育红利）的关注和讨论。[①] 但不论是对人口数量的讨论还是对人口质量（人力资本）的关注，都忽视了人口作为生产要素兼具数量与质量的双重属性。基于这样的理论，厉克奥博等提出了人力资源总量的概念，更全面地概括了人口的双重属性。[②] 从广义上讲，人力资源总量是指在各行各业中能够推动社会经济发展的劳动力人口总和。从狭义上讲，人力资源总量是指具有一定知识和技能，且能够从事劳动生产的个体。

而人力资源总量的测度主要包括三个方面：人口数量、健康水平和教育

---

① 张同斌：《从数量型"人口红利"到质量型"人力资本红利"——兼论中国经济增长的动力转换机制》，《经济科学》2016 年第 5 期，第 5~17 页；杨成钢、闫东东：《质量、数量双重视角下的中国人口红利经济效应变化趋势分析》，《人口学刊》2017 年第 5 期，第 25~35 页；原新、金牛：《中国人口红利的动态转变——基于人力资源和人力资本视角的解读》，《南开学报》（哲学社会科学版）2021 年第 2 期，第 31~40 页；黄凡、段成荣：《从人口红利到人口质量红利——基于第七次全国人口普查数据的分析》，《人口与发展》2022 年第 1 期，第 117~126 页。

② 厉克奥博、李稻葵、吴舒钰：《人口数量下降会导致经济增长放缓吗？——中国人力资源总量和经济长期增长潜力研究》，《人口研究》2022 年第 6 期，第 23~40 页。

水平。其中，重点关注健康水平和教育水平的测量，关于健康水平的量化研究，微观领域关注身高、体重、BMI 指数等，而宏观领域则更多以死亡率、疾病发生率、健康预期寿命等作为健康水平的代理变量。更有学者将个体的健康视作资本品和经济产出能力，从而测算了个体的生命统计价值，利用工资和死亡风险的关系估算健康人力资本存量。[1] 对教育水平的测量则相对比较统一，主要利用 6 岁及以上人口受教育年限、劳动力人口平均受教育年限以及教育投资回报率等指标。[2]

2. 人力资源总量促进人口红利转型的机制

（1）人力资源总量会放大劳动力数量效应

在人口长期负增长的背景下，人口总量和劳动适龄人口总量下降是不可避免的趋势，但当使用人力资源总量而非人口数量，尤其是使用劳动力数量来估算其对经济增长的影响时，会扩大劳动力的供给数量，即实现劳动力数量的乘数效应。因为人力资源总量考虑了劳动力的健康水平和教育水平，如图 6-3 所示，2020 年后，人口总量比实际预测的人口总量要高。因此，即使在未来劳动适龄人口占比下降或者劳动参与率下降的情况下，劳动力的供给也能够得到一定的保证。虽然劳动力数量并不决定经济发展的走势，但是正如前文所述，按照人力资源总量测算标准，较大人口规模和充裕的劳动力供给能够确保人口回旋空间的实现。

如图 6-3 所示，依据 2020 年折算的人力资源当量，2030 年我国将有人力资源人口总数为 15.82 亿，到 2050 年为 16.44 亿。按照第三章人口预测数据，如果不考虑人力资源总量的情况下，截至 2030 年，人口预测中方案结果显示，我国总人口数为 14.65 亿，劳动适龄人口占比 68.64%，到 2050 年总人口数为 14.03 亿，劳动适龄人口占比 65.06%。按照相同的劳动适龄

---

① 郝枫、张圆、李晓红：《中国健康资本内生折旧率估算及成因分析》，《人口与发展》2020 年第 2 期，第 36~48 页。
② 胡鞍钢：《从人口大国到人力资本大国：1980~2000 年》，《中国人口科学》2002 年第 5 期，第 1~10 页；崔吉芳：《2020~2035 年我国人力资源总量增长潜力及各级教育的贡献——基于教育人口预测模型的实证分析》，《教育研究》2019 年第 8 期，第 127~138 页。

人口占比计算，依据人力资源总量估算的劳动力人口到 2030 年为 10.06 亿，到 2050 年为 12.33 亿；而按照第三章人口预测中方案结果估算的劳动力人口到 2030 年为 9.49 亿，到 2050 年为 7.51 亿。

（2）人力资源总量会延缓老龄化进程

人力资源总量的测算充分考虑了人口的健康水平，当人口总体的健康水平得以提升时，人口的平均预期寿命也会延长。同时，随着延迟退休等政策的实施，中高年龄组的劳动参与率会随之提高，原本应该退出工作岗位的老年人会再次进入劳动力市场，社会的总抚养比会因此下降，人口老龄化的程度会得到缓解，社会负担和压力随之减轻。人口总体健康状况的改善，主要体现在老年人口对劳动参与率的贡献，中老年人口工作能力的提高和再次投入劳动力市场对未来经济增长会起到提振作用。正如当今的日本，在人口老龄化严重的背景下，有超过一半的 65~69 岁的人口仍旧处于工作状态，日本政府发布的数据显示，截至 2022 年，日本 65 岁及以上的劳动力人口连续 18 年呈增长态势，占劳动力人口的 13.5%。日本 60 岁及以上的老年人口中，依旧希望工作的人口占比达 40.2%。[①]

人力资源总量的测算并不意味着未来我国老龄人口总量的减少，因为未来的人口结构是由现阶段人口数量和结构所决定的。依据人力资源总量测量标准估算的劳动力人口数量会被放大，而老年人口数量会被缩小，是因为人力资源总量的测量是在对未来我国人口健康水平的变化趋势做出的估计和假设。当人口总体健康水平提高后，人们对"老年"的认知和定义会改变，从而对退休和被抚养人口等重新界定。按照厉克奥博等的预测结果，我国在 2050 年男性人口的劳动参与率相当于日本在 2015 年男性人口的劳动参与率。[②] 因此，我们可以参考 2015 年日本的劳动参与率推算我国未来的人口劳动参与率，在这种估算下，我国未来的劳动力人口供给将远高于传统人口

---

① 《少子化、长寿化同时加速 日本老龄化问题愈发严重》，https://baijiahao.baidu.com/s? id =1744404410202084643&wfr=spider&for=pc。

② 厉克奥博、李稻葵、吴舒钰：《人口数量下降会导致经济增长放缓吗？——中国人力资源总量和经济长期增长潜力研究》，《人口研究》2022 年第 6 期，第 23~40 页。

预测的结果。

（3）人力资源总量会改变要素贡献率

人力资源总量综合考虑了人口数量、健康水平和教育水平等多重因素，在劳动参与率提高的情况下，劳动力下降的速度将会放缓，劳动力对经济的负面影响将会减轻，且影响程度会降低。从教育水平看，如果未来劳动力整体受教育水平快速提高，那么人力资本提升的效应不仅仅体现在劳动生产率的提高上，由人力资本集聚带来的技术进步效应不仅会提高全要素生产率，也可能为产业结构的转型提供现实的基础，同时还可能通过人力资本积累实现人口回旋空间。第四章和第五章已分别论述了劳动力下降将会改变要素价格，尤其是劳动力成本上升可能会使企业使用技术替代劳动。

在综合考虑劳动力健康水平和教育水平的叠加效应后，人口要素投入对经济增长贡献率的提高除了劳动力自身投入所带来的影响，还可以提高全要素生产率对经济增长的贡献。全要素生产率的提高一方面来源于劳动力要素质量的改善，另一方面来源于各要素之间的配置效率。人力资源总量的提高除了优化劳动力自身结构，还有助于劳动力资源在不同地域与产业之间配置效率的提高。因为，相较于单一的劳动力数量，综合素质的劳动力更能适应多行业发展的需求，这也会使劳动力的流动限制性降低，人口回旋空间的可能性加大。这都将成为推动全要素生产率提高和促进经济增长的新动力。因此，更应该关注人口的综合能力，即人力资源总量，而非仅关注人口的数量。

6.2.3　人工智能与人口红利转型

1. 人工智能劳动力的理论渊源

人口负增长、人口数量下降为人工智能的发展提供了无限可能，这也是人口长期负增长背景下，应用科技解决人口出生数量下降和劳动力人口下降等问题的新突破口。从新型要素投入的视角看，人工智能可以被视为人口红利转型的一个新契机。郭凯明提出，人工智能是可以同时替代劳动、资本要素的通用型技术，在劳动、资本密集型行业，人工智能的作用体现在减少劳动投入和低成本柔性生产，而在技术密集型以及市场变动型行业，人工智能的作用体现在促进高效研发和精准预判，并满足市场需求。[①] 郭晗认为，人工智能既可以被视作高效率的新型生产要素，也可以被视作提高传统要素质量的重要媒介，其生产要素的补充和赋能效应可以有效促进经济增长。[②] 程承坪认为，人工智能可被视为丰富劳动内涵的广义劳动力，其积极作用在于促进有效劳动供给提升、改善劳动效率、拓展劳动含义，强调人工智能时代广阔的技术发展前景有助于促进经济长期稳定向好。[③]

目前已经有不少研究开始关注人工智能对劳动力的替代、人工智能对经济发展的影响等议题。陈彦斌等通过构建人工智能和人口老龄化的一般均衡模型发现，人工智能可以有效缓解人口老龄化对经济增长的不利影响。[④] 同时，人工智能还将深刻影响未来劳动力市场结构，更多的人工智能将取代传统劳动力。[⑤] 对此，孙文远和刘于山表示了担忧，虽然人工智能的广泛应用会提高企业的生产效率，但是人工智能对制造业就业数量却有明显的负效应，会造成"机器换人"的局面。[⑥] 冯喜良和邱玥也认为，人工智能的广泛应用将减少企业的劳动力需求，同时这一效应还会在劳动生产率提升的作用下进一步被放大。[⑦]

诸多的观点均表明，人工智能会对劳动力产生替代效应。那么在人口长期负增长、人口老龄化和劳动力人口下降的背景下，是否能够从"需求端"

---

① 郭凯明：《人工智能发展、产业结构转型升级与劳动收入份额变动》，《管理世界》2019 年第 7 期，第 60~77 页。

② 郭晗：《人工智能培育中国经济发展新动能的理论逻辑与实践路径》，《西北大学学报》（哲学社会科学版）2019 年第 5 期，第 21~27 页。

③ 程承坪：《人工智能对劳动的替代、极限及对策》，《上海师范大学学报》（哲学社会科学版）2020 年第 2 期，第 85~93 页。

④ 陈彦斌、林晨、陈小亮：《人工智能、老龄化与经济增长》，《经济研究》2019 年第 7 期，第 47~63 页。

⑤ 赵贺、王林辉、曹章露：《人工智能的职业替代效应与职业结构演变：基于 CGSS 数据的微观证据》，《海南大学学报》（人文社会科学版）2023 年第 6 期，第 129~138 页。

⑥ 孙文远、刘于山：《人工智能对劳动力市场的影响机制研究》，《华东经济管理》2023 年第 3 期，第 1~9 页。

⑦ 冯喜良、邱玥：《人工智能技术创新能拉动企业劳动力需求吗？》，《北京工商大学学报》（社会科学版）2023 年第 2 期，第 15~27 页。

寻求解决之策？而人工智能的广泛应用，可以抵消劳动力数量下降带来的不利影响，将成为人口长期负增长背景下人口红利转型的又一新思路。虽然人工智能的广泛应用会对劳动力市场的结构造成一定的影响，但如何平衡和协调劳动力与人工智能之间的关系，推动人工智能劳动力作用的更大发挥将是人口红利转型的关键。

2. 人工智能促进人口红利转型的机制

（1）人工智能会降低对劳动力的需求

劳动力数量的下降是人口负增长背景下的必然趋势，左学金的人口预测显示，我国的劳动力人口将从 2022 年的 9.86 亿下降至 2050 年的 4.08 亿，下降幅度将超过 50%。[1] 但是，如果未来人工智能的广泛使用将会使生产活动更加智能化和自动化，对劳动力的需求将大幅减少。对此，Acemoglu 和 Restrepo 曾利用美国的行业数据进行实证分析，研究结果表明，当每 1000 个人当中所拥有的机器人数量增加 1 个时，就会减少 0.18% ~ 0.34% 的劳动力数量需求。[2] Frey 和 Osborne 利用 700 多个企业的数据研究发现，大约会有 47% 的初级劳动力部门，如后勤服务、办公室职员等会被人工智能所取代。[3] Acemoglu 和 Restrepo 分析了 1990~2007 年工业机器人使用量的增加对美国当地劳动力市场的影响，结果发现，当雇主每使用 1 个机器人，将减少 7 个劳动力需求。[4] 由此可见，人工智能的应用确实可以对劳动力形成较强的替代效应，有效缓解市场对劳动力的需求。

虽然人工智能的广泛应用可以有效缓解对劳动力的需求，但同时要警惕人工智能对劳动力市场带来的负面影响，从而造成对劳动力市场就业结构的

---

[1] 左学金：《我国人口负增长及其经济社会影响》，《上海交通大学学报》（哲学社会科学版）2023 年第 2 期，第 45~60 页。

[2] Acemoglu, D., Restrepo, P., "Robots and jobs: Evidence from US labor markets", *Journal ofpolitical economy* 128（6），2020：2188-2244.

[3] Frey, C. B., Osborne, M. A., "The future of employment: How susceptible are jobs to computerisation?" *Technological Forecasting and Social Change* 114，2017：254-280.

[4] Acemoglu, D., Restrepo, P., "Robots and jobs: Evidence from US labor markets", *Journal of political economy* 128（6），2020：2188-2244.

破坏。赵贺等利用 CGSS 数据，结合 Frey 和 Osborne 对职业替代率测算的思路，计算了人工智能使用对我国城市职业替代的影响，[①] 结果发现，人工智能对任务复杂度较低、工作灵活度较低、第一产业的职业替代性更强。黄旭和许文立同样发现，人工智能的广泛应用会增加制造业和服务业的失业风险，政府有必要从公共政策的视角做出应对。[②] 由此可见，人工智能的应用在促进人口红利转变的过程中是一把双刃剑。在突出人工智能应用能提高劳动生产效率和降低用工成本作用的同时，也要关注人工智能应用带来的结构性失业问题。

（2）人工智能会提高劳动力生产效率

人工智能的应用除了形成对劳动力的替代效应，还可以通过人机融合等方式提高劳动生产率。Graetz 等利用 17 个国家 1993～2007 年工业中机器使用的面板数据，分析人工智能对经济的贡献，结果发现机器和人工智能的应用显著地提高了劳动生产率，贡献率大约为 3.6%。[③] 余玲铮等基于广东省企业调查数据分析发现，机器和人工智能的广泛应用同时提高了工资率和劳动生产率，在控制其他变量的情况下，相较没有使用机器的企业，使用机器和人工智能的企业劳动生产率提高了 18.24%。[④] 然而在不同的行业和地区，人工智能对劳动生产率提升发挥的作用是不同的。宋旭光和左马华青的研究发现，东中部地区由于具备完整的产业链，人工智能投入对劳动生产率的提高作用远高于西部地区。[⑤] 韩民春和庞思明基于欧美 13 个国家的数据分析

[①] 赵贺、王林辉、曹章露：《人工智能的职业替代效应与职业结构演变：基于 CGSS 数据的微观证据》，《海南大学学报》（人文社会科学版）2023 年第 6 期，第 129～138 页；Frey, C. B., Osborne, M. A., "The future of employment: How susceptible are jobs to computerisation?", *Technological Forecasting and Social Change* 114, 2017: 254-280.

[②] 黄旭、许文立：《公共政策如何应对人工智能引发的失业风险?》，《中央财经大学学报》2022 年第 10 期，第 71～84 页。

[③] Graetz, G., Michaels, G., "Robots at work", *Review of Economics and Statistics* 100 (5), 2018: 753-768.

[④] 余玲铮、魏下海、吴春秀：《机器人对劳动收入份额的影响研究——来自企业调查的微观证据》，《中国人口科学》2019 年第 4 期，第 114～125 页。

[⑤] 宋旭光、左马华青：《工业机器人投入、劳动力供给与劳动生产率》，《改革》2019 年第 9 期，第 45～54 页。

发现，人工智能的使用对制造业劳动生产率提高的作用更大。[①] 而李磊和徐大策研究发现，机器人的使用对国有企业和资本密集型企业劳动生产率的提高作用要远高于其他企业。[②]

人工智能能够促进劳动生产率提高的手段主要在于智能化和机器化可以有效地取代那些简单和重复性的工作，可以有效提高员工冗余企业的生产效率。[③] 人力与机器的结合更好地释放了劳动力，对劳动力资源的再配置，尤其是高质量劳动力可以从事更为复杂的创新工作。Acemoglu 和 Restrepo 通过构建任务模型，讨论人机协作对劳动生产率提高的机制，只有在人工智能使用的初始阶段，企业采用机器才能降低成本，提高劳动生产率，当人工智能应用范围超过一定界限，就会因资源短缺而出现劳动生产率下降的可能。[④] 李丫丫和潘安的研究则认为，人工智能机器人在制造业的应用促使劳动生产率提高的原因在于技术的溢出效应。[⑤] 李磊和徐大策总结了机器人的使用促使企业劳动生产率提高的两个途径即资本积累渠道和劳动力雇佣渠道，而劳动力雇佣渠道作用的发挥要取决于替代效应和规模效应。[⑥] 同时，人工智能本身是科技进步的体现，人工智能可能会激发企业与科技相关的创新，增加企业对高水平劳动力的需求，客观地优化了企业结构的转型。

（3）人工智能会推动全要素生产率

人工智能的广泛应用除了对企业生产产生直接影响，还会重塑社会的生

① 韩民春、庞思明：《工业机器人应用对制造业劳动生产率的影响研究——基于欧美 13 个国家数据的经验分析》，《工业技术经济》2021 年第 1 期，第 13~21 页。

② 李磊、徐大策：《机器人能否提升企业劳动生产率？——机制与事实》，《产业经济研究》2020 年第 3 期，第 127~142 页。

③ Acemoglu, D., Restrepo, P., "The race between man and machine: Implications of technology forgrowth, factor shares, and employment", *American economic review* 108 (6), 2018: 1488–1542.

④ Acemoglu, D., Restrepo, P., "Automation and New Tasks: How Technology Displaces and Reinstates Labor", *Journal of Economic Perspectives* 33 (2), 2019: 3–30.

⑤ 李丫丫、潘安：《工业机器人进口对中国制造业生产率提升的机理及实证研究》，《世界经济研究》2017 年第 3 期，第 87~96 页。

⑥ 李磊、徐大策：《机器人能否提升企业劳动生产率？——机制与事实》，《产业经济研究》2020 年第 3 期，第 127~142 页。

产、分配、交换和消费等各个环节，各个领域均对人工智能形成新的需求，促进全社会的发展。[①] 加快人工智能的开发与应用，促进人工智能对制造业、服务业等领域的赋能，或将成为未来提高全要素生产率、推动新一轮产业革命和科技变革的主要动力。[②] 关于人工智能对全要素生产率的影响，很多学者给予了论证。有学者认为，人工节约和效率增进是人工智能应用促进技术进步的两条重要渠道，而当整个社会的资本租金高于劳动工资率的时候，这两条渠道都将对技术进步发挥促进作用。[③] 魏玮等认为，人工智能主要是通过提高生产技术和规模化生产两种途径提高全要素生产率的，而且不同地区的劳动力结构会给全要素生产率带来截然不同的影响。[④] 当人工智能化水平较低时，劳动力结构对全要素生产率的影响系数为 0.012，当人工智能化水平提高到门槛值 $AI = e^{-5.7964}$ 时，劳动力结构的作用将会变为负效应，系数为 -0.086。侯志杰和朱承亮利用2011~2016 年我国人工智能上市企业的面板数据，分析了人工智能对全要素生产率的影响，结果发现，由于技术平均增长率常年为负数，技术效率的"拖累效应"使人工智能对企业全要素生产率产生负效应。[⑤]

基于以上结论，一个值得引发关注的问题是，人工智能的应用是否必然会带来全要素生产率的提高？人工智能广泛应用背景下，美好愿景和实际发展之间存在着一个"生产率悖论"。而形成这一悖论的主要原因是技

[①] 国务院：《国务院关于印发新一代人工智能发展规划的通知》，http://www.gov.cn/zhengce/content/2017-07/20/content_ 5211996. htm。

[②] 黄晓凤、朱满玉、王金红：《人工智能提升了中国制造业企业的全要素生产率吗》，《财经科学》2023 年第 1 期，第 138~148 页。

[③] Aghion, P., Jones, B. F., Jones, C. I., *Artificial intelligence and economic growth* (The economics of artificial intelligence: An agenda. University of Chicago Press, 2018); Acemoglu, D., Restrepo, P., "The race between man and machine: Implications of technology for growth, factor shares, and employment", *American economic review* 108 (6), 2018: 1488-1542.

[④] 魏玮、张万里、宣旸：《劳动力结构、工业智能与全要素生产率——基于我国 2004~2016 年省级面板数据的分析》，《陕西师范大学学报》（哲学社会科学版）2020 年第 4 期，第 143~155 页。

[⑤] 侯志杰、朱承亮：《中国人工智能企业技术效率及其影响因素研究》，《工业技术经济》2018 年第 6 期，第 29~37 页。

术进步和技术创新在促进全要素生产率提高的过程中并未表现持续积极的显著效应。[①] 刘亮和胡国良分析了人工智能可能会对全要素生产率产生"生产率悖论"的理论机制,并利用中国制造业的数据证伪了这一结论。[②] 认为人工智能对中国制造业生产效率的提高具有明显的促进作用,在不同行业分类标准下,人工智能的影响系数分别为 0.0121 和 0.0059,且人工智能对高技术行业全要素生产率的贡献更大。姜伟和李萍利用城市面板数据的实证检验发现,人工智能会通过空间溢出效应形成"技术红利"而非"技术鸿沟",这种因人工智能使用带来的技术红利可以全面提高全要素生产率。[③]

6.3 人口长期负增长背景下人口红利转型的实证检验

前文分析了不同国家(地区)和我国人口负增长及经济增长的经验事实,人口负增长背景下,各国(地区)并未出现集体性的经济衰退,不同学者对我国未来人口、劳动力和经济走势的预测同样持有积极乐观的态度,并通过人口回旋空间、人力资源总量开发和人工智能应用等视角,分析了人口长期负增长背景下我国人口红利转型的可能性。本节将基于上述分析,对人口长期负增长背景下人口红利转型进行实证检验。考虑我国于 2022 年初才开始出现人口负增长的趋势,在较短的时间内无法构建相关的人口经济指标。同时,世界上处于人口负增长的国家或地区出现和经历人口负增长的时间均不相同,而且各国的国情和经济发展基础也各不相同,因此很难构建均衡的面板数据进行分析。如果利用经济增长和人口变化的相关预测数据,虽然从理论上可行,但两者皆是虚拟预测数据,如使用其作为分析的依据,得

---

① 孙早、侯玉琳:《人工智能发展对产业全要素生产率的影响——一个基于中国制造业的经验研究》,《经济学家》2021 年第 1 期,第 32~42 页。

② 刘亮、胡国良:《人工智能与全要素生产率——证伪"生产率悖论"的中国证据》,《江海学刊》2020 年第 3 期,第 118~123 页。

③ 姜伟、李萍:《人工智能与全要素生产率:"技术红利"还是"技术鸿沟"》,《统计与信息论坛》2022 年第 5 期,第 26~35 页。

出的结论必然与现实情况不符。因此，本节重点并不在于精准地测算和预判人口与经济的量化关系，而是通过主要的经济变量和人口变量之间的关系简单拟合与探索分析，预测未来人口长期负增长背景下人口变动对这些经济变量的影响趋势，进而判断人口变动对经济增长的影响。

6.3.1 人口长期负增长与劳动参与率

1. 理论分析

实际决定劳动力供给的因素除了劳动适龄人口占比，更重要的是劳动参与率。在索洛的经济增长模型中，对人口和劳动力增长率的假定是不变的，在人口长期负增长的背景下，低生育率水平必然会导致劳动力数量呈现下降趋势，且新生人口步入劳动年龄还需要一定时间。因此，有必要从动态的视角考察人口变化对经济增长的影响。

假定一个社会总人口和劳动力人口分别为 N 和 L，且两者之间的比例为 C，同时家庭劳动参与率为 σ，因为实际决定劳动力供给除了受劳动适龄人口占比的影响，还受劳动参与率的影响，所以劳动力人口 $L = (CN)\sigma$。为了从动态视角考察劳动力和劳动参与率的变化情况，假定总人口、劳动力人口和劳动参与率均为时间 t 的函数，对 t 求导数可得到：

$$\frac{dL}{dt}/L = \frac{dC}{dt}/C + \frac{dN}{dt}/N + \frac{d\sigma}{dt}/\sigma \tag{6-1}$$

先假定一定时间内劳动力人口占总人口的比重是一定的，即 $\frac{dC}{dt}/C = 0$ 时，那么劳动力的供给就取决于人口增长率和劳动参与率的增长率。由于人口负增长，总人口 N 的增长率必然是下降趋势，此时若想增加劳动力供给，就要考虑劳动参与率的提高。这里可以将由于人口规模缩小带来的劳动力供给下降称为人口规模的"缩减效应"。当家庭劳动力人口占比不为 0 时，以非劳动力人口（被抚养人口）$N-L$ 占总人口 N 的比重表示"抚养比"，用 D 来表示，则 $D = (N-L)/N$，对这个式子两边取对数后，求导数可得：

$$g_L = g_N - g_{1+D} \tag{6-2}$$

从（6-2）式可以看出，劳动力人口与非劳动力人口比重的增长率成反比，这提示我们，在未来，不管是长期还是短期，劳动力人口均会因非劳动力人口增加和总人口下降而出现下降。但劳动参与率作为影响实际劳动力供给的一个重要变量，在人口长期负增长的背景下，其是否会出现下降，无法确定。对此，本研究将通过经验数据给予验证。

2. 实证检验

通过上述分析可知，人口长期负增长背景下的劳动力供给受到总人口、劳动力人口和劳动参与率三个因素的影响。其中，劳动力和总人口下降是人口负增长引起的必要结果。因此，在不考虑大规模人口迁移流动情况下，我们可以观察人口负增长是否会导致劳动参与率的明显下降。表6-4体现了部分人口负增长国家的劳动参与率变化情况，德国、匈牙利等国自2000年后相继进入人口负增长阶段。进入人口负增长阶段后，这些国家的劳动参与率没有明显下降，基本上处于相对稳定状态。此外，德国、俄罗斯等国受大量国际人口移民影响，劳动参与率出现递增趋势。其他主要人口负增长国家的经验数据表明，即使在人口负增长的情况下，劳动参与率也未必会出现明显下降。

表6-4 世界部分人口负增长国家人口自然增长率与劳动参与率

单位：%

国家	2000~2004年		2005~2009年		2010~2014年		2015~2019年		2020~2021年	
	人口增长率	劳动参与率	人口增长率	劳动参与率	人口增长率	劳动参与率	人口增长率	劳动参与率	人口增长率	劳动参与率
德国	0.10	57.28	-0.15	59.03	-0.23	60.06	0.52	61.12	0.06	60.60
匈牙利	-0.26	49.21	-0.17	50.28	-0.31	51.53	-0.19	55.87	-0.31	58.01
亚美尼亚	-0.90	61.48	-0.67	60.46	-0.51	61.44	-0.49	61.91	-0.53	62.22
罗马尼亚	-0.93	59.38	-1.04	54.53	-0.46	54.60	-0.55	54.66	-0.65	53.07
克罗地亚	-0.94	51.31	0.00	51.60	-0.31	51.80	-0.83	51.59	-2.09	51.40
俄罗斯	-0.43	60.39	-0.18	61.81	0.14	62.78	0.08	62.53	-0.33	61.88

注：人口自然增长率与劳动参与率为相应年份内的均值。

资料来源：世界银行数据库。

　　将 2000~2021 年主要国家人口自然增长率与劳动参与率的数据进行拟合，对未来人口长期负增长背景下劳动参与率的走势进行预测。如图 6-5 所示，从拟合结果看，除罗马尼亚外，其他国家的人口自然增长率和劳动参与率之间基本呈现递增的趋势，并未表现持续下降的趋势。因此，可以初步判定人口负增长对劳动参与率不会有长期的负面影响。目前可以观测的数据仅为经验事实，单从劳动参与率这一要素也无法准确地预测这些国家未来的经济走势，同样还需要结合人口负增长对资本形成、技术进步等主要影响经济增长的核心要素进行分析。

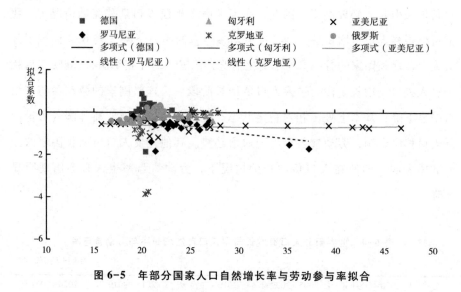

图 6-5　年部分国家人口自然增长率与劳动参与率拟合

6.3.2　人口长期负增长与资本积累

1. 理论分析

　　人口负增长必然会引发人口结构的改变，而人口老龄化随着人口自然增长率的下降会不断加剧。根据生命周期理论，不同年龄段人口的储蓄和投资行为是有很大差异的。老年人口作为消费人口必然会引起社会抚养负担的加重，社会消费性支出的增加必然不利于资本积累。同时，生产性劳动力数量下降与社会总产出下降，势必会对社会总体资本积累和储蓄造成不利影响，从而影响资本积累和产出增加。把总人口 N 分为劳动人口 L_w 和被抚养人口 L_d（为简化分析，仅指老年人口），其中，劳动人口只参与生产，被抚养人口只参与消费。其比例分别为 a_w 和 a_d（即老龄化水平），为外生给定常数，有 $a_w + a_d = 1$。国民收入被分为被抚养人口消费部分 Y_d 和用于储蓄积累部分 Y_w，$Y = Y_w + Y_d$，在索洛模型的基础上引入被抚养人口消费和国民生产总值之比 φ [①]的概念。因此，最终产品生产部门用于积累的部分变为 $Y_w = Y - Y_d = (1 - \varphi a_d) Y$。假设储蓄率和资本折旧率分别为 s 和 δ，那么在封闭经济中资本投资等于储蓄（$I = S$）。资本积累方程可写为：

$$\dot{K} = s(1 - \varphi a_d) Y - \delta K \qquad (6-3)$$

若假定生产函数的形式是 $Y = F(K, L)$，技术进步是希克斯中性的，对 (6-3) 式同时除以 L 可以得到 k 随时间变化的一个表达式：

$$\dot{k} = s \cdot (1 - \varphi a_d) f(k) - (n + \delta - \dot{a}_w) \cdot k \qquad (6-4)$$

所以在引入人口年龄结构后，原来用于资本积累的部分 $s \cdot y$ 便成为 $s \cdot (1 - \varphi a_d)$，且 $0 < 1 - \varphi a_d < 0$。因此，实际投资项会减少，单位劳均有效资本会下降，不利于资本深化。对于持平投资项，在不考虑折旧率的情况下，由于人口负增长，人口自然增长率 n 会下降，导致持平投资曲线向下移动，由人口增加导致对资本积累的稀释效应得到逆转，变为单位劳均有效资本增加，有利于资本深化。

在考虑人口长期负增长背景下，人口老龄化加剧，因此，$\dot{a}_w > 0$ 随时间的推移必然会是一个增大的正数，在人口自然增长率 n 和非劳动人口（被抚养人口）$-\dot{a}_w$ 的共同作用下，会导致持平投资的下降。这对经济增长的影响体现在人口负增长会客观减少劳动力数量，降低资本广化，促进资本深化，而资本深化对人口红利转型的作用机制已经在前文进行了理论和

---

① φ 为外生给定的常数，$\varphi = (Y_d / L_d)(Y / N) = Y_d / Y \times N / L_d$，经简单计算可得 $\varphi = \dfrac{Y_d}{Y} \times \dfrac{1}{(1 - a_w)}$ 从而 $Y_d = \varphi a_d Y$。

实证的检验。但人口负增长对资本积累的影响还要取决于其导致持平投资与实际投资的变动情况。若依据生命周期理论的假说，当被抚养人口消费多、储蓄少，劳动人口储蓄多、消费少时，总抚养比上升不利于储蓄率的提高和资本积累。若考虑第二次人口红利效应，随着平均预期寿命的延长、工作年限的增加，将改变个体的经济行为和思维模式，个体将增加储蓄以维持退休后的消费和应对未来的不确定性，即人口老龄化会提升社会的物质资本积累。

2. 实证检验

在人口长期负增长背景下，人口老龄化加剧对消费和储蓄的影响直接影响到物质资本积累。以上从理论上初步分析了人口长期负增长背景下人口老龄化对实际投资、持平投资和资本深化的影响。为了进一步明确人口负增长和资本积累之间的关系，利用上述主要人口负增长国家的经验数据，观察人口自然增长率和固定资本形成总额（这一指标利用世界银行公布的各国固定资本形成总额占 GDP 的比重来表示）之间的关系。图 6-6 显示了主要人口负增长国家固定资本形成总额占 GDP 比重的变化趋势，图 6-7 对这一关系进行了拟合。

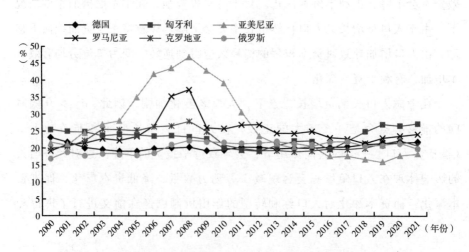

图 6-6　2000～2021 年部分国家固定资本形成总额占 GDP 比重的变化

　　如图 6-6 所示，2000~2021 年，在人口长期负增长背景下，绝大多数
国家的固定资本形成总额占 GDP 比重维持在 20% 左右的水平并保持稳定，
除罗马尼亚在 2004~2012 年这一指标有快速增减变化外，其他国家都相对
平稳。这是因为罗马尼亚作为欧洲的后起之秀，2000 年后迎来了经济的快
速增长，尤其是在 2008 年受经济危机影响之前，其经济发展水平较高。
2008 年后，受经济危机影响，GDP 开始回落，同时可以看到固定资本形成
总额开始下降，但在 2000~2022 年，罗马尼亚的 GDP 累计增长率高达
800%，位居欧盟国家第一。[①] 2018 年后，部分国家的固定资本形成总额又
开始出现回升。如图 6-7 所示，在将各国固定资本形成总额占 GDP 比重与
人口自然增长率进行简单拟合后发现，两者拟合曲线基本上呈现平行或者递
增的趋势，并未出现明显的向下倾斜。这也说明，在人口长期负增长的背景
下，其对固定资本投资和积累带来的影响并未呈现长期的负效应。

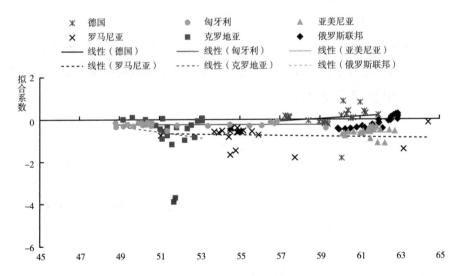

图 6-7　2000~2021 年部分国家人口自然增长率与固定资本形成总额占比拟合

---

① 《2000 年至 2022 年罗经济增长近 800% 为欧盟最高》，bhttps：// www. investgo. cn/article/
gb/tjsj/202212/642818. html。

6.3.3 人口长期负增长与技术进步

1. 理论分析

在古典经济增长理论中，技术进步被视作是外生变量。最早 AK 模型克服了技术进步外生性的弊端，后来罗默的内生经济增长模型进一步将技术进步内生化，将其刻画为随着时间变化的变量，并取决于已有的知识存量。根据罗默的模型，用 A 表示技术进步水平，$A(t)$ 表示技术在 t 时刻的存量，用 $\dot{A}$ 表示技术进步的变动率。因此技术进步的变动率可以表示为其对时间 t 的导数，可写为：

$$\dot{A} = \frac{dA}{dt} = \eta L_A \qquad (6-5)$$

在（6-5）式中，L_A 表示社会中科研人员的数量，η 表示技术水平的转化系数，可以理解为科研人员的劳动力效率，η 取决于社会既有的知识和技术存量水平，即 $\eta = A^\varphi$。其中，$0 < \varphi < 1$ 表示已有技术存量对新技术产生的作用，即已有技术的外部性，也可以理解为知识的规模报酬。那么技术的变动水平和增长率分别可以写为：

$$\dot{A} = A^\varphi L_A \qquad (6-6)$$

$$g_A = \frac{\dot{A}}{A} = A^{\varphi-1} L_A \qquad (6-7)$$

在稳态增长水平下，技术进步率 g_A 是固定常数，因此对（6-7）式两边取对数并对时间 t 求导可得：

$$0 = \frac{\dot{L_A}}{L_A} - (1-\varphi)\frac{\dot{A}}{A} \qquad (6-8)$$

$$g_A = \frac{g_L}{(1-\theta)} \qquad (6-9)$$

从（6-9）式可以看出，技术进步的增长率取决于科研人员的存量和知识本身具有的外部性规模效应。人口负增长使劳动力人口下降，从而使社会上从事科技创新的人员数量受到影响。同时，也由于人口总量的下降，减弱了人口需求增加对技术创新的刺激。但是劳动力下降、劳动力成本上升、企业使用技术替代劳动的技术倒逼效应可能会促进技术的进步。但是，单纯考虑人口数量与技术进步之间的关系还远远不够，还要综合考虑一个国家（地区）已有知识存量水平、人力资本水平、技术创新环境等因素对技术进步的影响。

2. 实证检验

传统的经济增长理论强调了在较大人口规模背景下可能出现更多的科技人才，从而实现在人口数量优势上的技术进步规模效应。也有理论强调，随着人口数量的增加，人们对市场的各类需求开始增加，导致资源与环境也会面临压力，在这种情况下会催生新技术，促进经济增长。[1] 同样，有学者从人口数量下降、劳动适龄人口内部年龄结构老化等视角出发，认为社会抚养负担的加重会挤占教育财政资源，同时劳动适龄人口的老化也会弱化社会整体的创新能力，这都将不利于技术进步。[2] 本节利用专利申请数作为技术进步的代理变量，观察人口负增长与国家技术进步的经验事实。

如图 6-8 所示，德国和俄罗斯专利申请数的绝对值处于较高水平，德国大约在 45000 ~ 50000 件/年，而俄罗斯保持在 25000 件/年左右，这与这两个国家的人口总量较大有关。本研究重点关注变化趋势，2000 ~ 2020 年，除了罗马尼亚的数值变化幅度比较明显，其他国家的专利申请数呈现缓慢的下降趋势。这一趋势可能确实与人口负增长背景下劳动力数量下降有密切关系，人力资源总量的下降将直接影响可用于技术创新和研发的人员数量。但也可能与指标计算只考虑本国居民的情况有关，非本国居民的专利申请数未

---

① 左学金：《人口增长对经济发展的影响》，《国际经济评论》2010 年第 6 期，第 127 ~ 135 页；严成樑、王弟海：《统一增长理论研究述评》，《经济学动态》2012 年第 1 期，第 130 ~ 135 页。

② Kanfer, R., Ackerman, P., "Individual differences in work motivation: Further explorations of a trait framework", *Applied Psychology* 49 (3), 2000: 470-482.

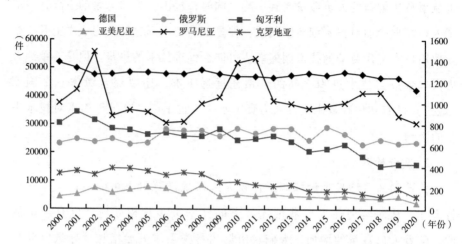

图 6-8 世界部分国家 2000~2020 年专利申请数（居民）变化趋势

注：左轴为德国和俄罗斯，右轴为其他国家。

被考虑在内。从经验事实上看，人口负增长会阻碍技术进步的假设并未得到验证。

7

人口红利转型的实现机制

人口红利转型的实现机制取决于后人口转变时期主要人口特征对经济增长的作用方式和现实的社会经济条件。面对人口新的变化趋势，充分挖掘人口结构与特征中有利于经济发展的潜在增长点，不仅需要对劳动适龄人口占比下降、人口老龄化加剧以及人口长期负增长影响经济增长的方式有明确把握，还需要相关的人口政策、产业政策和社会政策的支撑。

7.1 人口政策视角下的人口红利转型实现机制探讨

7.1.1 调整生育政策、缓解人口负增长压力

在超低生育率的影响下，人口长期负增长将是未来人口发展面临的必然趋势，人口长期负增长不仅导致人口总量下降，同时更会影响劳动力供给。虽然进入人口负增长的部分国家经济增长的经验事实表明，人口负增长并不必然导致经济衰退，但人口长期负增长确实会从消费和生产等诸多环节影响经济发展。因此，在当前超低生育率的背景下，面对生育意愿和实际生育率都普遍不高的状态，应及时调整生育政策，落实和完善相关配套措施，平衡人口数量、结构与经济增长的关系，从源头上解决劳动力数量的供需矛盾。

第一，注重婚恋文化建设。我国初婚人数不断减少，初婚年龄不断推

迟，在人口老龄化背景下，各种因素使总和生育率呈不断下降的趋势。国家统计局公布的数据显示，2020 年我国结婚登记人数共计 814.33 万对，对比 2013 年的 2385.96 万人，7 年下降 48.5%，这也是自 2013 年后的连续 7 年下降，创下了自 2003 年（811.4 万对）以来近 17 年的新低，婚姻危机也进一步加剧了生育危机。[①] 2020 年，我国全年出生人口 956 万人，出生率为 6.77%，是我国自 1978 年以来出生率的最低值。2022 年，我国人口首次出现负增长。婚姻和家庭是生育的起点，持续偏低的结婚率直接影响生育率。为此，应该重视婚恋文化的建设，强调家庭的价值观念和家文化。同时，从政策和习俗观念上对高彩礼、不良婚嫁习俗等乱象进行整顿，以降低结婚成本，提升婚姻质量。此外，影响初婚率的另一个重要因素是婚后压力大、婚姻不稳定，为此国家应该持续稳定青年人口就业、提供基础性住房保障等。

第二，加强托育服务体系建设。"不敢生、生不起"的问题，其背后主要原因是"养不起、没人养"。当代年轻人在普遍的社会压力下不得不面对工作和生育的两难抉择。因此，降低生育和养育子女的机会成本和时间成本，缓解生育主体工作时间和家庭责任之间的张力，是提高生育率水平的一个重要突破口。[②] 建立符合新时代需求的托育服务体系，满足绝大多数家庭对照护子女的基本需求应从以下几个方面着手。首先，增加托幼服务供给，照顾婴幼儿并非是家庭单一主体的责任，更需要政府、社会和市场等多元责任主体的共同努力。因此，在家庭照护之外，其他责任主体也应该承担起相应的义务，提供非正式的照护以及对家庭照护给予一定补助。其次，构建完整的照护体系。照护体系应该以家庭为中心，政府和市场可以进行相应的补充。在完善家庭托育点管理规章制度的同时，还应充分发挥政府公共托育服务的兜底作用以及市场托幼服务的多样化选择和多元服务功能。再次，加强托幼服务监管。制定托幼服务的管理规章，明确这一类服务机构的准入标

---

① 《2020 年结婚登记人数创近 17 年新低，离婚率首次下降》，https://baijiahao.baidu.com/s?id=1717052326090327154&wfr=spider&for=pc。

② 杨菊华：《托育服务体系建设的意义、问题和路径》，《人民论坛》2021 年第 28 期，第 60~64 页。

准，加强对此类机构的动态监管，明确责任主体，落实责任义务。最后，培养专业化服务人员。托幼服务需要专业化的人才队伍，为此应该尽快建立正规的培训机构，培养专业化的人才，充分发挥志愿者的作用。

第三，降低生育成本，缓解教育压力。生育成本除直接的生养成本之外，更大一部分是未来的教育成本。在超低生育率水平背景下，生育已经不只是属于家庭的事情，养育成本并不应该完全由家庭来负担。[①] 一方面，明确政府分摊生育成本的主体责任。政府通过出台相关政策，如财政补贴，直接对困难家庭和多子女家庭给予生育的专项财政拨款支持；就业支持，完善落实《劳动法》和《合同法》，切实保障劳动者权益，全力助推企业增加就业岗位，支持年轻人创业和灵活就业，重点关注特殊群体就业等；住房补贴，加大廉租房和公租房的覆盖比例，保障基本住房需求。[②] 通过以上一系列政策，降低生育成本，缓解生育压力。另一方面，缓解教育压力。重塑教育理念、整顿教育风气。促进教育资源合理分配，突出教育的本质目标和就业的多元化选择。强调教育的全面化和多元化，促进教育资源科学合理地分配和流动，避免盲目跟风和一味追求所谓的"名校名师"。

第四，强化《妇女保护法》在劳动力市场中的作用，出台相关政策解决劳动力市场的性别歧视问题，如女性因生育而遭到的不公平待遇。切实保障女性的生育权和工作权。不仅如此，还需要帮助女性摆脱"密集母职"的困境。

7.1.2　延迟退休年龄、增加劳动力供给

在人口长期负增长的背景下，劳动力供给下降、劳动参与率降低和劳动力结构老化，均会对劳动力的供给产生影响。虽然从目前人口预测数据看，未来我国劳动力的绝对数量相对充裕，经济增长也并非仅取决于劳动力的绝

---

① 曹信邦、童星：《儿童养育成本社会化的理论逻辑与实现路径》，《南京社会科学》2021年第10期，第75~82页。

② 刘耕：《建立生育支持政策体系　降低生育养育教育成本》，《人口学刊》2023年第1期，第16~20页。

对数量。然而实际参与生产的劳动力不仅作为要素投入生产，还会影响到社会的总抚养比，当社会总抚养比持续升高时，必然会影响社会再生产。因此，在人口总量不断下降、人口老龄化不断加剧的同时，要增加劳动力供给，尽可能地开发劳动力资源，促进生产规模的扩大，推动经济增长；渐进式延迟退休年龄，在充分尊重老年人个人意愿的基础上，合理安排退休制度，是增加劳动力供给的一项措施。不少学者认为，随着人口平均预期寿命和健康水平的提升，延迟退休年龄将有助于劳动力供给的增加和总抚养比的降低。[1] 党的十八届三中全会也明确提出了"研究制定渐进式延迟退休年龄政策"。但在延迟退休年龄政策的执行过程中，还需要注意政策的适用性和公平性，具体可以从以下几个方面考虑。

第一，推进渐进式延迟退休年龄改革。延迟退休作为一项社会政策，在执行的过程中需要统筹兼顾、分类应对和有序推进，需要广泛征求群众的意见，以期早日能够达成社会的共识。[2] 因此，延迟退休切不可采取"一刀切"的方式，应该循序渐进，逐步推广。郭昌盛分别从男女两性的性别差异出发，建议渐进式延迟退休年龄分为两个时间段。第一个时间段是2020~2035年，男性退休年龄逐渐延长到65周岁，而女性退休年龄逐渐延长到60周岁。[3] 在这一时间段内，男性和女性的工作时间平均每年延长2.6~6个月。第二个时间段是2035~2050年，男性的退休年龄从65周岁延长到67周岁，女性的退休年龄从60周岁延长到65周岁。渐进式延迟退休年龄是在我国未来人口老龄化加剧和人口平均预期寿命不断延长的基础上做出的考量，具有一定的现实基础。但推进渐进式延迟退休年龄改革除了涉及老年人口再就业问题，同时还需考虑社会养老保障金的发放、就业岗位的竞争、家

[1] 谭远发、朱明姣、周葵：《平均预期寿命、健康工作寿命与延迟退休年龄》，《人口学刊》2016年第1期，第26~34页；郭凯明、颜色：《延迟退休年龄、代际收入转移与劳动力供给增长》，《经济研究》2016年第6期，第128~142页。
[2] 杨良初、李桂平、卢娜娜：《延迟退休政策：国际经验与中国道路》，《地方财政研究》2021年第10期，第72~79页。
[3] 郭昌盛：《渐进式延迟法定退休年龄的理论前提与可行路径》，《兰州学刊》2023年第1期，第49~59页。

庭消费与储蓄结构改变对生育率的影响等复杂的问题，必须要充分考虑和兼顾各方面的现实，不然会引发更大的社会问题。①

第二，分行业推进渐进式延迟退休年龄改革。延迟退休涉及的行业和部门种类多样，对不同行业和部门就业人群的影响也不同，因此应充分考虑行业和部门之间的差异。首先，应该考虑试点先行，建议可以从公职人员开始进行试点，因为对于公职人员而言，延迟退休的阻力相对较小，可以增强民众的信任感以及减少养老金的支付压力。公职人员进行试点，这不仅可以为后续延迟退休提供经验积累，起到模范带头作用，还可以有效缓解人力资源不足等问题。其次，要考虑民营企业工作人员，主要涉及民营企业的用工成本，以及延迟退休会带来的继续发放工资、增加养老社会保险支出等负担和压力。民营企业延迟退休年龄要兼顾年轻劳动力就业与延迟退休之间的关系，通过吸收年轻劳动力，提升企业生产活力和动力。最后，涉及灵活就业人员，延迟退休对灵活就业人员影响较大。由于灵活就业人员在业期间的养老保险和社会保险多数都属于自筹资金账户，因此延迟退休年龄将直接影响这部分群体养老金的发放。处理好延迟退休和养老金发放与账户统筹间的关系，是未来解决好灵活就业人员延迟退休的关键所在。

第三，充分尊重老年人的个人意愿。延迟退休虽是一项社会政策，但应该在充分尊重个人意愿的前提下推广实施。虽然从人力资源总量开发的视角看，延迟退休可以在一定程度上增加劳动力供给。但延迟退休包含着劳动者对继续工作和享受退休待遇的选择，包含着劳动者享受闲暇时间和养老保障金的效用诉求，因此还需要考虑弹性式退休方式的推广。② 老年人口进入退休年龄阶段后，是否要再继续就业应该充分尊重老年人的个人意愿，这也是保障老年人的基本生存权益。此时，要根据老年人的主观意愿和身体健康状况综合考量，对那些主观意愿强烈、有再就业需求、身体健康状况良

---

① 李凯：《我国延迟退休政策效应理论研究述评——以政策评估为视角》，《德州学院学报》2022年第5期，第71~78页。

② 刘万：《延迟退休一定有损退休利益吗？——基于对城镇职工不同退休年龄养老金财富的考察》，《经济评论》2013年第4期，第27~36页。

好的老年人，应该积极开发老年人力资源。而对于主观再就业意愿不强烈、身体健康状况较差的老年人，应该充分尊重其个人意愿，实行弹性式退休。

7.1.3 促进人口流动、提高要素再配置效率

面对劳动力数量和人口总量都下降的现实情况，如何继续发挥劳动力要素在经济增长中的作用，需要考虑对劳动力资源的合理配置和使用。因为人口红利效应，一是源于对要素投入的增加，尤其是充裕的劳动力供给对降低生产成本、缓解资本边际报酬递减起到了重要的作用；二是需要考虑要素的再配置对生产效率的影响，包括劳动力在地域之间和产业之间的再配置。因此，促进劳动力在区域和产业间的流动，提高要素的配置效率，是在劳动力供给下降的情况下促进人口红利转型的重要举措。

第一，促进劳动力区域间流动。我国城乡间劳动力流动推动了东部和沿海地区经济的快速增长，但同时也拉大了地区之间的发展差距。面对我国产业结构在地域之间的梯度转移，劳动力在区域之间的再配置，劳动力与产业的匹配是实现结构红利的关键。对此，一方面要鼓励劳动力在区域间的自由流动，破除劳动力流动的障碍。例如，2018 年国务院出台的《人力资源市场暂行条例》强调，要促进劳动力资源在区域间有序自由流动，为此必须要破除户籍、地域和身份的限制。同年 11 月国务院又下发了《关于建立更加有效的区域协调发展新机制的意见》，针对各个地区的落户条件、人才配套措施等做了统一的规划和部署，强调要打破阻碍人口区域流动的壁垒。另一方面要全面协调我国东、中、西部人口合理流动。中西部地区由于受到社会经济发展和自然环境的制约，往往是人口流出的集中地区。依托国家的西部大开发、中部崛起以及振兴东北老工业基地等政策，切实提高这些地区吸引人才的内生动力，创造引入人口的优势条件，从住房、医疗、教育、社会福利和保障等多视角增强对人口的吸引力。

第二，推动劳动力产业间流动。配第-克拉克定理解释了劳动力在第一、二、三产业之间的流动带来的产业结构红利。劳动力就业结构与产业结

构之间的良性互动是实现劳动力资源再配置、提高劳动生产率的关键。推动劳动力产业间合理流动，需要对劳动力资源进行专业化培养和分类。首先，对通用型人力资源和专业型人力资源进行定位培养和合理配置。对于第三产业而言，高精尖技术开发、金融、计算机软件等行业需要专业型人力资源，其他服务类行业更多需要通用型人力资源。而目前第三产业集中了过多的高教育劳动力和专业型人才，导致第一产业和第二产业的专业型人才不足，阻碍产业发展。其次，对于第一产业、第二产业而言，劳动力不愿流入。如在第一产业，传统农林牧副渔业在未来向机械化、大规模集约化、品阶化发展的过程中，急需加快对高端农业人才的培养。最后，要提高产业结构和劳动力结构的适配度。各地区应根据自己的产业结构和人才结构合理利用劳动力资源，通过人才的投入、生成、配置和效能发挥四个环节，推动产业结构规模扩张和产业结构水平提升，这是提高人才结构与产业结构适配度的关键。[①]

第三，合理引导劳动力城乡流动。在城乡二元结构的背景下，我国于20世纪80年代出现大规模劳动力城乡流动现象，这也推动了我国经济的快速增长。但是，在生育率持续下降、农村人口长期外流的情况下，我国广大农村地区面临着空心化的风险。农村青年劳动力的短缺不仅会造成土地资源浪费，还会阻碍农业发展，影响经济持续增长。因此，合理引导农村劳动力回流，提高土地资源利用效率，巩固农业基础地位，是加强劳动力在区域间和产业间合理配置双重效应的有效手段。为此，抓住国家实施乡村振兴战略的重大机遇，一方面，通过完善乡村交通、水电等基础设施，加速乡村产业集群化发展，推动一、二、三产业的深度融合，从而吸引劳动力回流；另一方面，提供政策保障，制定并落实一系列有效保障措施，让回流劳动力愿意留在乡村，如在处理子女入学、养老、就业等基本民生问题时，以就地就近解决为核心理念，制定相应的保障政策。

---

① 张延平、李明生：《我国区域人才结构优化与产业结构升级的协调适配度评价研究》，《中国软科学》2011 年第 3 期，第 177~192 页。

7.1.4 提升人口质量、收获人口质量红利

劳动力质量的提高是收获人口质量红利的前提条件，而劳动力质量不仅强调水平的提升，即教育人力资本和健康人力资本，也强调结构的改善，即技能结构和职业结构。因此，在提升劳动力质量的过程中，要注重劳动力质量水平与结构的同时改善，虽然劳动力质量水平提高是结构改善的前提，但并不能忽视劳动力结构改善所带来的资源重配效率和生产率水平提升，具体可以从以下两方面着手。

第一，提升劳动力教育水平。较高劳动力教育水平和受教育年限几乎成为增加劳动力人力资本积累的基础性方式和途径。我国在改革开放40多年间，对基础义务教育和高等教育的投入水平都有较大幅度的提高，就业人口的受教育年限从2005年的8.26年提高到2020年的10.08年。提高劳动力教育水平不仅要普及义务教育，高等教育和职业教育同样需要增强，高等教育和职业教育应突出针对性和社会适应性的特点。当前我国劳动力教育水平面临两大难题：一是农村义务教育和基础教育覆盖率仍旧不高，教育年份较短，且地区发展不均衡；二是职业教育与劳动力市场需求之间存在断层，联系不够紧密等问题。缓解农村劳动力教育水平和教育人力资本积累相对较弱的主要途径，应该是加大公共教育资源对农村教育的投资力度，提高农村基础教育的覆盖率和受教育年限（如将义务教育延长到高中）。加强对劳动力职业教育的培训，应通过"干中学"的基本方式来改善劳动力教育人力资本积累，突出职业培训与劳动力市场的关联性，提高企业对职业教育培训的积极性。这需要教育公共服务部门、家庭以及企业对职业教育投资的共同作用，同时还需要避免劳动力市场对人力资本回报率的不合理现象，形成劳动力市场的激励机制。

第二，形成劳动力市场的教育激励机制。若劳动力的教育投资得不到市场的认可，教育人力资本投资的回报将得不到保障，从长远来看，不利于人力资本积累和劳动质量的改善。我国劳动力市场存在大学生就业难等问题，这正是劳动力市场中教育投资回报得不到保障的表现。因此，在强调教

育的同时，更要关注劳动力市场对不同受教育水平劳动力的需求，劳动力市场是否存在对高等教育人力资本的激励机制。在人口红利逐渐消失、劳动力刘易斯拐点到来的情况下，会出现非熟练劳动力短缺的现象，这种现象会导致工资水平上升，就业机会增加。若此时劳动力市场难以形成教育激励机制，那么教育人力资本投资就难以得到应有的回报，他们就不会倾向于追加自身的人力资本投资，提升劳动力教育水平。[①] 而劳动力市场要想形成合理的资本投资回报机制，不仅需要从劳动力人力资本的供给方面进行改革，同时还需要从劳动力人力资本的需求方面着手。从供给方面看，需要实现专业型人力资本向通用型人力资本的转变，从需求上看，需要实现产业结构从资本密集型向技术密集型转变，也就是产业发展要依靠较高人力资本投入、技术进步、效率改善和劳动生产率提高等方式来实现。

7.2 产业政策视角下的人口红利转型实现机制探讨

7.2.1 发展老龄产业、催生银发经济

人口老龄化加剧是后人口转变时期最为主要的一个人口特征。老年人口消费习惯和消费结构的改变会推动产业结构变化，应抓住机遇、顺应老年产业发展的需求，推动产业发展由生产性向服务性转变，推动银发经济发展是实现人口红利转型的一个重要途径。而对于发展老龄产业和银发经济，需要切实明确当前我国老年人口真实的需求水平和需求层次以及我国产业结构的基本情况，具体可从以下几方面着手。

第一，注重市场需求导向，发展老年健康产业。老年群体由于自身的身体状况，健康需求是老年人最主要的需求，因此老年健康产业或将成为未来服务型产业发展的重要领域。老年健康产业涉及医疗保健、休闲养生、营养

---

① 蔡昉、王美艳：《中国人力资本现状管窥——人口红利消失后如何开发增长新源泉》，《人民论坛·学术前沿》2012 年第 4 期，第 56~71 页。

食品、健康管理等多个生产和服务领域，且随着老年人口对健康需求的增加，这一产业的涵盖面还将进一步扩大。一方面政府应该提高对老年健康产业的重视程度，出台针对老年健康产业的扶持政策。例如，2019 年 12 月，工业和信息化部等五部门联合印发的《关于促进老年用品产业发展的指导意见》对老年产业的技术、融资和产业环境等做出了具体要求。政府还应该引导、调动企业主体的积极性，在挖掘、释放老年群体的消费潜力方面进行宣传和鼓励。另一方面，企业要正确认识银发经济的发展前景。很多企业局限于对老年群体的刻板印象，认为老年群体消费能力低，不愿意涉足老龄产业。① 对此，企业要改变认知，进行精细化的市场调研，明确老年健康产业的需求。同时，根据老年群体爱好和市场需求提供多元化和个性化的产品与服务，加强对银发产业服务队伍的培训，满足老年健康产业发展的多方面需求。

第二，加大科技赋能，开发智慧老年产品。现代信息技术的发展深刻地改变着人们的生产生活，而老年群体往往难以体会现代科技信息发展带来的便利。因此，加大科技赋能，开发适用于老年群体的智慧产品，成为推动老龄产业和银发经济发展的又一个突破口。开发智慧老年用品，推动数字适老化可以从以下几方面着手。首先，以市场为前提。以市场为前提就是指智慧产品的开发要在不同的场景下满足老年群体的不同需求，切不可"一把尺子量到底"，要实现"场景-用户-服务"三者渠道的联动畅通。② 例如，针对老年群体对医疗需求高的特点，美国在创新开发智能手机的过程中，增加了紧急救助功能和医生与护士访问权限，同时安装了血压、心率跟踪仪以及药物使用提示等功能。其次，以用户的需求为中心。智慧产品和数字化的目的是为老年群体提供更为便捷的服务体验。因此，产品设计和使用理念应更贴合老年人的使用习惯。智能产品应该提供一键式服务，如就医、购物、缴

① 徐莺、刘含笑：《中国"银发经济"的现状、问题与前景》，《北京航空航天大学学报》（社会科学版）2023 年第 1 期，第 140~147 页。

② 陈德权、杜天翔：《数字适老化的实践逻辑、概念阐释与实现路径》，《电子政务》2022 年第 12 期，第 101~110 页。

费等便捷服务模式，通过一键式服务联通特定人工服务平台解决老年人最主要的生活需求问题。最后，以适合为目标。技术赋能的主要目的是为老年群体提供便捷服务，产品开发需要更多关注便利性。这意味着科技创新必须要以老年人的行为偏好作为研发方向和目标。

第三，开拓市场，打造银发经济新业态。随着人口老龄化加剧，庞大的老年群体会催生各类新产业、新业态和新模式。把握未来老龄产业发展的趋势和方向，开拓新的市场，是推动银发经济发展必不可少的一环。目前，发达国家，尤其是人口老龄化水平较高国家的发展经验，对未来我国老龄产业市场的开拓具有一定的借鉴意义。例如，新加坡兴起了老年人回忆录"私人定制"服务，帮助老年人记录过往的经历，将自己的故事传给子孙后代；日本创新"从长寿中赚钱又让老人体会到'老年生活'的乐趣"发展理念，引导拓展"AI 医疗"等康养应用场景，借助 AI 技术既解决了不断膨胀的医疗费用问题，又为患者提供了舒适高质量的医疗服务。[①]

7.2.2 升级产业结构、降低劳动依赖

我国自 20 世纪 80 年代迎来"人口机会窗口"后，也承接了发达国家劳动密集型和资源密集型产业，两者的结合实现了经济的快速腾飞，创造了我国的人口红利。然而，随着人口结构转变，劳动力优势消失，同时产业结构转型升级使得劳动、资源密集型产业正在逐渐转移，我国经济增长开始逐步放缓，人口红利也在逐渐消失。面对后人口转变时期，劳动适龄人口占比逐渐下降，如何从劳动力资源视角推动人口红利转型，可以就推动产业转型升级、降低对劳动力依赖等方面进行探讨。

第一，劳动密集型产业向技术密集型产业转变。20 世纪 90 年代到 2000年初是我国经济快速增长的时期，这很大程度上得益于劳动密集型产业结构和充裕的劳动力供给。随着生育率的持续走低，我国劳动力优势不在，需要

---

① 《日本"银发经济"：从长寿中赚钱》，https：//www.medsci.cn/article/show_article.do？id=1f1c594e15a。

调整产业结构，实现产业转型升级，降低对劳动力数量的依赖。实现产业转型升级，可以从以下几方面着手。一是以智能制造和技术替代人工，释放对传统劳动力的需求。随着用工成本的不断增加，企业可以重新配置资金，通过鼓励技术创新，降低创新成本，同时倡导企业创新由个体向集群转变，推动产业使用人工智能等来推动产业升级。二是劳动密集型产业注重人才引入和人才培养。提高企业内部中高素质人才的占比，通过对专业技术人才的引入，保持人才的不断输入，促使劳动密集型产业转型。新技术革命也对劳动者提出了新的要求，机器替代人工后，需要更多会编程、懂设备维护的技术工人，新一代的劳动力也需要适应这种产业需求的变化。三是增加产品附加值，打造品牌效应，以生产质量替代生产数量。劳动密集型产业大多属于加工业和制造业，依靠劳动力优势大大降低了产品的生产成本，在劳动力工资成本上升的背景下，需要提升产品附加值，寻求产业转型的动力机制。

第二，着力发展高新技术产业。改革开放以来，我国的产业发展迅速，但产业结构中，高新技术产业发展受科技进步水平、技术创新应用能力、专项科研技术经费、高科技研究人员水平以及成果转化率等因素的制约，发展相对缓慢。未来高新技术产业必然成为推动产业升级的重要动力，同时也是从劳动力数量需求转向劳动力质量需求的关键所在。首先，要创造良好的科技创新和应用条件。制定统一的科技创新规划，建立科技创新信息库和传播中心，为高新技术企业的创新提供支持，通过鼓励和宣传来促进新技术的应用和成果的转化。其次，要增加对企业科技创新的经费投入。政府应该鼓励和支持企业科技创新，可以选择直接的专项经费支持，如择优拨款、优惠贷款、风险投资等；还可以通过诸如减免税收、建立投资储备金、创新奖励等激励机制。最后，加强高新技术产业的专业技术研发人员队伍建设。我国在专业型人才的培养方面与发达国家还存在一定差距。因此，应从教育投入和专项培养等方面入手，加强对创新型和应用型人才的培养，为企业创新提供人才储备。鼓励企业与大学、科研机构共建研发机构，鼓励企业引进海外高层次人才，开展各类人才培训，与高等院校和科研院所共同培养技术人才。

第三，加快发展服务业特别是现代服务业。服务业尤其是现代服务业的发展是衡量产业结构优化的重要指标，在产业转型升级中扮演着重要角色，更是未来国家的核心竞争力。现代服务业有别于传统服务业，更强调现代管理方法、经营和组织方式，主要为生产者提供中间投入的知识、技术、信息等密集服务。加快发展现代服务业，推动产业升级，也对劳动力结构提出新的需求，推动劳动力结构的内在转变。加快发展现代服务业需要多方努力共同推动，首先，为现代服务业创造环境，打破垄断。从体制、法律、政策和信用等多方面创造有利于现代服务业发展的环境，放松对服务业的管制，降低行业准入门槛。例如，扩大非公经济在民航、铁路、市政公用事业等行业的参与度，形成多元经济参与的合理竞争局面。其次，培育新的现代服务业经济增长点。现代服务业具有多样性、创新性等特征，在发展过程中会形成新的产业增长点和新的行业门类，挖掘现代服务业中新的增长点可以提高整个产业升级的速度和效率。同时现代服务具有集群性特征，但主要表现在行业集群和空间集群上，通过扩大规模投资，形成产业集聚效应，从而有效降低生产成本和劳动成本，使资本、人才和技术的聚集成为可能，带动其他产业发展。最后，为现代服务业发展提供人才保障。现代服务业的发展最终需要依托专业型人才，通过加强培养、改善条件、提高待遇等方式吸引海内外现代服务业经营和管理人才，为现代服务业注入活力。同时，努力培养国内专业型人才，改变现代型服务业的人才结构和劳动力结构，降低对劳动力数量的需求。

7.2.3　提高产业质量、转变发展模式

产业升级受人口变化的影响，同时产业结构转型和产业质量提升也能形成对劳动力数量和质量需求的转化。只有产业结构与人口结构相适应，才能更好地推动人口红利的转型与实现。在人口数量和劳动力数量下降的客观条件下，劳动力的质量会随之提高。因此，提升产业发展质量，实现产业由粗放型向集约型发展模式的转变，是顺应产业发展规律和人口变化规律的必然选择，同时也是促进人口红利转型实现的重要途径。

第一，传统农业向现代农业过渡。传统农业主要是依靠人力、畜力等简单的农业工具进行生产，依靠的是简单农业劳动力和其他要素投入提高生产效率。而现代农业主要是依靠科技和机械化作业，采用先进的生产工具，提高劳动生产率。实现由传统农业向现代农业过渡，首先要推动农业机械化，提高农机科技创新能力，加大对农业机械化研发和推广的经费投入，开展多种形式的农机使用技术培训，培养高科技人才。同时，加强对农民使用农业机械的培训，提高其使用农机的熟练程度，客观上提高了农业从业人员的技能水平，从而提高生产效率。其次，实现科技兴农。推进科技创新和制度创新的协同发展，开辟农业科技创新的新领域、新赛道，加快农业科技研发和成果应用转化。农业科技创新要着力提升创新体系整体效能，解决各自为战、低水平重复、转化率不高等突出问题，创新市场化农技推广模式，打通科技进村入户"最后一公里"，全方面、多方位地提高农业生产效率和发展质量。最后，推进农业产业体系化。农业现代化并非是农业自身的现代化，要积极构建农业产业的现代化体系，协调第一、二、三产业的关系，促进产业融合与协同发展，从而完善农业产业价值链和增加附加值，真正实现农业的高质量发展。[①]

第二，推动工业与制造业高质量发展。第三产业在产业升级过程中的占比不断提高并不意味着发展第三产业是产业升级的方向，也并非说明第三产业比第二产业更高级，而是第三产业和第二产业价格扭曲的结果。[②] 党的二十大报告也指出，"坚持把发展经济的着力点放在实体经济上，推进新型工业化，才能夯实我国实体经济的根基"。因此，推动工业和制造业发展既是产业结构升级的必要基础，也是实现产业生产模式转变、提高产业发展质量的客观要求。实现工业和制造业高质量发展的根本是创新，实现制造业由大变强必须要掌握核心的生产技术，通过技术创新与产业创新，实现制造业在

---

① 常素宁：《推进农业农村现代化的若干思考——以河南省安阳市为例》，《农村·农业·农民》2023年第7期，第21~23页。

② 李钢、廖建辉、向奕霓：《中国产业升级的方向与路径——中国第二产业占GDP的比例过高了吗》，《中国工业经济》2011年第10期，第16~26页。

不同产业链和价值链由中低端向高端的迈进。同时，随着信息化时代到来，数字经济同样成为未来推动工业和制造业高质量发展的重要途径。对此，通过加强对信息化基础设施的建设，尤其是工业互联网建设，将网络化、数字化、智能化融入工业和制造业生产、交换、流通与消费的各个环节，从而为第二产业全面转型升级提供支撑。[1] 制造业和工业的高质量发展是未来产业发展的必然要求，也是从根本上改变我国产业结构的突破口，我国产业结构只有实现由粗放型向集约型发展模式的转变，才能与未来的人口变化趋势相适应，从而发挥更大的经济效应，实现人口红利转型。

第三，促进一、二、三产业协同发展。按照产业发展规律，虽然存在以农业为主的第一产业、以制造业为主的第二产业、以服务业为主的第三产业发展的先后次序，[2] 但提高产业质量，绝非仅关注一类产业或者一个行业部门，而是需要一、二、三产业协同高质量发展。合理的产业结构也是经济持续稳定发展的基础，针对目前我国三次产业发展的现状，协同产业发展需要做到以下几个方面。第一，打通一、二、三产业融合协同生产链。第一产业虽作为国家的经济基础，但由于受客观因素的制约，长期处于低附加值、低水平加工等产业链条的低端，这在很大程度上制约了农业的发展。应打通一、二、三产业生产与加工、销售之间的产业链，助推农业高质量发展。第二，打通一、二、三产业融合协同发展信息链。在信息化和数字化快速发展的时代，实现不同产业之间的信息联通是产业协同发展的必经之路。构建包括不同产业的数字化信息网络平台，建立长期互动合作的信息共享网络，从而降低产业之间因信息差和信息壁垒而造成的交易成本。产业间协同发展是转变产业发展模式、提高产业发展质量的有效手段，也是未来产业发展的目标和方向。产业发展模式的改变直接影响着对劳动力数量和结构的需求，在后人口转变时期，虽然人口结构和特征产生

---

① 闫超栋、马静、李俊鹏：《信息化是否促进了中国工业转型升级？——基于省际和门限特征的实证分析》，《南京财经大学学报》2022年第3期，第98～108页。

② 徐华：《三次产业协同发展机制及其产业政策》，《中国经济问题》2010年第6期，第34～41页。

了新的变化，但要想实现人口红利转型，还必须使产业结构与发展模式和人口特征相适应。

7.2.4 优化产业布局、实现人口回旋空间

虽然人口长期负增长或将成为我国未来主要的人口发展趋势，但是从未来我国的人口总量和劳动适龄人口占比来看，我国依旧保持着较大人口规模。较大人口规模为人口回旋空间提供了基础，而人口在不同区域和产业之间的空间回旋为人口长期负增长背景下推动人口红利转型提供了可能。正如产业转型理论所强调的产业梯度发展规律，优化产业布局可以通过不同地域的差异实现梯度转移，同样也可以通过不同的产业发展次序实现产业转移。因此，地域和产业之间的优化布局，可以为人口回旋空间提供基础，为推动人口红利转型提供可能。

第一，推动产业在地域之间的"雁阵转移"。我国东部地区在承接了发达国家劳动、资源密集型产业结构转移后与我国丰富的劳动力资源相结合，带动了经济的快速发展。由于我国特殊的国情和地域差异，除了表现为经济发展的不平衡，人口转变也存在明显的地区差异，主要表现为东部人口转变快于中西部地区，产业结构优于中西部地区。应借鉴发达国家产业发展的"雁阵转移模式"，促进劳动密集型产业由东部地区向中西部地区的转移，充分利用当地尚未流出人口和人口回流所带来的劳动力优势。在推动产业空间布局优化的实施过程中，要充分考虑不同地区产业的吸收能力和产业承接能力。尤其是对中西部地区而言，应该在营商环境、政策纪律、税收减免、人才引流、基础服务等多方面着力，提升本地区吸纳产业转移的能力。在考虑不同产业结构转移过程中，东部地区承接和吸纳以新型第三产业为主的高新技术产业，中部地区在承接传统工业和制造业以及部分第三产业的同时，还应将产业优化升级与高质量发展同步推进。西部地区可以利用资源和劳动力优势，承接部分劳动和资源密集型产业，但由于西部地区生态较为脆弱，还必须考虑生态与产业之间的协调关系。

第二，利用区域优势，实现产业集聚。产业布局除了大的区位战略部

署，还需要在较小区域范围内进行规划。依托区域范围内的资源优势，培育和打造经济增长极，通过打造产业链条来协调不同地区产业发展的关系。首先，集中优势资源打造经济增长极。在资源禀赋允许的条件下发展几个潜力较大且区域条件较好的产业园区或者城镇，并对其进行重点建设和扶持，形成该区域的经济增长极。其次，通过经济增长极的扩散效应带动周边地区的发展。例如，我国目前打造的成渝经济圈、兰西经济区等增长极，其轴线的扩散效应与回流效应可以通过运输、通信网络等方式实现，通过这些轴线的交织可以连接成纵横交错的产业带，从而推进新产业的集聚和形成，促进区域经济的发展。最后，通过寻求经济圈并对其周边地区产业进行合理定位，实现地区的协同发展。当形成稳定的产业集聚经济圈发展模式后，人员、资金流动趋于稳定，生产和招商引资环境得到改善，基础设施建设日趋完善，从而形成稳定的、带动区域全面发展的新型增长点，推动人口在空间范围内的再次流动，实现劳动力要素在区域间的再配置，实现人口回旋空间，为推动人口红利转型提供条件。

第三，打破劳动力产业间流动壁垒。优化产业布局的一个重要因素是资源在不同产业间的流动与配置，打破劳动力在不同产业间流动的壁垒，促进劳动力自由流动，可以更大程度上发挥劳动力的再配置效率。一方面，需要降低劳动力在不同产业间转移的门槛，不同产业之间由于生产特点的差异，对劳动力的需要也不尽相同，除了一些需要具备专业技能的行业，在产业内部和产业之间应该尽可能降低劳动力自由流动的限制。例如，对年龄、工作技能、工龄等方面的设限。另一方面，为劳动力在不同产业间自由流动提供基本的保障。例如，劳动力从农业部门流入城市的工业和服务业部门时，会面临住房、医疗、子女就学等问题，可以通过推广廉租房与公租房、共享城市医疗教学资源以及其他公共福利等方式给予保障。在不同产业和行业之间，各企业不得将医疗、养老保险、住房公积金等作为限制和阻碍劳动力自由流动的理由，并应出台相关政策保障劳动力自由流动的基本权利。劳动力能够在不同产业和行业之间自由流动也是通过人口回旋空间实现人口红利转型的重要途径。

7.3   社会政策视角下的人口红利转型实现机制探讨

7.3.1   转变增长方式、实现技术创新驱动

人口红利转型除了基于人口自身的变化趋势，还必须要适应经济发展对要素提出的新要求。在传统粗放型经济难以保持经济高速增长的情况下，实现经济增长方式的转变不仅是未来我国经济发展的战略需求，也是现代经济增长方式的内在要求。在这样的背景下，经济增长方式转型是实现由要素驱动向创新驱动的转变，也为人口红利转型提供了契机。在劳动力人口占比下降和人口老龄化加剧的情况下，要素禀赋结构的改变客观上对技术进步和科技创新提出了新的要求。因此，转变经济增长方式是实现人口红利转型的重要路径，具体可从以下几个方面考虑。

第一，实现经济增长方式由要素驱动向技术创新驱动转变。我国在经历快速经济增长后，目前面临着结构性减速的风险。从供给层面看，原来依靠丰富的劳动力供给和高投资拉动的经济增长方式将不再继续。从需求层面看，拉动经济增长的"三驾马车"日渐疲软。[①] 因此，我国亟待实现经济增长方式由粗放向集约、由要素驱动向创新驱动的转变。首先，应该从战略上肯定技术创新驱动对经济增长方式转变的作用。通过技术创新驱动经济增长方式转变，政府需要完善创新权益保护制度，营造鼓励创新的市场环境，鼓励企业和各级科研机构的创新行为，制定企业创新发展的中长期规划，确定科技和创新的切入点，控制市场无序发展的状态，引导企业向新兴产业和现代产业发展。其次，降低企业研发成本。通过直接稳定的财政补贴，对各级各类企业创新给予财政补贴，使各类资源向创新领域流动和集聚，将创新资金更多地投向技术研发和孵化环节，以确保技术创新成果不断地产出。也可

---

① 顾元媛、沈坤荣：《结构性减速下的中国经济增长方式转变》，《现代经济探讨》2014 年第 12 期，第 10~14 页。

以通过对企业创新相关的税收减免、奖励激励等措施，鼓励企业创新，同时推动科技创新成果的转化与应用，在带动经济发展的同时也能使企业增收盈利。最后，加大人力资本投入。创新的关键是人才，加强对科研人员的培养和支持，尤其是对专业型和高级人才的培养。加大基础教育投入的同时，普遍提高人力资本积累，为将来使用新技术提供必要的人力资源保障。

第二，促进技术进步，提高全要素生产率。全要素生产率提高除了要素资源的重配效率，更为重要的一个因素就是技术进步。而技术进步又与人力资本积累、科技研发投入、技术创新环境和技术应用推广环境等有着密切的联系。技术进步在较大程度上取决于人力资本存量和人力资本的技能结构，但单纯依靠人力资本积累推动技术进步也不能带来直接的经济效应，而劳动力的技能结构能否与技术相匹配是发挥技术进步作用的关键。[①] 因此，在促进技术进步、提高全要素生产率的过程中，应该突出两个关键。一是重视对科技创新、科技研发和技术推广的投入。企业方面，应提高企业的创新性和创新效率；劳动力市场方面，应提高劳动力质量，尤其是富含较高人力资本的劳动力存量。二是重视不同技能型劳动力的培养。促进劳动力技能结构与技术的匹配，扩大技能型劳动力的比重，发挥其在技术进步和经济增长过程中的作用。

第三，加快企业内部改革，实现技术创新倒逼企业发展。在依靠要素投入的传统生产方式下，劳动力的数量优势将逐渐消失，用工成本的增加迫使企业不得不改变发展方式。企业内部改革需要从根本上改变企业的发展理念，要加大对科研创新的投资力度，增强自主研发能力，加强新技术的使用和推广等。此外，企业内部还需要建立一个高效和专业的研发管理团队，整合利用各方资源，集中用于技术创新与研发。同时，要重视企业内部人才培养，建立一支高素质的研发人才队伍，完善人才的招聘、培训和激励机制，

---

① 魏玮、郝威亚：《劳动力技能结构与技术进步引致的经济增长——基于中国经验的实证研究》，《经济与管理研究》2015年第11期，第33~39页。

形成一支结构稳固、能力雄厚、潜力无限的科研队伍，营造企业科研创新的氛围。① 企业内部的改革不仅对未来企业发展方式提出了要求，同样对要素结构也提出了新的要求。对专业型和高技能人才的培养必须要有相应的人力资本积累。在劳动力数量优势逐渐消失的过程中，提高劳动力质量是未来人口红利转型的重要途径，也是顺应劳动力市场需求的基本要求。

7.3.2　促进全面发展、挖掘人力资源总量

如果单独从劳动力数量的角度看，未来在超低生育率和劳动参与率持续下降的共同影响下，我国实际参与生产的劳动力总量确实会出现明显下降。但如果考虑人口资源总量，我国实际参与生产的劳动力供给水平下降的问题将会得到明显缓解。人力资源总量强调在人口数量一定的基础上，通过对劳动力健康水平和教育水平的提升，实现人口总量的变相增加，有效缓解劳动力供给下降带来的负面效应。而要提高全社会人口的健康水平和教育水平，则需要促进社会健康和教育事业的全面发展。

第一，推动全民健康事业发展。劳动力具有量与质的双重属性，而劳动力质量又包括劳动力的健康水平和教育水平。劳动力的健康水平是劳动力作为基本生产要素参与生产的前提，也是提高劳动生产率的基础。因此，提高劳动力健康水平是挖掘人力资源总量的首要任务。首先，提升全民健康素养。根据世界卫生组织对健康素养的定义，健康素养是指个人能够获取和理解基本的健康信息和服务，以及维持并促进自己健康的能力，最终要实现身体健康、心理健康，并具有良好的社会适应能力，要达到知性行相统一。② 提高全民健康素养必须要普及和广泛传播健康科学知识。其次，加大对公共健康卫生事业的投入。各地政府应出台有针对性的政策，提升各地区基层卫生服务能力，从资金投入到监督管理，完善基层医疗卫生服务。基层

---

① 关慧卿：《高新企业技术创新能力提升探究》，《产业创新研究》2023 年第 2 期，第 40～42 页。
② 李怡萱、骆玲玲、潘祥、钱金伟、林莹、童莺歌：《美国组织健康素养研究及对我国的启示》，《医学与哲学》2024 年第 21 期，第 49～54 页。

医疗卫生服务直接影响普通老百姓的健康水平，也是实现健康中国战略的重要基础。同时，医疗卫生改革和医保改革能够切实解决老百姓"看病难"和"看病贵"等问题。最后，加快构建全民医疗卫生体系建设，实现全民健康。要为人民群众提供全方位、全周期的健康服务。① 所谓全方位就是要从营养膳食、体育运动、医疗保健和健康生活方式等方面为群众提供保障；而全周期则是从个体生命历程的角度出发，做好健康管理和健康保健。②

第二，加快教育发展，提高教育质量。基础教育的发展是提高全民教育水平和素质的关键，也是挖掘人力资源总量的突破口。近年来，我国教育事业虽然取得较快发展，人口平均受教育年限虽然逐年增加，但是与世界发达国家相比还处于落后状况。不仅是基础教育，我国的高等教育发展水平同样落后于世界发达国家。因此，一方面应该加大基础教育投资。尤其要加大对农村及偏远落后地区的教育投入，为教育相对落后地区引进优秀教师团队，提高办学条件。另一方面，全面提高高等教育办学质量，提升整体教育水平。高等教育应该从人才培养、教学、科研和社会服务等方面全方位提高办学质量。在人才培养方面，要紧跟时代发展要求，围绕经济结构的战略性调整进行学科专业调整，培养适应社会经济发展的人才。在教学方面，深化教学模式改革，加强实践性教学与应用性教学，切实提高人才培养质量。在科研创新方面和社会服务方面，应加大科研投入力度，支持研究型大学和科技创新平台建设，增强自主科研创新能力。以学科交叉和社会应用服务为突破口，加速对科研成果的转化，为社会经济发展提供支持。

第三，推进专业化教育发展。我国未来产业转型对人才的需求是多方面的，因此在发展基础教育的同时，要着力办好专业教育。专业教育发展首先应满足社会对各类专业技能型人才的需求，适时动态调整人才培养方案，可

---

① 习近平：《中国共产党第十九次全国代表大会上的报告》，http://www.gov.cn/zhuanti/19thcpc/baogao.htm。

② 周德书、黄元骋：《习近平全民健身论述的逻辑内涵与时代特征》，《广州体育学院学报》2022年第1期，第30~42页。

以通过工学结合、校企合作、产教融合等方式，培养理论基础扎实、动手能力强的专业技能复合型人才。

7.3.3 增强社会服务、释放劳动力参与率

影响劳动力供给的因素除了劳动适龄人口数量，还要考虑劳动参与率的高低。我国劳动适龄人口占比在 2010 年前后迎来刘易斯拐点，持续下降。与此同时，在人口老龄化不断加剧的影响下，我国的劳动参与率也在逐年下降。未来我国各年龄组劳动参与率还将持续下降，这必然将减少未来劳动力供给的数量。因此，提高各年龄组劳动参与率是提高劳动力供给数量的有效方式，应提升社会公共服务能力，释放各年龄组和不同劳动群体的劳动参与率，缓解劳动力供给数量下降的负面效应。

第一，提高工资待遇，完善工作制度，释放年轻人口劳动参与率。我国各年龄组劳动参与率持续走低，这其中既有人口学自身的因素，如人口老龄化加剧、退休人口增多、生育率下降、少儿人口减少，受教育年限延长、低龄组劳动参与率下降等，同时也有非人口学因素的影响。劳动者在工资与闲暇之间做出选择，更多选择闲暇，会导致劳动参与率下降，这与我国目前的劳动力市场和工作制度有关。普遍较低的工资待遇是劳动参与率下降的重要原因，虽然社会平均工资水平正逐年上升，但超过社会平均工资水平的个体却占比较少，较低的工资水平极大地打击了人们工作的积极性。因此，提高全社会工资收入水平，就会增加闲暇的机会成本，可促使人员开始就业，尤其是对于低收入群体而言，可以增加劳动力供给，发挥收入提高对劳动力供给的"收入效应"。目前我国的工作制度还并不完善，尤其是隐形的违法加班制度使年轻人不得不牺牲健康和生活来换取工作报酬，这使得年轻劳动力对闲暇的渴望会增强，同时降低进入劳动力市场的期待。[①] 因此，应加强市场监管，落实"8 小时工作制"，保障劳动者的合法工作权益，使年轻人能

---

① 余家林、杨梦俊、付明卫：《中国劳动参与率为何下降？——基于财富效应的视角》，《财经研究》2022 年第 6 期，第 94～108 页。

够兼顾工作和休息，从而在客观上提高劳动参与率。

第二，延缓退休年龄，改善健康状况，释放老年人口劳动参与率。世界发达国家老年人口劳动参与率平均都在 20% 以上，而我国 60~70 岁人口的劳动参与率仅为 4% 左右，远不及发达国家。① 我国老年人口劳动参与率低是多方面原因造成的，其中养老金制度对老年人的就业决策有很大影响。退休制度和养老金制度一定程度上会激励城镇老年人提前退休，从而减少劳动供给。因此，应严格规范退休制度，实现渐进式延迟退休年龄，充分利用好弹性退休政策，在尊重老年人意愿的前提下，让有意愿继续工作的老年人继续参加劳动，从而提高劳动参与率。因此，政府应该更加关注老年人口的健康状况，加强针对老年群体的医疗基础设施和医疗保障体系建设力度。② 对老年群体看病就医等问题提供专项通道和免费医疗帮助，树立长期的健康管理意识，整体改善我国老年群体的健康状况，为老年人力资源开发提供健康保障。虽然渐进式延迟退休年龄、提高老年人口劳动参与率等能够缓解劳动力供给下降的压力，提高我国人力资源总量，但是在老年人力资源开发中要特别注重对老年群体个人主观意愿的充分尊重。在挖掘老年人力资源的过程中更要有人文关怀和伦理道德的考量。

第三，消除性别歧视，缓解生育压力，释放女性劳动参与率。女性往往会因劳动力市场的性别歧视，在工资福利及职业晋升上长期受到差异化对待。同时，女性还可能会因生育和照护子女而面临职业中断的风险。因此，我国女性的劳动参与率相较男性水平更低，这也为提高女性劳动参与率提供了更大的空间和可能。一方面，要彻底消除劳动力市场的性别歧视，包括女性在择业机会、岗位选择、工资待遇、职业晋升等各个环节出现的歧视现象。应出台和细化防止女性就业歧视的法律规定，对用人单位招聘过程予以监督。③ 政府还可以通过税收和奖惩等方式对女性权益进行保护。另一方

---

① 程杰、李冉：《中国退休人口劳动参与率为何如此之低？——兼论中老年人力资源开发的挑战与方向》，《北京师范大学学报》（社会科学版）2022 年第 2 期，第 143~155 页。

② 童玉芬、廖宇航：《健康状况对中国老年人劳动参与决策的影响》，《中国人口科学》2017 年第 6 期，第 105~116 页。

③ 金代志、王涵：《三孩政策下女性就业权益保障路径研究》，《四川劳动保障》2023 年第 3 期，第 72~74 页。

面，要降低女性在家庭和生育中的压力，使其有更多的时间和精力投入劳动力市场。同时，要加大公共资源对儿童照料的支持，扩大托儿所和早教机构的规模，提高此类机构的服务质量，增加对此类机构的重视程度和支持力度等。[①]

7.3.4 把握发展趋势、聚焦人工智能创新

人工智能的广泛应用是未来社会发展的趋势，同时也为劳动力市场带来了机遇和挑战。人工智能的使用一方面可以缓解劳动力不足，提高劳动生产率；另一方面又会对劳动力的就业产生挤出效应。因此，对人工智能创新与应用，应该持有谨慎的态度，不能盲目跟风而忽视其可能带来的负面问题。

第一，创造环境、顺应趋势，推动人工智能应用。人工智能的应用和推广对于缓解劳动力供给不足有一定的作用，同时也是未来科技发展的方向和趋势。因此，应顺应科技发展的趋势，培养全面型人才是未来促进经济增长的一个重要途径。首先，政府应出台和完善相关政策和法律，通过对人工智能使用可能面临的伦理道德规范，以及使用过程中出现的安全监测管理和产权保护等问题提供应有的政策保护。[②] 同时，通过加强宣传，引导公众正确认识人工智能。其次，企业应抓住机遇，提前部署发展战略，将人工智能开发与应用作为将来产业发展的重要抓手。企业与政府、企业与企业之间可以就人工智能技术的推广和应用建立合作关系，进行经验交流，协同共进，把握好各级变革带来的新机遇。与此同时，企业还应进行人才管理职业培训，实现由人工向人机协作，再向人工智能的转变与过渡。最后，加大对专业化人才的培养力度。人工智能的推广和应用离不开专业化的研发。高校、企业以及用人单位应该根据变化，适时调整现有人才培养方案与人才选拔标准，

---

① 肖琴、邓野：《儿童照料、女性劳动参与及丈夫责任》，《社科纵横》2023 年第 1 期，第 79~88 页。

② 曹华、赵文杰：《人工智能对劳动力就业的影响——基于空间溢出的视角》，《西华师范大学学报》（哲学社会科学版）2023 年第 4 期，第 81~92 页。

高校应开设与人工智能研发和应用相关的专业，企业应设立专门的人才培训岗位，从而更好地适应新技术的要求。

第二，警惕风险、防范隐患，理性看待人工智能。在肯定人工智能对社会发展带来积极效应的同时，也要警惕人工智能应用带来的风险。其中，最主要的风险是人工智能的广泛应用对劳动力带来的结构性失业风险。应该重点从以下几方面着手，解决好人工智能发展与劳动力就业的关系。一方面，政府应该建立预警机制，完善补偿方案和社会保障制度。另一方面，需要对失业者进行再培训，提升劳动者的职业技能，从而提高就业质量，降低失业率。职业培训应该具有针对性和专业性，根据劳动力市场的客观需求组织培训，尤其应加大与人工智能应用和研发等方面的专业培训。

8

研究结论

本书基于后人口转变时期主要的人口特征，对人口红利转型的背景、内涵以及具体实现路径进行了全面分析。同时，从人口红利理论出发，分析在劳动适龄人口占比下降、人口老龄化加剧、人口长期负增长等新的人口形势下人口红利转型的具体路径。并且从人口政策、产业政策和社会政策等视角，结合人口红利转型的具体路径，探讨了人口红利转型的实现机制。本书是对人口红利理论的延续和拓展，丰富了人口红利的理论内涵和现实意义。根据本书的研究，得出以下主要研究结论。

1. 人口红利转型是人口红利理论的延续

人口再生产类型由现代型向后现代转变的过程中，劳动适龄人口占比下降、人口老龄化加剧和人口长期负增长这三个主要的人口特征构成了人口红利转型的现实基础。因此，人口红利转型同样离不开人口再生产这一人口转变规律，也离不开人口这一基本的生产要素。与人口红利不同的是，人口红利转型所面临的人口结构和特征发生了改变，而且社会经济背景同样发生了变化。因此，人口红利转型的实现不仅需要依托未来的人口基础，同样需要基于客观的现实条件。

人口红利转型是在后人口转变时期，继续从人口要素挖掘促进经济增长的重要突破口。不论是人口红利还是人口红利转型，都离不开对人口这一要素数量、质量与结构特征的讨论。人口红利理论强调的是人口年龄结构对经济增长的有利性，所谓红利是指人口要素对经济增长的贡献。人口红利转型同样强调经济效应。因此可以说，人口红利转型是人口红利理论的延续和拓展。

2. 人口结构特征是人口红利转型的现实依据

在后人口转变时期，人口红利转型依靠的现实基础是未来的人口结构和数量，通过本书以及联合国《世界人口展望2022》的预测数据，可以发现未来我国人口结构和数量将面临以下三个问题。一是劳动适龄人口占比下降。二是人口老龄化加剧，人口老龄化加剧将会提高我国社会的总抚养比。三是人口长期负增长，这一人口特征将彻底改变我国人口总量优势的局面。要想实现人口红利转型，必须面对新的人口结构和特征。

劳动适龄人口占比下降将直接影响劳动力的供给，劳动力内部年龄结构老化和年龄别劳动参与率对劳动力供给的影响更为明显。此外，人口老龄化加剧影响劳动力供给，对人口红利转型最直接的影响就是社会抚养负担加重。人口老龄化还改变着人口年龄结构，对整个社会的生产、消费、储蓄和投资等均会产生影响。人口红利转型必须要充分考虑未来人口老龄化带来的客观变化，从人口老龄化带来的客观变化寻求人口红利转型的突破口。人口长期负增长将彻底改变未来我国人口数量的变化趋势，人口长期负增长不仅体现为人口总量的下降，对社会经济的影响也是全方位的。人口长期负增长既为人口红利转型提供了机遇，也带来了挑战。

3. 劳动适龄人口占比下降可能成为人口红利转型的动力

劳动适龄人口占比持续下降是后人口转变时期实现人口红利转型面临的现实。劳动力数量的下降将会改变经济增长过程中资本和劳动要素禀赋结构，劳动力工资水平会随之升高，劳动力数量优势将不复存在。劳动适龄人口占比下降，从传统意义上讲，是人口红利消失的一个主要判断依据，但劳动适龄人口占比下降并不必然会阻碍经济增长，其中还可能存在着推动经济增长的可能性。

首先，劳动力数量下降会促进资本深化。当劳动力紧缺、劳动力工资水平提高后，企业会使用资本替代劳动，从而加速资本深化，促进资源优化配置和劳动生产率提高。资本深化本身对劳动生产率和全要素生产率的提高具有明显的促进作用，资本深化还可能会促进偏向型技术进步，成为经济增长的重要动力。其次，劳动力数量下降、质量提升，能够带来人口红利的质量与数量替代效应。在生育率转变过程中，孩子的质量会随之提高，而孩子的数量会下降，这会提高未来劳动力市场上劳动力的质量水平。而源于劳动力质量提高形成的人口质量红利将成为未来经济增长的主要动力，并形成对人口数量红利的替代效应，有效降低劳动力数量下降对经济增长的不利影响。最后，劳动力数量下降可以通过劳动力空间流动、资源重配效率的提高形成新结构红利。人口红利的获得一方面源于劳动力数量和结构，主要体现在劳动力供给充裕和总抚养比较低，而另一方面则来自劳动力的配置效率，主要强调劳动力与土地、资本等其他生产要素的结合，进而促进经济增长。当劳动力数量下降时，可以通过劳动力在空间范围内的流动，实现生产要素的重新配置，获得劳动力配置效率红利。

4. 人口老龄化加剧推动人口红利转型

老年人口占比的提高同样是判断人口红利是否延续的一个重要标准，而人口老龄化加剧是未来人口发展的趋势。到 2050 年，我国老年人口占比将超过 30%，届时我国将进入重度老龄化社会。人口老龄化加剧不仅会直接影响人口年龄结构，降低劳动适龄人口供给，还会提高社会的总抚养比。不论是否调整生育政策，未来的老龄化程度都是由当前各年龄段人口数量决定的。也就是说，老年人口的绝对数量不会因生育政策的调整而发生改变，生育政策调整只会改变人口的相对结构。因此，更应该利用人口老龄化对生产和消费带来的影响来促进人口红利转型，而非仅仅关注老年人口的数量。

人口老龄化加剧同样会推动人口红利转型。第一，人口老龄化加剧带来技术倒逼效应，促进了技术进步，客观上改变了经济增长方式。人口老龄化会提高人力资本水平，客观上为技术进步提供了人力支持和经验支持。与此同时，人口老龄化不断加剧，劳动力供给减少改变了资本和劳动的相对价格，当劳动力变得稀缺时，企业为了节约成本，便会进行技术创新，用技术替代劳动。第二，人口老龄化通过促进消费，推动产业升级。人口老龄化导致储蓄率提高、消费结构的改变，通过资本深化效应以及恩格尔效应促进产业结构转型和升级。此外，随着劳动力供给的减少，劳动密集型产业的优势已经不在，制造业部门为了维持生产和获得利润不得不转向资本密集型和技术密集型领域，这推动了偏向型技术进步和产业结构的高级化。第三，老年人帮助成年子女承担家务和照料孙子女，提高了社会劳动参与率，带来"影子红利"。老年人帮助成年子女承担家务和照料孙子女，在很大程度上提高了成年子女的劳动参与率，间接增加了劳动力供给。

5. 人口长期负增长加速人口红利转型

我国在 2022 年首次出现人口负增长，根据联合国《世界人口展望2022》的预测，我国未来总和生育率将持续在低位徘徊，出生率将明显低于死亡率，人口长期负增长不可避免。人口长期负增长对社会经济的影响是全方位的，人口总量的减少会影响国内消费市场和内需，使拉动经济的第一架马车的动力减弱。此外，人口总量的减少对劳动力供给的影响是绝对的，劳动力绝对数量的下降，不仅会提高劳动力成本和加重社会抚养负担，同时还会降低社会资本积累的速度。但是，人口长期负增长所带来的一系列变化也在客观上促进了人口红利转型。

人口长期负增长的背景下看人口红利转型的可能性。一方面，注重人力资源总量开发，而非仅关注劳动适龄人口和人口总量。如果从关注劳动力健康和教育的方面看，人力资源总量增加不仅会增加社会总体的劳动力供给，还会延缓老龄化的进程，为推动人口红利转型和实现经济增长提供新的可能。另一方面，总人口数量下降，尤其是劳动适龄人口下降，会推动人工智能对劳动力的替代。人工智能的应用不仅会降低对劳动力的需求，还可能会提高部分行业和部门的劳动生产效率。不仅如此，虽然我国在将来会经历人口负增长时期，但是从人口的绝对量上看，我国的人口规模依然较大，较大人口规模为我国人口在空间范围内的流动提供了无限的可能，从而可以实现人口回旋空间。人口回旋空间为人口长期负增长背景下实现技术创新与应用、产业升级、劳动分工、人口集聚、城市化以及人力资本提升等提供了条件，也为人口红利转型提供了可能。

6. 人口红利转型需要多措并举

人口红利转型虽然必须依托后人口转变时期的主要人口结构和特征，但同样需要适应社会经济发展的新要求，尤其是经济增长对要素投入与生产方式的新要求。因此，要推动和促进人口红利转型，必须要协同人口、产业和社会等多方面政策。人口政策应尽可能减少后人口转变时期人口特征对经济增长的不利因素，从客观上协调人口结构与社会经济发展之间的关系。而产业政策和社会政策应该侧重应对后人口转变时期的人口结构和特征带来的新变化，促进人口作为经济增长要素发挥重要作用。

从人口政策视角看，可以尝试调整生育政策，缓解人口负增长的压力；渐进式延迟退休年龄，增加劳动力人口供给；促进人口流动，提高要素再配置效率；提升人口质量，收获人口质量红利等。生育政策的调整一方面有利于从劳动力要素投入和结构出发推动人口红利转型，另一方面可以协调人口数量和结构与社会经济发展之间的关系，促进人口与社会发展的良性互动，从而推动人口红利转型。从产业政策看，应发挥未来人口结构和特征的优势，推动经济增长。例如，顺应人口老龄化发展趋势，发展老龄产业，催生银发经济；升级产业结构、降低对劳动力数量的依赖；加速人力资本积累，提高产业质量，转变发展模式等。从社会政策看，应为新的人口结构和特征作用的发挥创造条件。例如，转变增长方式，实现技术创新驱动；促进全面发展，挖掘人力资源总量；增强社会服务，提高劳动参与率等。

附　录

人口普查预测结果

年份	低方案				中方案				高方案			
	总人口（万人）	劳动适龄人口（万人）	总抚养比（%）	劳动适龄人口比（%）	总人口（万人）	劳动适龄人口（万人）	总抚养比（%）	劳动适龄人口比（%）	总人口（万人）	劳动适龄人口（万人）	总抚养比（%）	劳动适龄人口比（%）
2020	145989	95950	45.02	65.72	145989	95950	45.02	65.72	145989	95950	45.02	65.72
2021	146289	95802	45.43	65.49	146312	95802	45.46	65.48	146340	95802	45.49	65.47
2022	146398	95573	45.76	65.28	146442	95573	45.83	65.26	146577	95573	45.96	65.20
2023	146422	95605	45.64	65.29	146486	95605	45.73	65.27	146723	95606	45.96	65.16
2024	146464	96008	45.01	65.55	146548	96008	45.13	65.51	146892	96008	45.47	65.36
2025	146463	96313	44.48	65.76	146567	96313	44.62	65.71	147019	96314	45.07	65.51
2026	146408	96882	43.53	66.17	146530	96882	43.70	66.12	147088	96883	44.25	65.87
2027	146352	96826	43.48	66.16	146613	96826	43.78	66.04	147237	96827	44.40	65.76
2028	146228	95994	44.45	65.65	146620	95994	44.91	65.47	147311	95995	45.59	65.16
2029	146062	95562	44.82	65.43	146588	95562	45.43	65.19	147346	95563	46.18	64.86
2030	145858	94882	45.51	65.05	146517	94882	46.27	64.76	147341	94883	47.09	64.40
2031	145597	94287	46.01	64.76	146386	94287	46.92	64.41	147276	94288	47.81	64.02
2032	145341	94006	46.06	64.68	146379	94006	47.23	64.22	147297	94008	48.15	63.82
2033	145024	92925	47.23	64.08	146305	92926	48.68	63.52	147250	92928	49.64	63.11
2034	144660	91907	48.29	63.53	146187	91909	50.01	62.87	147159	91911	51.01	62.46
2035	145989	90452	50.02	61.96	146047	90454	52.06	61.93	147047	90457	53.10	61.52
2036	144271	89157	51.54	61.80	145833	89160	53.82	61.14	146861	89163	54.86	60.71
2037	143813	87739	53.35	61.01	145749	87743	55.99	60.20	146804	87824	56.89	59.82
2038	143416	86330	55.19	60.20	145658	86335	58.19	59.27	146741	86490	58.97	58.94
2039	142999	85076	56.75	59.49	145513	85082	60.13	58.47	146627	85316	60.77	58.19

续表

年份	低方案				中方案				高方案			
	总人口（万人）	劳动适龄人口（万人）	总抚养比(%)	劳动适龄人口比(%)	总人口（万人）	劳动适龄人口（万人）	总抚养比(%)	劳动适龄人口比(%)	总人口（万人）	劳动适龄人口（万人）	总抚养比(%)	劳动适龄人口比(%)
2040	142528	84000	57.98	58.94	145306	84007	61.74	57.81	146450	84321	62.22	57.58
2041	141998	82954	59.12	58.42	145014	82962	63.24	57.21	146190	83355	63.56	57.02
2042	141394	82073	60.06	58.05	144794	82201	64.33	56.77	146156	82634	64.73	56.54
2043	140868	81095	61.14	57.57	144503	81339	65.56	56.29	146052	81810	66.04	56.01
2044	140274	80044	62.26	57.06	144106	80407	66.83	55.80	145842	80917	67.39	55.48
2045	139587	79161	62.97	56.71	143588	79643	67.64	55.47	145506	80193	68.29	55.11
2046	138797	78120	63.93	56.28	143009	78720	68.72	55.05	145111	79309	69.45	54.65
2047	137949	76802	65.54	55.67	142478	77637	70.21	54.49	144763	78226	71.10	54.04
2048	137165	75727	66.63	55.21	141878	76794	71.16	54.13	144350	77384	72.21	53.61
2049	136312	74618	67.65	54.74	141145	75920	72.02	53.79	143799	76510	73.23	53.21
2050	135342	73516	68.58	54.32	140305	75059	72.73	53.50	143141	75650	74.13	52.85

注：本表为作者根据第七次人口普查资料预测结果。

参考文献

[1] 白俊红、王钺、蒋伏心等：《研发要素流动、空间知识溢出与经济增长》，《经济研究》2017 年第 7 期，第 109~123 页。

[2] 蔡昉、王德文：《中国经济增长可持续性与劳动贡献》，《经济研究》1999 年第 10 期，第 62~68 页。

[3] 蔡昉、王美艳：《中国人力资本现状管窥——人口红利消失后如何开发增长新源泉》，《人民论坛·学术前沿》2012 年第 4 期，第 56~65，71 页。

[4] 蔡昉：《改革时期农业劳动力转移与重新配置》，《中国农村经济》2017 年第 10 期，第 2~12 页。

[5] 蔡昉：《刘易斯转折点——中国经济发展新阶段》，社会科学文献出版社，2008。

[6] 蔡昉：《刘易斯转折点与公共政策方向的转变——关于中国社会保护的若干特征性事实》，《中国社会科学》2010 年第 6 期，第 125~137 页。

[7] 蔡昉：《农业劳动力转移潜力耗尽了吗?》，《中国农村经济》2018 年第 9 期，第 2~13 页。

[8] 蔡昉：《人口转变、人口红利与刘易斯转折点》，《经济研究》2010 年第 4 期，第 4~13 页。

[9] 蔡昉：《未来的人口红利——中国经济增长源泉的开拓》，《中国人口科学》2009 年第 1 期，第 2~10 页。

[10] 蔡昉：《中国的人口红利还能持续多久》，《经济学动态》2011 年第 6

期，第 3~7 页。

[11] 蔡兴、李琪、张洁：《人口老龄化对产业结构的影响——基于细分行业就业结构的实证研究》，《区域金融研究》2020 年第 12 期，第 77~85 页。

[12] 蔡跃洲、付一夫：《全要素生产率增长中的技术效应与结构效应——基于中国宏观和产业数据的测算及分解》，《经济研究》2017 年第 1 期，第 72~88 页。

[13] 曹华、赵文杰：《人工智能对劳动力就业的影响——基于空间溢出的视角》，《西华师范大学学报》（哲学社会科学版）2023 年第 4 期，第 81~92 页。

[14] 曹信邦、童星：《儿童养育成本社会化的理论逻辑与实现路径》，《南京社会科学》2021 年第 10 期，第 75~82 页。

[15] 曾起艳、曾寅初、王振华：《全要素生产率提升中"结构红利假说"的非线性检验——基于 285 个城市面板数据的双门限回归分析》，《经济与管理研究》2018 年第 9 期，第 29~40 页。

[16] 曾瑶：《人口老龄化对产业结构升级的作用机理及区域差异研究》，《上海大学学报》（社会科学版）2022 年第 3 期，第 128~140 页。

[17] 曾毅等：《21 世纪中国人口与经济发展》，社会科学文献出版社，2006。

[18] 昌忠泽：《人口老龄化的经济影响——对文献的研究和反思》，《财贸研究》2018 年第 2 期，第 11~22 页。

[19] 常素宁：《推进农业农村现代化的若干思考——以河南省安阳市为例》，《农村·农业·农民》2023 年第 7 期，第 21~23 页。

[20] 陈德权、杜天翔：《数字适老化的实践逻辑、概念阐释与实现路径》，《电子政务》2022 年第 12 期，第 101~110 页。

[21] 陈恩、于绯：《劳动力流动与区域收入差距：基于新古典经济学与新经济地理学范式下的研究》，《江西社会科学》2012 年第 2 期，第 55~61 页。

[22] 陈磊、胡立君、何芳：《要素流动、产业集聚与经济发展的实证检

验》,《统计与决策》2021 年第 6 期, 第 104~108 页。

[23] 陈汝影、余东华:《资本深化、有偏技术进步与制造业全要素生产率》,《现代经济探讨》2020 年第 6 期, 第 62~69 页。

[24] 陈卫民、施美程:《人口老龄化促进服务业发展的需求效应》,《人口研究》2014 年第 5 期, 第 3~16 页。

[25] 陈晓玲、连玉君:《资本-劳动替代弹性与地区经济增长——德拉格兰德维尔假说的检验》,《经济学(季刊)》2012 年第 4 期, 第 93~118 页。

[26] 陈彦斌, 郭豫媚:《高投资发展模式如何转变为适度投资发展模式?》,《学习与探索》2014 年第 8 期, 第 87~92 页。

[27] 陈彦斌、林晨、陈小亮:《人工智能、老龄化与经济增长》,《经济研究》2019 年第 7 期, 第 47~63 页。

[28] 陈彦斌:《人口老龄化对中国宏观经济的影响》, 科学出版社, 2014.

[29] 陈勇、李小平:《中国工业行业的面板数据构造及资本深化评估: 1985~2003》,《数量经济技术经济研究》2006 年第 10 期, 第 57~68 页。

[30] 陈友华、孙永健:《"三孩"生育新政: 缘起、预期效果与政策建议》,《人口与社会》2021 年第 3 期, 第 1~12 页。

[31] 陈友华:《人口红利与人口负债: 数量界定、经验观察与理论思考》,《人口研究》2005 年第 6 期, 第 21~27 页。

[32] 陈友华:《人口红利与中国的经济增长》,《江苏行政学院学报》2008 年第 4 期, 第 58~63 页。

[33] 程承坪:《人工智能对劳动的替代、极限及对策》,《上海师范大学学报》(哲学社会科学版) 2020 年第 2 期, 第 85~93 页。

[34] 程杰、李冉:《中国退休人口劳动参与率为何如此之低?——兼论中老年人力资源开发的挑战与方向》,《北京师范大学学报》(社会科学版) 2022 年第 2 期, 第 143~155 页。

[35] 崔吉芳:《2020~2035 年我国人力资源总量增长潜力及各级教育的贡献——基于教育人口预测模型的实证分析》,《教育研究》2019 年第 8 期, 第 127~138 页。

[36] 戴天仕、徐现祥：《中国的技术进步方向》，《世界经济》2010 年第 11 期，第 54~70 页。

[37] 邓翔、张卫：《人口老龄化会阻碍技术进步吗——来自中国 2000~2014 年的经验证据》，《华中科技大学学报》（社会科学版）2018 年第 3 期，第 28~38 页。

[38] 丁小浩、高文娟、黄依梵：《从人口数量红利到人口质量红利——基于 143 个国家面板数据的实证分析》，《教育研究》2022 年第 3 期，第 138~148 页。

[39] 董直庆、陈锐：《技术进步偏向性变动对全要素生产率增长的影响》，《管理学报》2014 年第 8 期，第 1199~1207 页。

[40] 都阳、蔡昉、屈小博等：《延续中国奇迹：从户籍制度改革中收获红利》，《经济研究》2014 年第 8 期，第 4~13 页。

[41] 都阳，封永刚：《人口快速老龄化对经济增长的冲击》，《经济研究》2021 年第 2 期，第 71~88 页。

[42] 杜修立、郑鑫：《人口结构、产业结构与中国经济潜在增长率》，《统计与信息论坛》2017 年第 3 期，第 56~61 页。

[43] 樊纲：《明年中国 GDP 增长维持在 6.5% 至 7%》，http：//www.xinhuanet.com/politics/2016-12/04/c_ 129389280.htm。

[44] 方超、罗英姿：《教育人力资本及其溢出效应对中国经济增长的影响研究——基于 Lucas 模型的空间计量分析》，《教育与经济》2016 年第 4 期，第 21~29 页。

[45] 方福前、祝灵敏：《人口结构、人力资本结构与经济增长》，《经济理论与经济管理》2013 年第 8 期，第 5~16 页。

[46] 冯剑锋、陈卫民：《我国人口老龄化影响经济增长的作用机制分析——基于中介效应视角的探讨》，《人口学刊》2017 年第 4 期，第 93~101 页。

[47] 冯剑锋、岳经纶、范昕：《空间关联视野下人口老龄化对劳动参与率的影响分析》，《江淮论坛》2018 年第 6 期，第 142~147 页。

［48］冯喜良、邱玥：《人工智能技术创新能拉动企业劳动力需求吗?》，《北京工商大学学报》（社会科学版）2023年第2期，第15~27页。

［49］干春晖、郑若谷：《改革开放以来产业结构演进与生产率增长研究——对中国1978~2007年"结构红利假说"的检验》，《中国工业经济》2009年第2期，第55~65页。

［50］耿志祥、孙祁祥：《人口老龄化、延迟退休与二次人口红利》，《金融研究》2017年第1期，第52~68页。

［51］官旭红、曹云祥：《资本深化与制造业部门劳动生产率的提升——基于工资上涨及政府投资的视角》，《经济评论》2014年第3期，第51~63页。

［52］龚红、张小玲、彭姗：《知识型老年员工人力资本异质性对其再职业选择影响研究——来自研究型大学的经验证据》，《科技进步与对策》2017年第13期，第153~160页。

［53］顾元媛、沈坤荣：《结构性减速下的中国经济增长方式转变》，《现代经济探讨》2014年第12期，第10~14页。

［54］关慧卿：《高新企业技术创新能力提升探究》，《产业创新研究》2023年第2期，第40~42页。

［55］郭昌盛：《渐进式延迟法定退休年龄的理论前提与可行路径》，《兰州学刊》2023年第1期，第49~59页。

［56］郭春娜、陈春春、彭旭辉：《中国制造业劳动生产率再测算——基于资本深化和全要素生产率贡献率的考量》，《价格理论与实践》2018年第7期，第151~154页。

［57］郭东杰、唐教成：《人口老龄化、养老保险改革与劳动参与率研究》，《财经论丛》2020年第6期，第12~20页。

［58］郭晗：《人工智能培育中国经济发展新动能的理论逻辑与实践路径》，《西北大学学报》（哲学社会科学版）2019年第5期，第21~27页。

［59］郭继强：《人力资本投资的结构分析》，《经济学》（季刊）2005年第3期，第689~706页。

［60］ 郭凯明、颜色：《延迟退休年龄、代际收入转移与劳动力供给增长》，《经济研究》2016 年第 6 期，第 128~142 页。

［61］ 郭凯明、余靖雯、龚六堂：《家庭隔代抚养文化、延迟退休年龄与劳动力供给》，《经济研究》2021 年第 6 期，第 127~141 页。

［62］ 郭凯明、余靖雯、龚六堂：《人口转变、企业家精神与经济增长》，《经济学（季刊）》2016 年第 2 期，第 989~1010 页。

［63］ 郭凯明：《人工智能发展、产业结构转型升级与劳动收入份额变动》，《管理世界》2019 年第 7 期，第 60~77 页。

［64］ 郭克莎：《1979~1988 年经济增长的因素及效应分析》，《经济研究》1990 年第 10 期，第 11~19 页。

［65］ 郭熙保、李通屏、袁蓓：《人口老龄化对中国经济的持久性影响及其对策建议》，《经济理论与经济管理》2013 年第 2 期，第 43~50 页。

［66］ 郭震威、齐险峰：《"四二一"家庭微观仿真模型在生育政策研究中的应用》，《人口研究》2008 年第 2 期，第 5~15 页。

［67］ 《国外如何应对人口负增长？鼓励生育移民、增加女性和老年人就业》，https：//baijiahao. baidu. com/s？ id ＝ 1755356228797095615&wfr ＝spider&for＝pc.

［68］ 国务院：《国务院关于印发新一代人工智能发展规划的通知（国发〔2017〕35 号）》，http：//www. gov. cn/zhengce/content/2017－07/20/content_ 5211996. htm.

［69］ 《韩国历年 GDP 年度增长率》，https：//www. kylc. com/stats/global/yearly _ per_ country/g_ gdp_ growth/kor. html.

［70］ 韩民春、庞思明：《工业机器人应用对制造业劳动生产率的影响研究——基于欧美 13 个国家数据的经验分析》，《工业技术经济》2021 年第 1 期，第 13~21 页。

［71］ 郝枫、张圆、李晓红：《中国健康资本内生折旧率估算及成因分析》，《人口与发展》2020 年第 2 期，第 36~48 页。

［72］ 郝枫：《中国技术偏向的趋势变化、行业差异及总分关系》，《数量经

济技术经济研究》2017 年第 4 期，第 20~38 页。

[73] 何传启：《服务业现代化的发展趋势和战略选择》，科学出版社，2018。

[74] 何德旭、姚战琪、王朝阳：《生产性服务业与消费性服务业：一个比较分析框架》，社会科学文献出版社，2008。

[75] 侯志杰、朱承亮：《中国人工智能企业技术效率及其影响因素研究》，《工业技术经济》2018 年第 6 期，第 29~37 页。

[76] 胡鞍钢：《从人口大国到人力资本大国：1980~2000 年》，《中国人口科学》2002 年第 5 期，第 1~10 页。

[77] 胡鞍钢：《教育发展带来三大人力资本红利》，《中国高等教育》2011 年第 23 期，第 64 页。

[78] 胡亚男、余东华：《有偏技术进步、要素配置结构与全要素生产率提升——以中国装备制造业为例》，《软科学》2021 年第 7 期，第 1~9 页。

[79] 胡亚茹、陈丹丹：《中国高技术产业的全要素生产率增长率分解——兼对"结构红利假说"再检验》，《中国工业经济》2019 年第 2 期，第 136~154 页。

[80] 黄凡、段成荣：《从人口红利到人口质量红利——基于第七次全国人口普查数据的分析》，《人口与发展》2022 年第 1 期，第 117~126 页。

[81] 黄莉：《农业资本深化、有偏技术进步与绿色农业经济增长》，西南大学，2021。

[82] 黄茂兴、李军军：《技术选择、产业结构升级与经济增长》，《经济研究》2009 年第 7 期，第 143~151 页。

[83] 黄晓凤、朱潇玉、王金红：《人工智能提升了中国制造业企业的全要素生产率吗》，《财经科学》2023 年第 1 期，第 138~148 页。

[84] 黄旭、许文立：《公共政策如何应对人工智能引发的失业风险?》，《中央财经大学学报》2022 年第 10 期，第 71~84 页。

[85] 姜庆华、米传民：《我国科技投入与经济增长关系的灰色关联度分

析》，《技术经济与管理研究》2006 年第 4 期，第 24~26 页。

[86] 姜伟、李萍：《人工智能与全要素生产率："技术红利"还是"技术鸿沟"》，《统计与信息论坛》2022 年第 5 期，第 26~35 页。

[87] 教育部：《提高劳动年龄人口平均受教育年限意义重大》，http：//sn. ifeng. com/c/855B1WNSYJR。

[88] 金代志、王涵：《三孩政策下女性就业权益保障路径研究》，《四川劳动保障》2023 年第 3 期，第 72~74 页。

[89] 金辉：《未来经济增长须依靠人口质量红利和改革红利》，《经济参考报》2016 年 8 月 3 日。

[90] 经济增长前沿课题组：《高投资、宏观成本与经济增长的持续性》，《经济研究》2005 年第 10 期，第 12~23 页。

[91] 孔宪丽、米美玲、高铁梅：《技术进步的适宜性与创新驱动工业结构调整——基于技术进步偏向性视角的实证研究》，《中国工业经济》2015 年第 11 期，第 62~77 页。

[92] 赖明勇、张新、彭水军、包群：《经济增长的源泉：人力资本、研究开发与技术外溢》，《中国社会科学》2005 年第 2 期，第 32~46 页。

[93] 《老龄化趋势加速，健康加养老或将成为未来最大产业》，http：//news. sohu. com/a/669231531_ 121124571。

[94] 雷钦礼：《偏向性技术进步的测算与分析》，《统计研究》2013 年第 4 期，第 83~91 页。

[95] 李斌、张瑶：《异质性人力资本与产业结构变动——基于省级动态面板的系统 GMM 估计》，《商业研究》2015 年第 5 期，第 11~16 页。

[96] 李德煌、夏恩君：《人力资本对中国经济增长的影响——基于扩展 Solow 模型的研究》，《中国人口·资源与环境》2013 年第 8 期，第 100~106 页。

[97] 李钢、廖建辉、向奕霓：《中国产业升级的方向与路径——中国第二产业占 GDP 的比例过高了吗》，《中国工业经济》2011 年第 10 期，第 16~26 页。

［98］ 李海峥、梁赟玲、Barbara Fraumeni、刘智强、王小军：《中国人力资本测度与指数构建》，《经济研究》2010 年第 8 期，第 42~54 页。

［99］ 李汉东、李流：《中国 2000 年以来生育水平估计》，《中国人口科学》2012 年第 5 期，第 75~83 页。

［100］ 李怡萱、骆玲玲、潘祥、钱金伟、林莹、童莺歌：《美国组织健康素养研究及对我国的启示》，《医学与哲学》2024 年第 21 期，第 49~54 页。

［101］ 李建民：《后人口转变论》，《人口研究》2000 年第 4 期，第 9~13 页。

［102］ 李建新：《"后人口转变论"质疑——兼与于学军、李建民博士商榷》，《人口研究》2000 年第 6 期，第 1~7 页。

［103］ 李竞博、高瑗：《人口老龄化视角下的技术创新与经济高质量发展》，《人口研究》2022 年第 2 期，第 102~116 页。

［104］ 李竞博、原新：《如何再度激活人口红利——从劳动参与率到劳动生产率：人口红利转型的实现路径》，《探索与争鸣》2020 年第 2 期，第 131~139 页。

［105］ 李静、楠玉、刘霞辉：《中国经济稳增长难题：人力资本错配及其解决途径》，《经济研究》2017 年第 3 期，第 18~31 页。

［106］ 李静：《劳动力转移、资本深化与农业劳动生产率提高》，《云南财经大学学报》2013 年第 3 期，第 31~38 页。

［107］ 李军：《发展银发经济促进经济增长》，《老龄科学研究》2022 年第 4 期，第 1~8 页。

［108］ 李军：《人口老龄化经济效应分析》，社会科学文献出版社，2005。

［109］ 李凯：《我国延迟退休政策效应理论研究述评——以政策评估为视角》，《德州学院学报》2022 年第 5 期，第 71~78，84 页。

［110］ 李克平：《我国未来人口数量与年龄结构变化的经济发展》，曾毅等《21 世纪中国人口与经济发展》，社会科学文献出版社，2006。

［111］ 李磊、徐大策：《机器人能否提升企业劳动生产率？——机制与事实》，《产业经济研究》2020 年第 3 期，第 127~142 页。

[112] 李廉水、张芊芊、王常凯：《中国制造业科技创新能力驱动因素研究》，《科研管理》2015 年第 10 期，第 169～176 页。

[113] 李苗苗、肖洪钧、赵爽：《金融发展、技术创新与经济增长的关系研究——基于中国的省市面板数据》，《中国管理科学》2015 年第 2 期，162～169 页。

[114] 李敏、张婷婷、雷育胜：《人力资本异质性对产业结构升级影响的研究——"人才大战"引发的思考》，《工业技术经济》2019 年第 11 期，第 107～114 页。

[115] 李小光、邓贵川：《人口老龄化、外商直接投资与经济增长——基于 FDI 的经济增长模型的分析》，《云南社会科学》2018 年第 4 期，第 65～71 页。

[116] 李小平、李小克：《偏向性技术进步与中国工业全要素生产率增长》，《经济研究》2018 年第 10 期，第 82～96 页。

[117] 李丫丫、潘安：《工业机器人进口对中国制造业生产率提升的机理及实证研究》，《世界经济研究》2017 年第 3 期，第 87～96 页。

[118] 李杨、张晓晶：《"新常态"：经济发展的逻辑与前景》，《经济研究》2015 年第 5 期，第 4～19 页。

[119] 厉克奥博、李稻葵、吴舒钰：《人口数量下降会导致经济增长放缓吗？——中国人力资源总量和经济长期增长潜力研究》，《人口研究》2022 年第 6 期，第 23～40 页。

[120] 《厉以宁 VS 蔡昉：人口红利到底消失了吗？》，http：//mt.sohu.com/20170821/n507666261.shtml。

[121] 梁建章、任泽平、黄文政、何亚福：《中国人口预测报告 2023 版》，https：//baijiahao.baidu.com/s？id＝17580474088080160 74&wfr＝spider&for＝pc。

[122] 林宝：《人口负增长与劳动就业的关系》，《人口研究》2020 年第 3 期，第 21～37 页。

[123] 林毅夫、李永军：《比较优势、竞争优势与发展中国家的经济发展》，

《管理世界》2003 年第 7 期，第 21~28，66 页。

[124] 刘达禹、赵恒园、徐斌：《理解中国适龄劳动人口劳动参与率下降之谜——源于"家庭老年照料"还是"啃老"行为?》，《人口研究》2022 年第 3 期，第 102~116 页。

[125] 刘耕：《建立生育支持政策体系 降低生育养育教育成本》，《人口学刊》2023 年第 1 期，第 16~20 页。

[126] 刘厚莲、原新：《人口负增长时代还能实现经济持续增长吗?》，《人口研究》2020 年第 4 期，第 62~73 页。

[127] 刘厚莲：《人口红利的本质、衡量与中国考察》，《人口与社会》2015 年第 1 期，第 25~32 页。

[128] 刘俐好：《人力资本测量方法文献综述》，《经济研究导刊》2013 年第 12 期，第 118~121 页。

[129] 刘亮、胡国良：《人工智能与全要素生产率——证伪"生产率悖论"的中国证据》，《江海学刊》2020 年第 3 期，第 118~123 页。

[130] 刘士杰：《人口转变对经济增长的影响机制研究——基于人口红利理论框架的深入分析》，南开大学博士学位论文，2010。

[131] 刘世锦：《未来 10 年中国 GDP 平均增速 6.2%》，https：//finance. sina。

[132] 刘爽：《对中国人口转变的再思考》，《人口研究》2010 年第 1 期，第 86~94 页。

[133] 刘万：《延迟退休一定有损退休利益吗? ——基于对城镇职工不同退休年龄养老金财富的考察》，《经济评论》2013 年第 4 期，第 27~36 页。

[134] 刘晓光、刘元春：《延迟退休对我国劳动力供给和经济增长的影响估算》，《中国人民大学学报》2017 年第 5 期，第 68~79 页。

[135] 刘玉飞、彭冬冬：《人口老龄化会阻碍产业结构升级吗——基于中国省级面板数据的空间计量研究》，《山西财经大学学报》2016 年第 3 期，第 12~21 页。

[136] 刘长庚、柏园杰：《中国劳动收入居于主体地位吗——劳动收入份额

再测算与国际比较》，《经济学动态》2022 年第 7 期，第 31~50 页。

[137] 楼继伟：《中国可能滑入中等收入陷阱》，http：//finance. sina. com.
cn/china/20150501/。

[138] 卢飞、刘明辉：《广义人口红利、制造业结构调整与经济增长——基
于空间杜宾模型及面板分位数的实证分析》，《财经论丛》2018 年第
1 期，第 12~20 页。

[139] 陆旸、蔡昉：《人口结构变化对潜在增长率的影响：中国和日本的比
较》，《世界经济》2014 年第 1 期，第 3~29 页。

[140] 吕光明：《中国劳动收入份额的测算研究：1993~2008》，《统计研
究》2011 年第 12 期，第 22~28 页。

[141] 马汴京：《资本深化、异质性科技投入与劳动生产率增长——基于中
国大中型工业企业的经验证据》，《中南财经政法大学学报》2011 年
第 3 期，第 25~30 页。

[142] 马忠东、吕智浩、叶孔嘉：《劳动参与率与劳动力增长：1982~2050
年》，《中国人口科学》2010 年第 1 期，第 11~27 页。

[143] 马子红、胡洪斌、郑丽楠：《人口老龄化与产业结构升级——基于
2002~2015 年省级面板数据的分析》，《广西社会科学》2017 年第 10
期，第 120~125 页。

[144] 毛丰付、潘加顺：《资本深化、产业结构与中国城市劳动生产率》，
《中国工业经济》2012 年第 10 期，第 32~44 页。

[145] 茅锐、徐建炜：《人口转型、消费结构差异和产业发展》，《人口研
究》2014 年第 3 期，第 89~103 页。

[146] 穆怀中、韩之彬：《老年人口快速增长期中国的经济增长预期及其实
现路径，《人口与经济》2021 年第 6 期，第 1~21 页。

[147] 楠玉：《中国人口红利源泉：教育、健康和人口年龄结构》，《经济与
管理评论》2022 年第 2 期，第 18~30 页。

[148] 聂高辉、黄明清：《人口老龄化对产业结构升级的动态效应与区域差
异——基于省际动态面板数据模型的实证分析》，《科学决策》2015

年第 11 期，第 1~17 页。

[149] 宁光杰、张雪凯：《劳动力流转与资本深化——当前中国企业机器替代劳动的新解释》，《中国工业经济》2021 年第 6 期，第 42~60 页。

[150] 潘俊宇、徐婷、宣烨：《老龄化、人力资本与经济增长》，《经济问题探索》2022 年第 7 期，第 74~89 页。

[151] 齐传钧：《人口老龄化对经济增长的影响分析》，《中国人口科学》2010 年增刊，第 54~65 页。

[152] 齐红倩、闫海春：《人口老龄化抑制中国经济增长了吗?》，《经济评论》2018 年第 6 期，第 28~40 页。

[153] 钱晓烨、迟巍、黎波：《人力资本对我国区域创新及经济增长的影响——基于空间计量的实证研究》，《数量经济技术经济研究》2010 年第 4 期，第 107~121 页。

[154] 青木昌彦、吴敬琏：《中国经济新转型》，译林出版社，2014。

[155] 瞿凌云：《储蓄率居高不下的人口年龄结构影响分析——基于微观家庭的养老和子女教育储蓄动机的研究》，《金融发展研究》2016 年第 6 期，第 24~32 页。

[156] 任栋、李新运：《劳动力年龄结构与产业转型升级——基于省际面板数据的检验》，《人口与经济》2014 年第 5 期，第 95~103 页。

[157] 任远：《后人口转变》，复旦大学出版社，2016。

[158] 任远：《中国后人口转变时期的人口战略转型》，《南京社会科学》2017 年第 1 期，第 71~77 页。

[159] 《日本"银发经济"：从长寿中赚钱》，https：//www.medsci.cn/article/show_ article.do? id = 1f1c594e15a。

[160] 《日本历年 GDP 年度增长率》，https：//www.kylc.com/stats/global/yearly_ per_ country/g_ gdp _ growth /jpn.html。

[161] 单豪杰：《中国资本存量 K 的再估算：1952~2006 年》，《数量经济技术经济研究》2008 年第 10 期，第 17~31 页。

[162] 《少子化、长寿化同时加速 日本老龄化问题愈发严重》，https：//

baijiahao. baidu. com/s？id = 1744404410202084643&wfr = spider&for = pc。

[163] 沈于、朱少非：《刘易斯拐点、劳动力供求与产业结构升级》，《财经问题研究》2014 年第 1 期，第 42~47 页。

[164] 宋佳莹、高传胜：《人口老龄化对经济增长的影响及其机制分析——基于劳动力供给与社会保障支出视角》，《经济问题探索》2022 年第 11 期，第 1~18 页。

[165] 宋建、郑江淮：《资本深化、资源配置效率与全要素生产率：来自小企业的发现》，《经济理论与经济管理》2020 年第 3 期，第 18~33 页。

[166] 宋旭光、左马华青：《工业机器人投入、劳动力供给与劳动生产率》，《改革》2019 年第 9 期，第 45~54 页。

[167] 孙爱军、刘生龙：《人口结构变迁的经济增长效应分析》，《人口与经济》2014 年第 1 期，第 37~46 页。

[168] 孙超、谭伟：《经济增长的源泉：技术进步和人力资本》，《数量经济技术经济研究》2004 年第 2 期，第 60~66 页。

[169] 孙文远、刘于山：《人工智能对劳动力市场的影响机制研究》，《华东经济管理》2023 年第 3 期，第 1~9 页。

[170] 孙晓芳：《劳动力流动、人口经济弹性与空间经济差异研究——我国东、中、西部动态面板数据模型的对比分析》，《当代经济管理》2012 年第 6 期，第 14~19 页。

[171] 孙早、侯玉琳：《人工智能发展对产业全要素生产率的影响——一个基于中国制造业的经验研究》，《经济学家》2021 年第 1 期，第 32~42 页。

[172] 孙早、刘李华：《资本深化与行业全要素生产率增长——来自中国工业 1990~2013 年的经验证据》，《经济评论》2019 年第 4 期，第 3~16 页。

[173] 谭远发、朱明姣、周葵：《平均预期寿命、健康工作寿命与延迟退休年龄》，《人口学刊》2016 年第 1 期，第 26~34 页。

［174］ 唐代盛、邓力源:《人口红利理论研究新进展》,《经济学动态》2012
年第 3 期,第 115~122 页。

［175］ 唐代盛、盛伟:《人口城市化、结构红利与时空效应研究——以劳动
力市场效率为视角》,《中国人口科学》2019 年第 5 期,第 29~42,
126~127 页。

［176］ 唐国华、王梦茹:《高等教育发展与中国制造业结构升级》,《审计与
经济研究》2022 年第 2 期,第 107~115 页。

［177］ 陶良虎、石逸飞:《人口老龄化对产业结构升级的中介效应影响研
究》,《北京邮电大学学报》(社会科学版)2018 年第 4 期,第 44~
54 页。

［178］ 陶涛、郭亚隆、金光照:《内生性人口负增长经济影响的国际比较》,
《人口学刊》2022 年第 1 期,第 32~45 页。

［179］ 田雪原:《人口老龄化与"中等收入陷阱"》,社会科学文献出版社,
2013。

［180］ 童玉芬、廖宇航:《健康状况对中国老年人劳动参与决策的影响》,
《中国人口科学》2017 年第 6 期,第 105~116 页。

［181］ 庹思伟、周铭山:《人口结构、劳动参与率与长期实际利率演变——
基于女性劳动文化视角的研究》,《中国工业经济》2020 年第 12 期,
第 47~63 页。

［182］ 《万亿老年人市场消费的 6 个趋势 | 2019 中老年线上消费趋势报
告》, https://zhuanlan.zhihu.com/p/164858281。

［183］ 汪伟、姜振茂:《人口老龄化对技术进步的影响研究综述》,《中国人
口科学》2016 年第 3 期,第 114~124 页。

［184］ 汪伟、刘玉飞、彭冬冬:《人口老龄化的产业结构升级效应》,《中国
工业经济》2015 年第 11 期,第 47~61 页。

［185］ 汪伟:《中国居民储蓄率的决定因素——基于 1995—2005 年省际动
态面板数据的分析》,《财经研究》2008 年第 2 期,第 53~64 页。

［186］ 汪小勤、汪红梅:《"人口红利"效应与中国经济增长》,《经济学

家》2007 年第 1 期，第 104~110 页。

[187] 王波：《国内市场一体化对产业结构升级影响的实证研究》，《科技与管理》2017 年第 4 期，第 34~44，68 页。

[188] 王德文、蔡昉：《人口转变的储蓄效应和增长效应——论中国增长可持续性的人口因素》，《人口研究》2004 年第 5 期，第 2~11 页。

[189] 王丰、安德鲁·梅森、沈可：《中国经济转型过程中的人口因素》，《中国人口科学》2006 年第 3 期，第 2~18 页。

[190] 王丰：《人口红利真的是取之不尽、用之不竭的吗?》，《人口研究》2007 年第 6 期，第 76~83 页。

[191] 王广州、胡耀岭：《从第七次人口普查看中国低生育率问题》，《人口学刊》2022 年第 6 期，第 1~14 页。

[192] 王广州：《中国人口负增长问题再认识》，《晋阳学刊》2023 年第 2 期，第 19~28 页。

[193] 王筱旭、冯波、王淑娟：《人口老龄化、技术创新与经济增长——基于中国省际面板数据的实证分析》，《华中科技大学学报（社会科学版）》2017 年第 5 期，第 116~126 页。

[194] 王筱旭、王淑娟：《人口老龄化、技术创新与经济增长——基于要素禀赋结构转变的视角》，《西安交通大学学报（社会科学版）》2017 年第 6 期，第 27~38 页。

[195] 王健、李佳：《人力资本推动产业结构升级：我国二次人口红利获取之解》，《现代财经》2013 年第 6 期，第 35~44 页。

[196] 王金营、戈艳霞：《全面二孩政策实施下的中国人口发展态势》，《人口研究》2016 年第 6 期，第 3~21 页。

[197] 王金营、李庄园、王冬梅：《中国人口长期发展目标研究——基于增强经济实力的认识》，《人口研究》2022 年第 4 期，第 40~54 页。

[198] 王金营、刘艳华：《经济发展中的人口回旋空间：存在性和理论架构——基于人口负增长背景下对经济增长理论的反思和借鉴》，《人口研究》2020 年第 1 期，第 3~18 页。

[199] 王金营、杨磊：《中国人口转变、人口红利与经济增长的实证》，《人口学刊》2010 年第 5 期，第 15~24 页。

[200] 王金营：《中国人口回旋空间在构建新发展格局中的优势和作用》，《河北大学学报（哲学社会科学版）》2021 年第 5 期，第 106~121 页。

[201] 王林辉、袁礼：《要素结构变迁对要素生产率的影响——技术进步偏态的视角》，《财经研究》2012 年第 11 期，第 38~48 页。

[202] 王培安：《一直到 2030 年中国仍处于人口红利期》，https://www.3news.cn/news/guonei/2016/1127/170180.html。

[203] 《王培安委员：我国人口规模出现负增长 应高度重视但不必过于忧虑》，http://www.cppcc.gov.cn/zxww/2023/01/31/ARTI1675130252043142.shtml。

[204] 王鹏、尤济红：《产业结构调整中的要素配置效率——兼对"结构红利假说"的再检验》，《经济学动态》2015 年第 10 期，第 70~80 页。

[205] 王婷、程豪、王科斌：《区域间劳动力流动、人口红利与全要素生产率增长——兼论新时代中国人口红利转型》，《人口研究》2020 年第 2 期，第 18~32 页。

[206] 王威威、杨丹萍：《要素流动与全要素生产率——基于空间杜宾模型分析》，《科技与管理》2021 年第 6 期，第 12~20 页。

[207] 王卫、綦良群：《要素错配、技术进步偏向与全要素生产率增长——基于装备制造业细分行业的随机前沿模型分析》，《山西财经大学学报》2018 年第 12 期，第 60~75 页。

[208] 王希元、杨璐：《人力资本、物质资本财政支出与经济增长——基于内生增长理论的分析》，《财经理论研究》2016 年第 2 期，第 59~65 页。

[209] 王希元、杨先明：《服务业劳动生产率提升路径研究：双重资本深化的视角》，《上海经济研究》2022 年第 7 期，第 60~69 页。

[210] 王亚君：《要素替代、资本深化和服务业生产率的动态演化机理》，吉林大学，2017。

[211] 王莹莹、童玉芬：《中国人口老龄化对劳动参与率的影响》，《首都经济贸易大学学报》2015 年第 1 期，第 61~67 页。

[212] 王颖、倪超:《OECD国家人口转变与经济增长的关系研究》,《中国人口·资源与环境》2013年第5期,第106~112页。

[213] 王屿、梁平、刘肇军:《人口老龄化对我国产业结构升级的影响效应分析》,《华东经济管理》2018年第10期,第99~106页。

[214] 王宇、蒋彧:《中国经济增长的周期性波动研究及其产业结构特征(1992~2010年)》,《数量经济技术经济研究》2011年第7期,第3~17页。

[215] 魏玮、郝威亚:《劳动力技能结构与技术进步引致的经济增长——基于中国经验的实证研究》,《经济与管理研究》2015年第11期,第33~39页。

[216] 魏玮、张万里、宣旸:《劳动力结构、工业智能与全要素生产率——基于我国2004~2016年省级面板数据的分析》,《陕西师范大学学报》(哲学社会科学版)2020年第4期,第143~155页。

[217] 《我国总和生育率为1.5%至1.65% 并未跌入低生育率陷阱》,http://www.gov.cn/xinwen/2015-07/10/content_ 2895239.htm。

[218] 吴海民:《资本深化带来了劳动生产率下降吗》,《财经科学》2013年第9期,第40~50页。

[219] 吴昊:《中国城市劳动生产率影响因素研究——基于286个城市数据面板分析》,《经济经纬》2017年第1期,第14~19页。

[220] 吴敬琏:《中国应当走一条什么样的工业化道路?》,《管理世界》2006年第8期,第1~7页。

[221] 吴秋阳:《劳动力成本上涨对我国制造业劳动生产率的影响》,《理论建设》2016年第6期,第42~47页。

[222] 习近平:《中国共产党第十九次全国代表大会上的报告》,http://www.gov.cn/zhuanti/19thcpc/baogao. htm。

[223] 夏冰:《人口红利对区域经济增长影响及外溢效应的空间关联研究》,《统计与决策》2016年第6期,第98~102页。

[224] 夏杰长:《技术进步与经济增长的实证分析及其财税政策》,《财经问

题研究》2002 年第 11 期，第 53~59 页。

[225] 夏新颜：《"人口红利"向"人才红利"嬗变的保障——创新人才培养制度》，《江西社会科学》2012 年第 6 期，第 191~194 页。

[226] 肖琴、邓野：《儿童照料、女性劳动参与及丈夫责任》，《社科纵横》2023 年第 1 期，第 79~88 页。

[227] 谢雪燕、朱晓阳：《人口老龄化、技术创新与经济增长》，《中国软科学》2020 年第 6 期，第 42~53 页。

[228] 辛永容、陈圻、肖俊哲：《我国制造业劳动生产率因素分解——基于非参数 DEA 的动态研究》，《系统工程》2008 年第 5 期，第 1~8 页。

[229] 徐达：《人口老龄化对经济影响的模型与实证》，《财经科学》2012 年第 4 期，第 100~107 页。

[230] 徐华：《三次产业协同发展机制及其产业政策》，《中国经济问题》2010 年第 6 期，第 34~41 页。

[231] 徐瑾、潘俊宇：《产业结构优化视角下的人口老龄化与我国经济增长》，《经济问题》2020 年第 9 期，第 62~71 页。

[232] 徐升艳：《中国人口老龄化对经济增长的影响研究》，南京大学博士学位论文，2011。

[233] 徐莺、刘含笑：《中国"银发经济"的现状、问题与前景》，《北京航空航天大学学报（社会科学版）》2023 年第 1 期，第 140~147 页。

[234] 徐祖辉、谭远发：《健康人力资本、教育人力资本与经济增长》，《贵州财经大学学报》2014 年第 6 期，第 21~28 页。

[235] 闫超栋、马静、李俊鹏：《信息化是否促进了中国工业转型升级？——基于省际和门限特征的实证分析》，《南京财经大学学报》2022 年第 3 期，第 98~108 页。

[236] 严成樑、王弟海：《统一增长理论研究述评》，《经济学动态》2012 年第 1 期，第 130~135 页。

[237] 颜色、郭凯明、段雪琴：《老龄化、消费结构与服务业发展》，《金融研究》2021 年第 2 期，第 20~37 页。

[238] 晏月平、王楠：《中国人口转变的进程、趋势与问题》，《东岳论丛》2019 年第 1 期，第 179~190 页。

[239] 阳立高、龚世豪、韩峰：《劳动力供给变化对制造业结构优化的影响研究》，《财经研究》2017 年第 2 期，第 121~133 页。

[240] 《养老行业市场调查：中国老龄人口的消费潜力将增长到 106 万亿元人民币左右，占 GDP 的比例将增长至 33%》，http：//www.cniir.com/cysj/30.html。

[241] 杨成钢、孙晓海：《老年人口影子红利与中国经济增长》，《人口学刊》2020 年第 4 期，第 30~41 页。

[242] 杨成钢、闫东东：《质量、数量双重视角下的中国人口红利经济效应变化趋势分析》，《人口学刊》2017 年第 5 期，第 25~35 页。

[243] 杨继军、张二震：《人口年龄结构、养老保险制度转轨对居民储蓄率的影响》，《中国社会科学》2013 年第 8 期，第 47~66 页。

[244] 杨建芳、龚六堂、张庆华：《人力资本形成及其对经济增长的影响——一个包含教育和健康投入的内生增长模型及其检验》，《管理世界》2006 年第 5 期，第 10~18 页。

[245] 杨建文、周冯琦、胡晓鹏：《产业经济学》，学林出版社，2004。

[246] 杨菊华：《托育服务体系建设的意义、问题和路径》，《人民论坛》2021 年第 28 期，第 60~64 页。

[247] 杨良初、李桂平、卢娜娜：《延迟退休政策：国际经验与中国道路》，《地方财政研究》2021 年第 10 期，第 72~79 页。

[248] 杨茜、王学义：《人口老龄化影响外商直接投资的双边效应：溢出还是挤出？》，《人口研究》2020 年第 1 期，第 99~112 页。

[249] 杨文举、龙睿赟：《中国地区工业绿色全要素生产率增长——基于方向性距离函数的经验分析》，《上海经济研究》2012 年第 7 期，第 3~13 页。

[250] 杨英、林焕荣：《基于理性预期的第二次人口红利与储蓄率》，《产经评论》2013 年第 2 期，第 113~125 页。

[251] 杨志云、陈再齐：《要素生产率、资本深化与经济增长——基于1979~2016年中国经济的增长核算》，《广东社会科学》2018年第5期，第41~51页。

[252] 姚文：《资源优化配置与农业劳动生产率提升——基于扩展的资本深化视角》，《江苏农业科学》2018年第12期，第335~339页。

[253] 叶明德：《对"中国进入后人口转变时期"的质疑》，《中国人口科学》2001年第1期，第32~37页。

[254] 易苗、周申：《经济开放对国内劳动力流动影响的新经济地理学解析》，《现代财经》2011年第3期，第6~14页。

[255] 尹宗成、江激宇、李冬嵬：《技术进步水平与经济增长》，《科学学研究》2009年第10期，第1480~1485页。

[256] 游士兵、蔡远飞：《人口老龄化对经济增长影响的动态分析——基于面板VAR模型的实证分析》，《经济与管理》2017年第1期，第22~29页。

[257] 于学军：《中国进入"后人口转变"时期》，《中国人口科学》2000年第2期，第8~15页。

[258] 于学军：《中国人口转变与"战略机遇期"》，《中国人口科学》2003年第1期，第9~14页。

[259] 于泽、章潇萌、刘凤良：《储蓄倾向差异、要素收入分配和我国产业结构升级》，《经济理论与经济管理》2015年第7期，第36~47页。

[260] 余东华、陈汝影：《资本深化、要素收入份额与全要素生产率——基于有偏技术进步的视角》，《山东大学学报》（哲学社会科学版）2020年第5期，第107~117页。

[261] 余东华、张鑫宇、孙婷：《资本深化、有偏技术进步与全要素生产率增长》，《世界经济》2019年第8期，第50~71页。

[262] 余家林、杨梦俊、付明卫：《中国劳动参与率为何下降？——基于财富效应的视角》，《财经研究》2022年第6期，第94~108页。

[263] 余玲铮、魏下海、吴春秀：《机器人对劳动收入份额的影响研究——

来自企业调查的微观证据》，《中国人口科学》2019 年第 4 期，第 114~125 页。

[264] 余长林：《人力资本投资结构与经济增长——基于包含教育资本、健康资本的内生增长模型理论研究》，《财经研究》2006 年第 10 期，第 102~112 页。

[265] 俞会新、吕龙凤、卢童：《人口老龄化影响经济增长的作用机制分析——基于有效劳动投入视角》，《华东经济管理》2022 年第 5 期，第 96~104 页。

[266] 袁蓓：《劳动力老龄化对劳动生产效率的影响——基于劳动力非完全替代的分析》，《生产力研究》2009 年第 14 期，第 24~26 页。

[267] 袁冬梅、唐石迅、周妍：《人力资本结构高级化推动中国制造业结构升级了吗》，《商学研究》2021 年第 2 期，第 20~31 页。

[268] 袁富华：《长期增长过程的"结构性加速"与"结构性减速"：一种解释》，《经济研究》2012 年第 3 期，第 127~140 页。

[269] 袁长军：《新常态是中国经济发展的必然过程》，《红旗文稿》2014 年第 24 期，第 18~19 页。

[270] 袁志刚、林燕芳：《劳动力迁移、经济活动空间分布与中国未来区域一体化趋势——一个空间与经济地理学文献综述的视角》，《社会科学战线》2020 年第 10 期，第 77~88 页。

[271] 原新、高瑗、李竞博：《人口红利概念及对中国人口红利的再认识——聚焦于人口机会的分析》，《中国人口科学》2017 年第 6 期，第 19~31 页。

[272] 原新、金牛：《中国人口红利的动态转变——基于人力资源和人力资本视角的解读》，《南开学报》（哲学社会科学版）2021 年第 2 期，第 31~40 页。

[273] 原新、刘厚莲：《中国人口红利真的结束了吗?》，《人口与经济》2014 年第 6 期，第 35~43 页。

[274] 岳修虎：《中国十三五期间 GDP 增速保持 6.5% 以上，揭秘如何确

定》，http://www.mnw.cn/news/china/1119525.htm。

[275] 翟振武、金光照、张逸杨：《人口老龄化会阻碍技术创新吗？》，《东岳论丛》2021年第11期，第24~35页。

[276] 翟振武、金光照：《中国人口负增长：特征、挑战与应对》，《人口研究》2023年第2期，第11~20页。

[277] 张斌，李军：《人口老龄化对产业结构影响效应的数理分析》，《老龄科学研究》2013年第6期，第3~13页。

[278] 张桂文、邓晶晶、张帆：《中国人口老龄化对制造业转型升级的影响》，《中国人口科学》2021年第4期，第33~44页。

[279] 张华强：《让质量型人口红利入账》，《人力资源》2012年第12期，第28~30页。

[280] 张辉、丁匡达：《美国产业结构、全要素生产率与经济增长关系研究：1975~2011》，《经济学动态》2013年第7期，第140~148页。

[281] 张建刚：《改革开放以来我国经济高速增长的原因和展望》，《经济纵横》2009年第3期，第26~29页。

[282] 张军：《资本形成、工业化与经济增长：中国的转轨特征》，《经济研究》2002年第6期，第3~13页。

[283] 张军扩：《"七五"期间经济效益的综合分析——各要素对经济增长贡献率测算》，《经济研究》1991年第4期，第8~17页。

[284] 张辽：《人口红利、结构红利与区域经济增长》，《中国人口·资源与环境》2012年第9期，第97~102页。

[285] 张鹏、施美程：《从人口红利到人口负债：新发展阶段人口转型问题研究》，《江淮论坛》2021年第6期，第20~27页。

[286] 张鹏、张磊：《老龄化、产业结构高级化与经济增长——兼论如何缩小地区收入差距》，《南京社会科学》2019年第5期，第18~26页。

[287] 张瑞红、朱俊生：《人口老龄化对我国劳动参与率影响研究》，《价格理论与实践》2021年第2期，第36~41页。

[288] 张同斌：《从数量型"人口红利"到质量型"人力资本红利"——

兼论中国经济增长的动力转换机制》，《经济科学》2016 年第 5 期，第 5~17 页。

[289] 张卫：《人口老龄化、产业结构与劳动力技能结构》，《西北人口》2021 年第 5 期，第 67~79 页。

[290] 张櫸櫸、郑珊：《后人口红利时期劳动力省际流动新特征与空间效应》，《社会科学战线》2021 年第 7 期，第 63~73 页。

[291] 张现苓：《积极应对后人口转变 努力创建家庭友好型社会——"可持续发展视野下的人口问题：生育转变与社会政策应对国际研讨会"综述》，《人口研究》2018 年第 1 期，第 104~112 页。

[292] 张晓娣：《公共教育投资与延长人口红利——基于人力资本动态投入产出模型和 SAM 的预测》，《南方经济》2013 年第 11 期，第 17~26 页。

[293] 张秀武、赵昕东：《人口年龄结构、人力资本与经济增长》，《宏观经济研究》2018 年第 4 期，第 5~18 页。

[294] 张学辉：《人口红利、养老保险改革与经济增长》，中国社会科学院博士学位论文，2005。

[295] 张延平、李明生：《我国区域人才结构优化与产业结构升级的协调适配度评价研究》，《中国软科学》2011 年第 3 期，第 177~192 页。

[296] 张幼文、薛安伟：《全球经济制度深化下中国改革的突破》，《探索与争鸣》2014 年第 5 期，第 52~57 页。

[297] 张志明：《我国经济高速增长的动力因素分析》，《经济研究导刊》2010 年第 2 期，第 8~10 页。

[298] 赵春燕、吕昭河、李帆：《人口老龄化对人力资本积累的双边效应——基于双边随机前沿模型的测算》，《人口与发展》2021 年第 4 期，第 37~50 页。

[299] 赵春燕：《人口红利、结构红利与区域经济增长差异》，《西北人口》2018 年第 6 期，第 23~31 页。

[300] 赵贺、王林辉、曹章露：《人工智能的职业替代效应与职业结构演变：基于 CGSS 数据的微观证据》，《海南大学学报》（人文社会科学

版）2023 年第 6 期，第 129~138 页。

[301] 赵时亮：《中国的后人口转变及其特殊性》，《人口研究》2001 年第 3
期，第 8~12 页。

[302] 赵树宽、余海晴、姜红：《技术标准、技术创新与经济增长关系研
究——理论模型及实证分析》，《科学学研究》2012 年第 9 期，第
1333~1341 页。

[303] 郑江淮、宋建、张玉昌等：《中国经济增长新旧动能转换的进展评
估》，《中国工业经济》2018 年第 6 期，第 24~42 页。

[304] 郑明贵、董娟、钟昌标：《资本深化对中国资源型企业全要素生产率
的影响》，《资源科学》2022 年第 3 期，第 536~553 页。

[305] 《中国、美国历年政府支出占 GDP 比重比较》，https：//www.kylc.com/
stats/global/yearly_ per_ country/ g_ expense_ in_ gdp/chn-usa.html。

[306] 《中国出生率连年下降，作为世界级人口大国，究竟是什么原因导致
的》，http：//news.sohu.com/a/653249777_ 121441442。

[307] 《中疾控专家预测：到 2035 年我国平均预期寿命将增至 81.3 岁》，
https：//baijiahao.baidu.com/s？ id= 1762046501631626995&wfr =
spider&for = pc。

[308] 钟水映、李魁：《人口红利与经济增长关系研究综述》，《人口与经
济》2009 年第 2 期，第 55~59 页。

[309] 钟水映、李魁：《人口年龄结构转变对经常项目差额的影响机制与实
证分析》，《世界经济研究》2009 年第 9 期，第 34~39 页。

[310] 钟水映、汪世琦：《人口负增长趋势下的经济高质量发展》，《广西社
会科学》2022 年第 5 期，第 130~137 页。

[311] 钟水映、汪世琦：《如何认识人口负增长对经济增长的影响？——基
于供给端的基本理论框架和初步分析》，《武汉科技大学学报》（社会
科学版）2021 年第 4 期，第 421~429 页。

[312] 钟水映、赵雨、任静儒：《"教育红利"对"人口红利"的替代作用
研究》，《中国人口科学》2016 年第 2 期，第 26~34 页。

[313] 周德书、黄元骋：《习近平全民健身论述的逻辑内涵与时代特征》，《广州体育学院学报》2022 年第 1 期，第 30~42 页。

[314] 周浩、刘平：《中国人口老龄化对劳动力供给和劳动生产率的影响研究》，《理论学刊》2016 年第 3 期，第 106~110 页。

[315] 周婷玉：《2013 年我国人口抚养比将现"拐点"，仍有 25 年"人口红利"期》，http：//news. sohu. com/20100518/n272197298. shtml。

[316] 朱勇、张宗益：《技术创新对经济增长影响的地区差异研究》，《中国软科学》2005 年第 11 期，第 92~98 页。

[317] 朱钟棣、李小平：《中国工业行业资本形成、全要素生产率变动及其趋异化：基于分行业面板数据的研究》，《世界经济》2005 年第 9 期，第 51~62 页。

[318] 诸艳霞、朱红兵：《延迟退休年龄下隔代抚育与劳动参与的抉择——基于工资收入随机性假定的研究》，《经济理论与经济管理》2018 年第 6 期，第 15~27 页。

[319] 左学金：《人口增长对经济发展的影响》，《国际经济评论》2010 年第 6 期，第 127~135 页。

[320] 左学金：《我国人口负增长及其经济社会影响》，《上海交通大学学报》（哲学社会科学版）2023 年第 2 期，第 45~60 页。

[321] 《2000 年至 2022 年罗经济增长近 800% 为欧盟最高》，bhttps：//www. investgo. cn/article/gb/tjsj/202212/642818. html。

[322] 《2020 年结婚登记人数创近 17 年新低，离婚率首次下降》，https：//baijiahao. baidu. com/s？ id = 1717052326090327154&wfr = spider&for = pc。

[323] 《2022 年末老年人口 28004 万，进入增长高峰，人口负增长，消费支出下降》，https：//www. sohu. com/a/631667398_ 611014。

[324] Acemoglu, D., "Directed technical change", *The Review of Economic Studies* 69 (4), 2002: 781-809.

[325] Acemoglu, D., "Equilibrium bias of technology", *Econometrica* 75

(5), 2007: 1371-1409.

[326] Acemoglu, D., Restrepo P., *Artificial Intelligence, Automation, and Work* (The economics of artificial intelligence: An agenda. University of Chicago Press, 2018).

[327] Acemoglu, D., Restrepo, P., "Automation and new tasks: How technology displaces and reinstates labor", *Journal of Economic Perspectives* 33 (2), 2019: 3-30.

[328] Acemoglu, D., Restrepo, P., "Robots and jobs: Evidence from US labor markets", *Journal of Political Economy* 128 (6), 2020: 2188-2244.

[329] Acemoglu, D., Restrepo, P., "Secular stagnation? The effect of aging on economic growth in the age of automation" *The American Economic Review* 107 (5), 2017: 174-179.

[330] Acemoglu, D., Restrepo, P., "The race between man and machine: Implications of technology forgrowth, factor shares, and employment", *The American Economic Review* 108 (6), 2018: 1488-1542.

[331] Acemoglu. D., "When does labor scarcity encourage innovation?" *Journal of Political Economy* 118 (6), 2010: 1037-1078.

[332] Aghion, P., Howitt, P., Brant-Collett. M., García-Peñalosa, C., *Endogenous Growth Theory* (Cambridge: MIT press, 1998).

[333] Aghion, P., Jones, B. F., Jones, C. I., *Artificial Intelligence and Economic Growth* (The economics of artificial intelligence: An agenda. University of Chicago Press, 2018).

[334] Ang, J. B., Madsen, J. B., "Imitation versus innovation in an aging society: international evidence since 1870", *Journal of Population Economics* 28, 2015: 299-327.

[335] Asplund, R., Barth, E., "Education and wage inequality in Europe", *Edwin* 33 (3), 2005: 2620-2628.

[336] Baumol, W. J., "Productivity growth, convergence, and welfare: what

the long‐run data show", *The American Economic Review* 76 （5）, 1986: 1072-1085.

[337] Bloom, D. E., Williamson, J. G., " Demographic transitions and economic miracles in emerging Asia", *The Word Bank Economic Review* 12 （3）, 1998 : 419-455.

[338] Bloom, D. E., Canning, D., Sevilla, J. P., " Economic growth and the demographic transition", *Social Science Electronic Publishing* 6 （1）, 2001: 1-28.

[339] Brandt, L., Tombe T., Zhu, X., "Factor market distortions across time, space and sectors in China", *Review of Economic Dynamics* 16 （1）, 2013: 39-58.

[340] Bravo‐Ortega C., Marín, Á. G., "R&D and productivity: A two way avenue?" *World Development* 39 （7）, 2011: 1090-1107.

[341] Burmeister, E., Turnovsky, S, J., "Capital deepening response in an economy with heterogeneous capitalgoods", *The American Economic Review* 62 （5）, 1972: 842-853.

[342] Cai, F., Lu, Y., " Population change and resulting slowdown in potential GDP growth in China", *China &World Economy* 21 （2）, 2013: 1-14.

[343] Charles. I., " R & D-based models of economic growth", *The Journal of Political Economy* 103 （4）, 1995: 759-784.

[344] Dalgaard, C. J., Kreiner, C. T., "Is declining productivity inevitable", *Journal of Economic Growth* 6, 2001: 187-203.

[345] De La Grandville ., "In quest of the Slutsky diamond", *The American Economic Review* 79 （3）, 1989: 468-481.

[346] Di Liberto, A., "Education and Italian regional development", *Economics of Education Review* 27 （1）, 2008: 94-107.

[347] Elgin. C., Tumen, S., "Can sustained economic growth and declining

population coexist?" *Economic Modelling* 29 (5), 2012: 1899-1908.

[348] Foellmi, R. , Zweimüller, J. , "Structural change, Engel's consumptioncycles and Kaldor's facts of economic growth", *Journal of monetary Economics* 55 (7), 2008: 1317-1328.

[349] Fougere, M. , Mérette, M. , "Population ageing and economic growth in seven OECD countries", *Economic Modelling* 16 (3), 1996: 411-427.

[350] Frey, C. B. , Osborne, M. A. , "The future of employment: How susceptible are jobs to computerisation?" *Technological Forecasting and Social Change* 114, 2017: 254-280.

[351] Frosch, K. , Tivig, T. , "Age, human capital and the geography of innovation", *Labour Markets and Demographic Change* 2009: 137-146.

[352] Glaeser, E. L. , Scheinkman, J. , Shleifer, A. , "Economic growth in a cross-section of cities", *Journal of Monetary Economics* 36 (1), 1995: 117-143.

[353] Gradstein, M. , Kaganovich, M. , "Aging population and education finance", *Journal of Publiceconomics* 88 (12), 2004: 2469-2485.

[354] Graetz, G. , Michaels, G. , "Robots at work", *Review of Economics and Statistics* 100 (5), 2018: 753-768.

[355] Griliches, Z. , "Productivity, R&D, and basic research at the firm level in the 1970s", *National Bureau of Economic Research* (No. w1547), 1985: 142-154.

[356] Gundlach, E. , "The role of human capital in economic growth: New results and alternative interpretations", *Weltwirtschaftliches Archiv* 131 (2), 1995: 383-402.

[357] Coe, D. T. , Helpman, E. , "International R&D spillovers", *European Econam is Revievs* 39 (5), 1995: 859-887.

[358] Hayes, A. F. , "Beyond Baron and Kenny: Statistical mediation analysis in the new millennium", *Communication Monographs* 76 (4), 2009:

408-420.

[359] Hicks, J. R., *The Theory of Wages* (London: MacMillan Press, 1932).

[360] Hsieh, C. T., Klenow, P. J., "Misallocation and manufacturing TFP in China and India", *The Quarterly Journal of Economics* 124 (4), 2009: 1403-1448.

[361] Irmen, A., Klump, R., "Factor substitution, income distribution and growth in a generalized neoclassical model", *German Economic Review* 10 (4), 2009: 464-479.

[362] Jackson, N., Felmingham, B., "The demographic gift in Australia", *Agenda: A Journal of Policy Analysis and Reform* 11 (1), 2004: 21-37.

[363] Jones, B. F., "Age and great invention", *The Review of Economics and Statistics* 92 (1), 2010: 1-14.

[364] Jones, B. F., Reedy, E. J., Weinberg, B. A., "Age and scientific genius", *The Wiley Handbook of Genius* 2014: 422-450.

[365] Kalemli-Ozcan, S., Ryder, H. E., Weil, D. N., "Mortality decline, human capital investment, andeconomic growth" *Journal of Development Economics* 62 (1), 2000: 1-23.

[366] Kanfer, R., Ackerman, P., "Individual differences in work motivation: Further explorations of a trait framework", *Applied Psychology* 49 (3), 2000: 470-482.

[367] Kim, S., Lee, J. W., "Demographic changes, saving, and current account in East Asia", *Asian Economic Papers* 6 (2), 2007: 22-53.

[368] Klump, R., De La Grandville, O., "Economic growth and the elasticity of substitution: Two theorems and some suggestions", *The American Economic Review* 91 (1), 2000: 282-291.

[369] Kongsamut, P., Rebelo, S., Xie, D., "Beyond balanced growth", *The Review of Economic Studies* 68 (4), 2001: 869-882.

[370] Krueger, A. B., Summers, L. H., "Efficiency wages and the inter-

industry wage structure", *Econometrica: Journal of the Econometric Society* 1988: 259-293.

[371] Kuhn, M., Hetze, P., "Team composition and knowledge transfer within an ageing workforce Rostock", http://www.rostockerzentrum.de/publikationen/rz_ diskussionpapier_ 14. pdf, 2007.

[372] Lin, J. Y., "Development strategy, viability, and economic convergence", *Economic Developmentand Cultural Change* 51 (2), 2003: 277-308.

[373] Maestas, N., Mullen, K. J., Powell, D., "The effect of population aging on economic growth, the laborforce, and productivity", *American Economic Journal: Macroeconomics* 15 (2), 2023: 306-332.

[374] Mahlberg, B., Skirbekk, V., Freund, I., *The Impact of Population Ageing on Innovation and Productivity Growth in Europe* (Vienna: Vienna Institute of Demography, 2006).

[375] Mason, A., Lee, R., Lee, S. H., *The Demographic Transition and Economic Growth in the Pacific Rim* (Chicago: University of Chicago Press, 2010).

[376] Mason. A., Lee, R., "Reform and support systems for the elderly in developing countries: capturing the second demographic dividend", *Genus* 62 (2), 2006: 11-35.

[377] Mazzeo, R. S., Tanaka, H., "Exercise prescription for the elderly: current recommendations", *Sportsmedicine* (31), 2011: 809-818.

[378] Nelson, R. R., Phelps, E. S., "Investment in humans, technological diffusion, and economic growth", *The American Economic Review* 56 (1/2), 1966: 69-75.

[379] Palivos, T., Karagiannis, G., "The elasticity of substitution as an engine of growth", *Macroeconomic Dynamics* 14 (5), 2010: 617-628.

[380] Robert, J., Barro, R., "Economic Growth in a Cross - section of

Countncs", *Quarterly Journal of Economics* 106 （2）, 1991: 403-443.

[381] Romer, P. M., "Endogenous technological change", *Journal of Political Economy* 98 （5）, 1990: S71-S102.

[382] Sasaki, H., Hoshida, K., "The effects of negative population growth: an analysis using a semiendogenous R&D growth model", *Macroeconomic Dynamics* 21 （7）, 2007: 1545-1560.

[383] Schirle, T., "Why have the labor force participation rates of older men increased since the mid-1990s?" *Journal of Labor Economics* 26 （4）, 2008: 549-594.

[384] Schultz, T. W., "Investment in Human Capital", *The American Economic Review* 51 （1）, 1961: 1-17.

[385] Seguino, S., "The effects of structural change and economic liberalisation on gender wage differentialsin South Korea and Taiwan", *Cambridge Journal of Economics* 24 （4）, 2004: 437-459.

[386] Shapiro, C., Stiglitz, J. E., "Equilibrium unemployment as a worker discipline device", *The American Economic Review* 4 （3）, 1984: 433-444.

[387] Siliverstovs, B., Kholodilin, K. A., Thiessen, U., "Does aging influence structural change? Evidence frompanel data", *Economic Systems* 35 （2）, 2011: 244-260.

[388] Skirbekk, V., "Age and individual productivity: a literature survey", *Vienna Yearbook of Population Research* 2004: 133-153.

[389] Strulik, H., Prettner, K., Prskawetz, A., "The past and future of knowledge-based growth", *Journal of Economic Growth* 18, 2003: 411-437.

[390] Szirmai, A., Verspagen. B., "Manufacturing and economic growth in developing countries, 1950-2005", *Structural Change and Economic Dynamics* 34, 2005: 46-59.

[391] Verhaeghen, P. , Salthouse, T. A. , "Meta – analyses of age – cognition relations in adulthood: Estimates of linear and nonlinear age effects and structural models", *Psychological Bulletin* 122 (3), 1997: 231-249.

[392] Zhang, J. , Zhang, J. , "The effect of life expectancy on fertility, saving, schooling and economic growth: theory and evidence", *Scandinavian Journal of Economics* 107 (1), 2005: 45-66.

[393] Zon, A. V. , Muysken, J. , "Health and Endogenous Growth", *Journal of Health Economics* 20 (2), 2001: 169-185.

图书在版编目（CIP）数据

后人口转变时期的人口红利：转型路径与实现机制 /
闫东东著. --北京：社会科学文献出版社，2025.1
ISBN 978-7-5228-3638-6

Ⅰ.①后…　Ⅱ.①闫…　Ⅲ.①人口-问题-研究-中
国　Ⅳ.①C924.24

中国国家版本馆 CIP 数据核字（2024）第 092148 号

后人口转变时期的人口红利：转型路径与实现机制

著　　者 / 闫东东

出 版 人 / 冀祥德
责任编辑 / 秦　丹　宋　静
责任印制 / 王京美

出　　版 / 社会科学文献出版社·皮书分社（010）59367127
　　　　　 地址：北京市北三环中路甲 29 号院华龙大厦　邮编：100029
　　　　　 网址：www.ssap.com.cn
发　　行 / 社会科学文献出版社（010）59367028
印　　装 / 三河市尚艺印装有限公司

规　　格 / 开　本：787mm×1092mm　1/16
　　　　　 印　张：19.5　字　数：298 千字
版　　次 / 2025 年 1 月第 1 版　2025 年 1 月第 1 次印刷
书　　号 / ISBN 978-7-5228-3638-6
定　　价 / 128.00 元

读者服务电话：4008918866